완벽한 기술 테크닉을 위한

기술 **당구 레슨**

일신서적출판사

책 머리에

플레이어들이 스트로크(stroke)하는 것을 보면 누구든지 쉽게 할 수 있을 것으로 생각하기 쉬우나 실제로 큐를 잡고 타구해 보면 생각만큼 간단하게 공은 구르지 않습니다. 타구하는 부분, 힘의 가감(加減) 등 공은 그야말로 천차만별의 움직임을 하게 마련입니다. 쿠션의 각도, 비틀기의 방법, 끌기의 묘미 등 아름답게 다듬어진 상아(象牙)의 공은 과학적 이론과 경험을 쌓은 스트로크에 의해 그린 위를 스무스하게 자유자재로 회전해 갑니다.

이토록 자유자재로 회전하는 공을 어떻게 하면 자기가 생각한대로 움직이게 할 수 있을까, 그러자면 남의 흉내를 내거나, 또 내 멋대로의 연습으로는 비록 기술이 향상되었다고 해도 어느 한계에 봉착하여 고심하게 됩니다.

그러므로 우선 자기 자신에게 알맞은 자세, 큐를 잡는 방법, 그리고 정확한 브리지를 완전히 체득하고 공을 올바르게 잡는 방법과 쿠션의 관계 등 기초 지식을 확실히 익히지 않으면 안 됩니다.

이 책의 순서에 따라 당신에게 보내는 충고 사항을 지키기만 한다면 기술은 향상 될 것이며 또 당구의 묘미를 만끽할 수 있을 것입니다. 실패했을 때의 허탈감, 멋진 스트로크에서 맛보는 통쾌함, 공을 쫓아 당구대의 주위를 서성거리고, 팔을 뻗고 머리를 쓰고 게임을 끝냈을 때, 당신은 상쾌한 스포츠감을 느낄 수 있을 것입니다.

당구는 또한 훌륭한 국제적인 스포츠이므로 기술 향상도 중요하겠지만 더욱 중요한 것은 스포츠맨십을 지키는 일입니다.

아무리 기술이 우수해도 스포츠맨십이 결여되어 있으면 훌륭한 빌리어드 맨 이라고는 할 수 없습니다.

또한 당구장은 빌리어드를 애호하는 사람들로 이루어진 밝고 맑은 분위기 속에서 두뇌와 기술을 다투는 즐거운 사교장이기도 합니다.

차 례

A. 초급편

A-1 당구의 지식

- 당구 경기 ··· 8
- 용구 해설 ··· 11
- 경기 방법 ··· 16
- 채점 방법 ··· 23
- 경기에 쓰이는 말 ································ 25

A-2 당구의 기초

- 공은 어떻게 타구하나? ························· 28
- 수구(手球)와 적구(的球) ······················· 31
- 쿠션과 공과의 관계 ····························· 35
- 중요한 타구 자세 ································ 39
- 큐에 익숙해질 것 ································ 42

A-3 공을 타구하는 법

브리지	47
샷	54
삼각구(三角球)	59
밀어 치기의 타구법	64
끌어 치기의 타구법	80
비틀어 치기의 타구법	94
빈 쿠션 치기	97
얇게 치기	103
쿠션으로 치기	106
걸쳐 치기	110
되받아 치기	113
공 쿠션 치기	117
마중나오기 치기	121

B. 상급편

B-1 테크닉을 필요로 하는 공

죽여 치기	130
모아 치기	132
마세의 타구법	165

B-2 연구해야 할 공

부록 용어해설

A. 초급편

A-1 당구의 지식

현재 우리나라에서 가장 많이 즐겨하고 있는 당구경기는 캐롬경기의 4구경기 입니다. 캐롬이란 공을 맞힌다는 뜻으로 캐롬경기에는 이밖에 보크라인경기, 3구경기, 스리쿠션경기등이 있습니다. 또한 요즘에는 공을 구멍에 떨어뜨리는 포켓경기도 성황을 이루고 있습니다.

우리나라에서 흔히 사용되는 것은 4구(四球)경기 (미국식 캐롬테이블)를 활용하고 있는데 반하여 현재 미국에서는 스리쿠션경기와 포켓경기가 유행되고 있으며 유럽 각국에서는 보크라인경기와 포켓경기가 성황을 이루고 있는 형편입니다.

당구 경기

당구 또는 빌리어드(Billiards) 바르게 말하자면 빌리어즈라고 복수로 말해야겠지만 일반적으로는 빌리어드라 부르고 있습니다.
이 경기는 누구든지 쉽게 배울 수 있습니다.

당구의 역사

당구는 15세기경 영국이나 프랑스에서 고안된 것이라고 문헌에는 기록되어 있으나 실질적으로는 보다 그 역사가 오랜 것으로 고대(古代) 희랍에서 발상되어 최초에는 옥외에서 행해진 유희에 지나지 않았다고 합니다.
이토록 유치한 유희는 유럽의 각 도시에서 개량을 거듭한 다음 다시 미국에 전파되면서 유행을 불러 일으켰으며 급기야는 현재와 같은 완전한 운동으로 보급된 것입니다.

당구의 종류

당구 경기에는 여러 가지 종류가 있는데 전술한 바와 같이 우리나라에서는 일반적으로 4구경기를 많이 활용하고 있습니다.
그러나 프로선수나 고점자들은 4구경기보다는 보크라인이나 스리쿠션경기를 하는 게 예사입니다. 이 보크라인이나 스리쿠션경기는 고도의 테크닉이 필요하므로 이 책에서는 4구경기에 대하여 알기 쉽게 설명하는 데 중점을 두었으나 기초 지식의 일환으로 각종 경기에 대한 해설을 덧붙여 두기로 하겠습니다.

4구 경기(Carom Game)

이 4구경기는 초보자에게 가장 적합한 경기입니다. 즉 수구(手球 = 큐볼 = 자기가 치는 공)가 다른 백구(白球) 1개와 적구(赤球) 2개 중 어느 공이든 2개의 공에만 맞으면 득점이 되고 계속해서 타구할 권리가 있습니다.

이러한 점을 캐논이라고 합니다. 이 경기에서는 수구(手球)가 다른 볼에 맞기 전에 쿠션에 맞아야 한다는 제한은 없습니다. (상세한 것은 본문에서 설명하겠음)

보크라인 경기(Balkline Game)

이 경기는 고도의 테크닉을 체득한 고점자가 공을 당구대의 한 구석에 몰아 놓고 무제한으로 득점하는 것을 방지하기 위하여 마련된 것으로 당구대도 보통것 보다 큽니다. 물론 4구의 당구대에서도 할 수 있습니다.

쿠션에서 14인치나 16인치, 혹은 18인치 부분에 선을 긋고 쿠션에 따라 여덟 개의 긴 네모꼴(이것을 보크라 합니다)을 만듭니다.

공은 3구(백구2, 적구1)로 하며 수구 이외에 다른 공 2개가 이 보크 안에 동시에 들어갔을 경우에는 그중 1개의 공을 한 번이나 두 번의 샷으로 보크 밖으로 탈출 시켜야 한다는 규칙이 있습니다.

이런 때 재차 그 공이 보크 속으로 들어갔을 경우에 있어서도 역시 공을 보크 밖으로 내보내기 위한 샷을 반복해야 합니다.

또 보크 밖에 보크의 선이 쿠션과 교차되는 곳에 7인치의 정방형으로 이루어진 마스가 있습니다. 이것을 앵커라고도 하며 여기서도 한가지로 두개의 선구(先球)가 들어갔을 때 이것을 인앵커라 부르고 역시 앞에서의 보크와 같이 줄 밖으로 내보내지 않으면 안 됩니다.

스리쿠션 경기(Three Cushion Game)

수구는 제1의 공과 제2의 공인 선구(先球)에 맞기 전 또는 적구(赤球)에 맞은 다음 선구(先球)에 맞기 전에 세 차례 쿠션에 맞지 않으면 안 된다는 제한이 있습니다.

세 차례 모두 같은 쿠션에 맞는 것도 무방하나 다만 샷하기 전에 이미 수구가 쿠션에 접촉되어 있을 경우라면 그 쿠션을 향하여 타구하여도 그것은 한 차례로 가산되지 않습니다.

3구 경기

3구 경기는 흰 공 2개와 빨간 공 1개를 사용하여 하는 경기입니다. 룰은 4구 경기의 경기법과 거의 같습니다. 적구가 2개뿐이므로 4구 경기와 비교하면 상당히 어려운 경기인데, 대체로 4구 경기를 완전히 마스터한 사람이 4구 경기에 익숙해져 버리면 변화를 구해서 합니다.

또 4구 경기에서는 고득점을 올리기 위해 4구를 모아서(모아 치기) 꾸준히 득점하는 것이 상급자가 되지만 이 모아 치기를 기피하는 사람이 3구 경기를 즐기는 것 같습니다.

공이 3개뿐이므로 단순히 맞히기만 해도 상당한 계산이 필요하게 되어 당구 경기로서는 통쾌한 맛이 있습니다.

용구 해설

당구의 좋은 점은 빈손으로 당구장에 가더라도 모든 용구가 갖추어져 있다는 점입니다. 베테랑으로 선수권 대회에 출전할 정도의 플레이어는 자기의 큐를 특별 주문하여 만들어서 가지고 있지만 그것은 매우 드문 예라 하겠습니다.

그러나 모든 것이 갖추어져 있다고 하더라도 용구에 관해서 최소한 알아두어야 할 점이 몇 가지 있습니다. 기초적인 테크닉을 배우기 전에 먼저 용구를 완전히 이해하는 것이 필요합니다.

당구대

당구대에는 4종류가 있는데, 공통된 점은 높이가 780mm에서 790mm 이내로 정해져 있고, 완전히 수평으로 되어 있어야만 합니다.
당구대는 경기에 따라서 4종류가 있습니다.

작은 대(경기면적 2336mm×1168mm)
주로 4구 경기에 사용되어 왔으나 현재는 거의 사용하지 않고 있습니다.

중간 대(경기면적 2540mm×1270mm)
주로 4구 경기에 사용된다. 또 3구 경기, 42cm 보크라인경기, 프리경기 등에도 사용합니다.

큰 대(경기면적 2844.8mm×1422.4mm)

스리쿠션 경기용의 당구대, 47cm 보크라인경기, 프리경기에도 사용됩니다.

포켓 대(경기면적 2540mm×1270mm)

포켓경기는 모두 이 크기의 당구대에서 합니다. 포켓 구경은 코너가 123.8mm~130mm, 사이드가 136.5mm~142.8mm로 되어 있고, 당구대 테는 벚나무나 졸참나무의 딱딱한 나무로 되어 있습니다.

바닥에는 대리석이나 슬레이트가 깔려 있고 그 위에 털을 깎아서 손질한 나사가 팽팽하게 깔려 있습니다.

또 바깥 테의 안쪽에는 공을 되튀기기 위해서 탄력 있는 고무쿠션을 부착하고 그 위를 나사로 덮고 있습니다. 당구대의 좋고 나쁜 것은 이 쿠션과 바닥이 울렁거리지 않고 고른가의 여부와 나사가 팽팽하게 깔렸는가에 따라 결정됩니다. 특히 클로스라고 불리는 나사는 털에 얼룩이 생기면 공의 회전 운동이 이상해집니다. 그런 까닭에 당구장에서는 구대를 사용한 다음 고무솔로 물을 빼고 다리미로 다려 놓습니다.

또 고무 쿠션도 오래 되면 탄력성을 잃어 입사각이나 반사각이 이상해집니다. 좋지 않는 구대에서 연습하여 나쁜 버릇이 한번 붙으면 뒤에 수정하는 것이 어렵게 되므로 좋은 구대를 골라서 하기를 바랍니다.

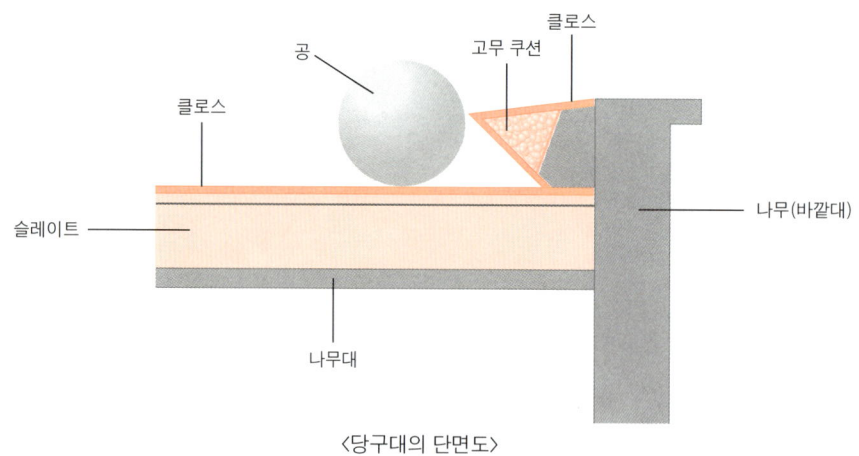

〈당구대의 단면도〉

구대 바깥 테에는 세로를 8등분, 가로를 4등분한 부분의 7개와 3개의 포인트에 다이아 나 동그라미 마크가 들어 있습니다. 조개나 뿔, 상아 등으로 만들어져 있는데 이 포인트는 공의 위치나 입사 각도, 반사 각도를 계산하는 중요한 마크입니다.

공(볼)

이전의 당구공은 양질의 상아가 좋다고 하여 사용되어 왔습니다. 그러나 상아는 이상을 일으키기 쉬우므로 요즘에는 양질의 플라스틱 공을 공식 공으로 인정하고 있습니다. 현재 거의 모든 당구장은 이 플라스틱제의 공을 사용하고 있고, 또한 세계선수권 대회에서는 벨기에 제 플라스틱 공이 공식 공으로 되어 있습니다.

공의 크기는 캐롬경기에서의 4구경기를 제외하고 직경 61.5mm로 정해져 있고, 4구경기만이 약간 큰 65.6mm 공을 사용하고 있습니다.

포켓경기의 공은 직경 57.1mm이고, 무게에 관해서는 특별한 규정은 없지만, 캐롬경기에서는 230g전후, 포켓경기에서는 170g전후로 되어 있습니다.

캐롬경기에서는 빨간 공 2개와 흰 공 2개 또는 빨간 공 1개와 흰 공 2개를 사용합니다. 흰 공 중 1개에는 직경 1mm 정도의 검은 점이 붙어 있어서 수구(자기공)를 분별하도록 되어 있습니다.

공은 초크가 묻어서 더러워지면 회전이 고르지 못하게 되기 쉽습니다. 사용 후에 더러운 것을 닦아 내고 천으로 윤을 내도록 유념하기 바랍니다.

〈캐롬경기 할 때 사용되는 공〉

〈포켓경기 할 때 사용되는 공〉

큐

경기하는 사람에게 있어서 가장 중요한 용구는 큐입니다. 공식전이나 경기대회에서는 자기가 갖고 있는 큐를 쓰도록 되어 있지만 보통은 당구장에 비치되어 있는 큐를 사용합니다.

큐에는 길이나 무게의 제한은 없으나 지나치게 무겁거나 짧으면 자세가 흐트러지게 되므로 자기에게 알맞은 큐를 선택하기 바랍니다.

일반적으로 길이는 137cm에서 147cm, 무게는 450g에서 650g사이입니다.

큐를 고르는 포인트는 먼저 구부러진 상태를 확인하는 것인데, 구부러진 큐로는 올바른 샷을 할 수 없습니다. 길이는 발밑에서 수직으로 세워 자기의 입 아래 가까이에 닿을 정도가 좋다고 합니다.

여러 가지로 시험해 보아서 자기에게 알맞은 길이를 찾아내기 바랍니다.

큐 끝의 팁도 중요합니다. 이 부분은 가죽으로 만들어졌는데 오래되면 얼룩이 져서 정확한 타구 법을 할 수 없습니다. 잘 손질된 매끄러운 것을 골라야 합니다.

또 큐는 거의가 2개로 이어져 있는데, 그 이은 곳의 상태에도 유의해야 합니다.

이은 곳이 나쁘면 구부러진 큐와 마찬가지로 겨냥한 대로의 샷을 할 수 없습니다.

초크와 파우더

공이 갖는 특성을 최대한 활용하기 위해 팁의 끝에 바르는 미끄럼 방지의 분말을 굳힌 것이 초크입니다. 팁은 가죽으로 만들어져 있으므로 공과의 마찰로 매끈매끈하게 되어 버려서 그대로의 상태에서 공을 치면 미스 샷을 하게 됩니다. 특히 공의 좌우나 상하를 겨냥하여 칠 때에 초크를 바르지 않으면 반드시 미끄러지게 됩니다.

초심자는 초크의 중요성을 알지 못하기 때문에 초크를 바르는 것을 잊어버리기 쉬운데, 초크는 3회 또는 4회의 샷 때마다 팁의 전면에 골고루 얇게 칠하도록 유의하기 바랍니다.

파우더는 큐의 미끄럼이 잘 되기 위해 손과 큐가 닿는 부분에 바르는 가루인데, 너무 많이 바르면 구대를 더럽히게 됩니다. 이것은 초크도 마찬가지입니다.

채점반과 스코어보드

　채점반은 당구장에 설치되어 있는 주판 같은 것으로 이것을 사용하여 득점을 계산합니다. 왼쪽에 5개, 오른쪽에 50개의 공이 붙어 있어서 왼쪽의 공은 1개 50점, 오른쪽의 공은 1개 1점입니다.

　스코어보드도 득점을 기록하기 위한 보드로서 각 경기마다 사용하는 보드는 달라집니다.

　주판 식은 주로 4구경기에 사용하지만 스리쿠션경기나 포켓경기의 경우는 흑판을 사용하고 있는데, 흰 초크로 숫자를 써 넣기 때문입니다.

　당구의 경우, 자기의 득점은 자기가 써넣는 것이 보통인데, 이런 때에 자기의 득점을 늘이는 등 부정한 방법은 바람직하지 않습니다.

　또 용구로는 구대의 먼 곳에 수구가 있을 때에 사용하는 금속제의 산 모양을 한 브리지가 있습니다.

경기 방법

 당구의 경기 방법은 원칙적으로 두 사람이 플레이하는 것이지만 여러 사람이 한꺼번에 할 수도 있습니다. 여러 사람이 플레이할 때 인원수가 짝수일 경우 수구(手球)자체는 변하지 않으나 홀수인 때에는 수구가 교대로 변해집니다.
 다시 말하면 먼저 플레이한 큐볼의 반대 공을 그 다음 플레이어가 스트로크하는

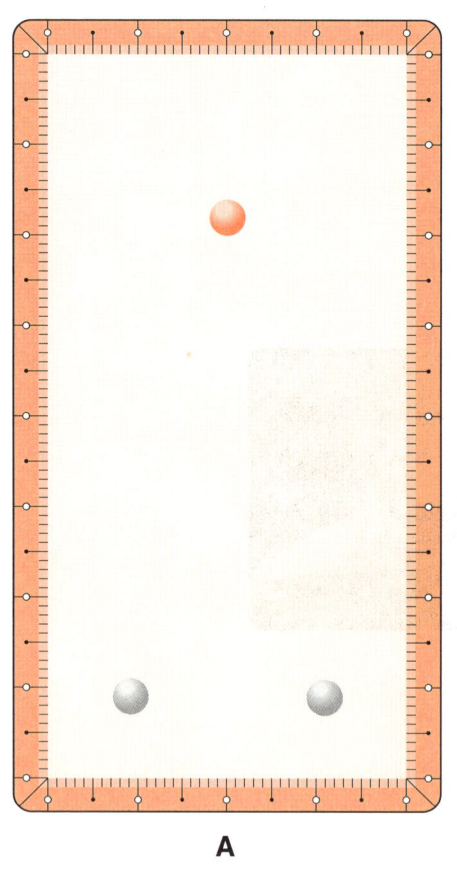

A

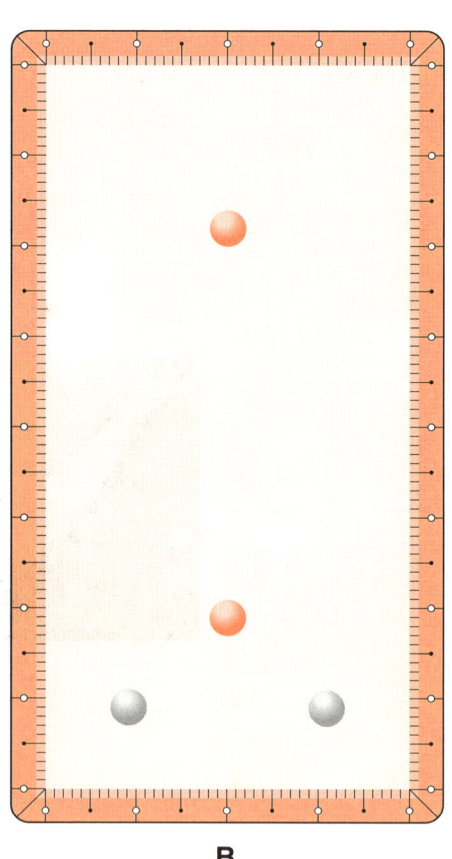

B

것이며 적구(赤球)는 언제나 선구(先球)에 이용되며 스트로크볼은 아닙니다. 여기에서는 두 사람이 경기하는 것을 알기 쉽게 설명하겠습니다.

서브공을 치는 4가지 방법

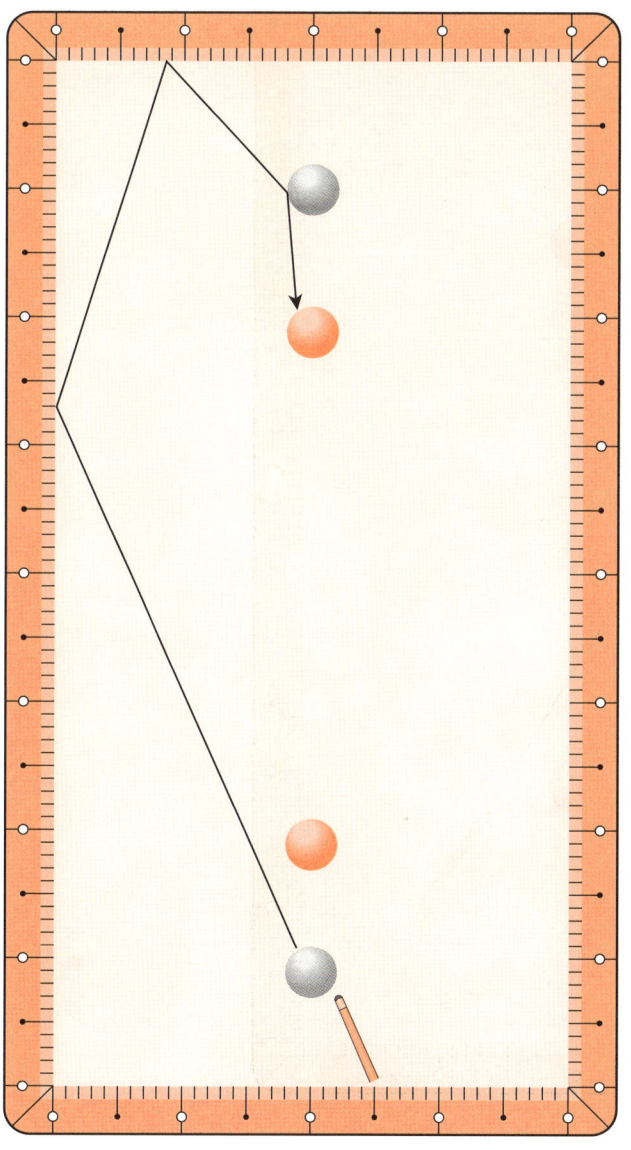

수구를 타격하는 점(点)은 중심에서 큐의 끝 직경의 길이만큼 오른쪽이 이상적이며, 공을 타격할 때는 동작을 길게 유지하는 게 좋고 제2 3 포인트의 중간을 겨냥하여 타격합니다.

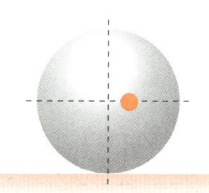

수구의 위치는 다르나 제2 포인트에서 약간 앞부분을 겨냥하여 수구의 타격점은 앞의 그림과 같음.

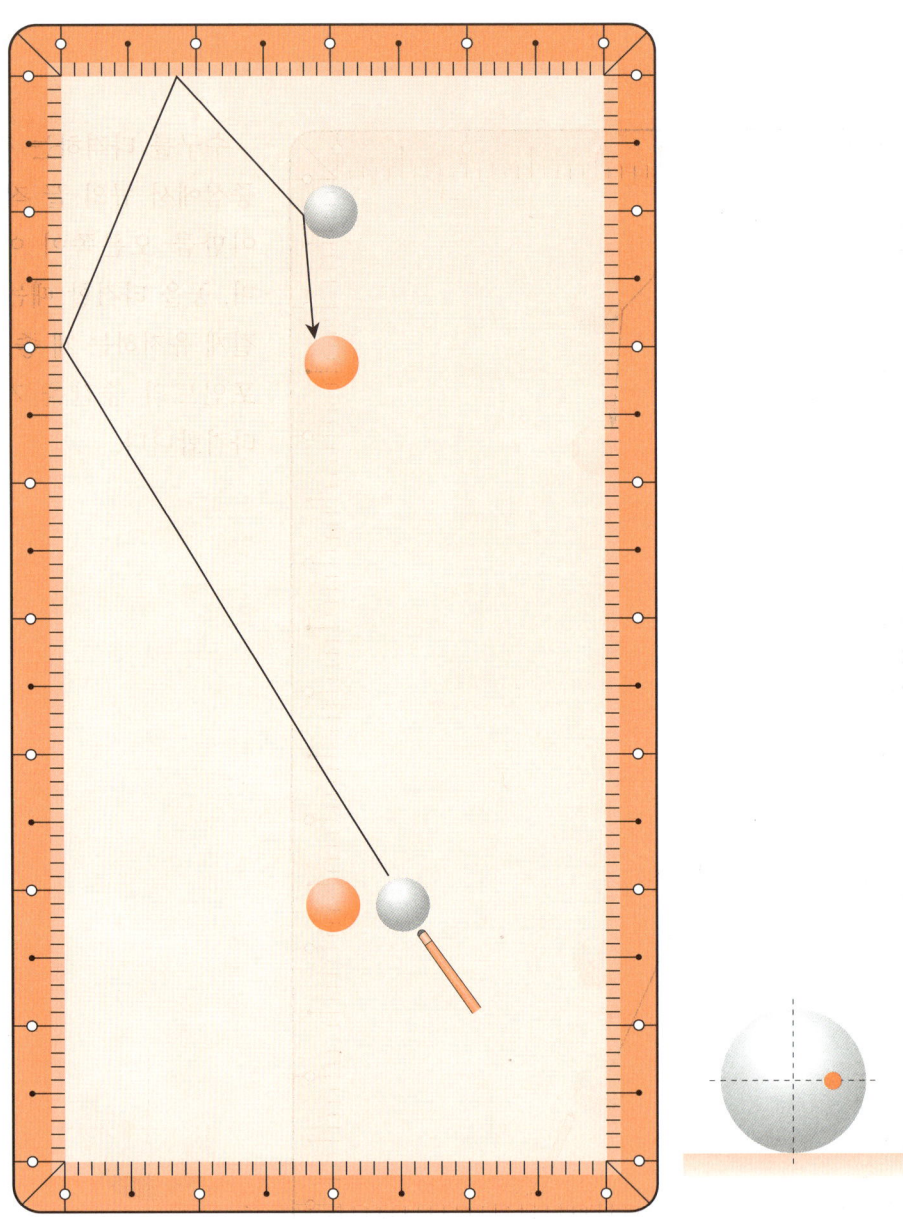

수구의 중심 부분으로부터 오른쪽 윗부분을 타격하며 적구(的球)의 왼쪽을 두껍게 맞도록 합니다. 이때 너무 세게 스트로크하면 커브가 심하여 벗어날 염려가 있으므로 가볍게 타격합니다.

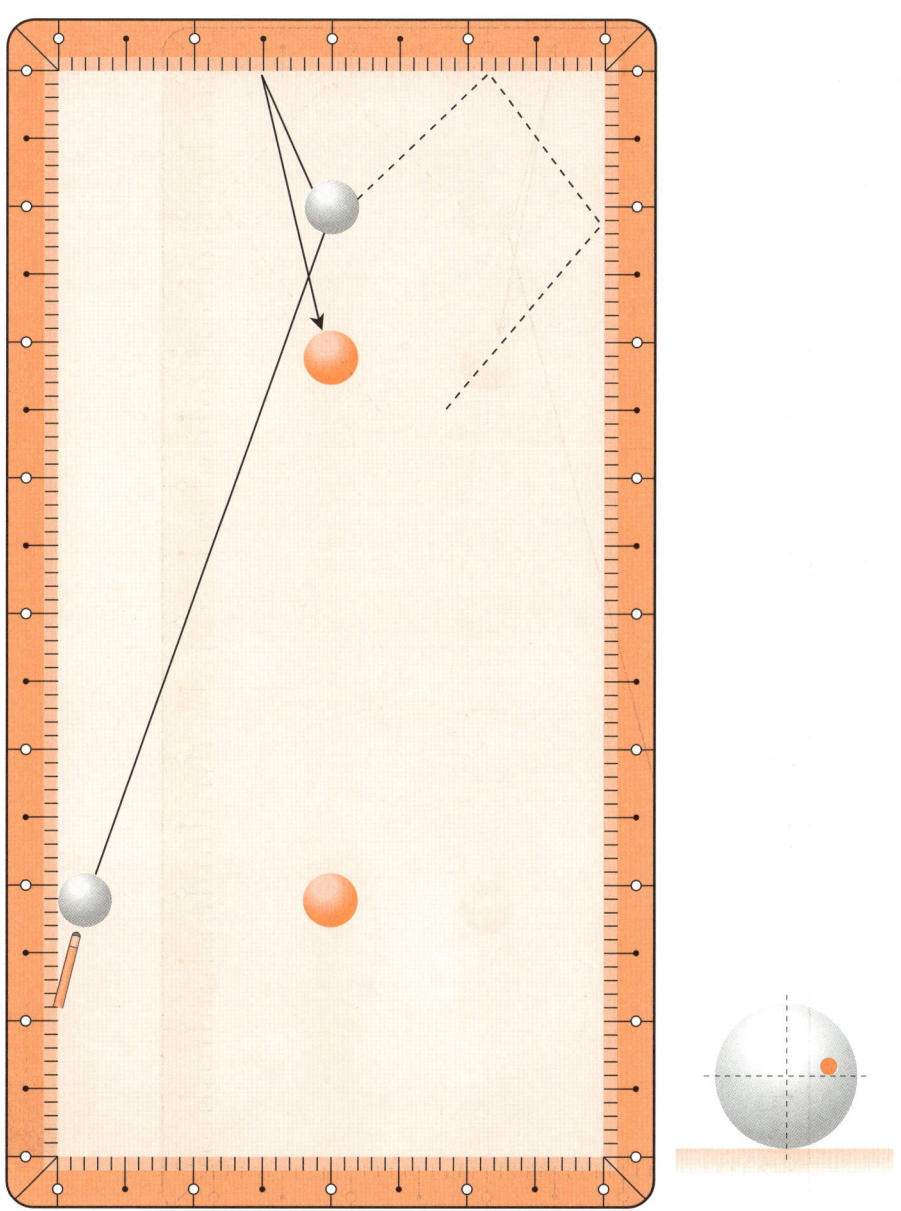

수구는 중심의 오른쪽 끝을 가볍게 칩니다. 이 공은 비틀어 치지 않으면 맞지 않습니다.

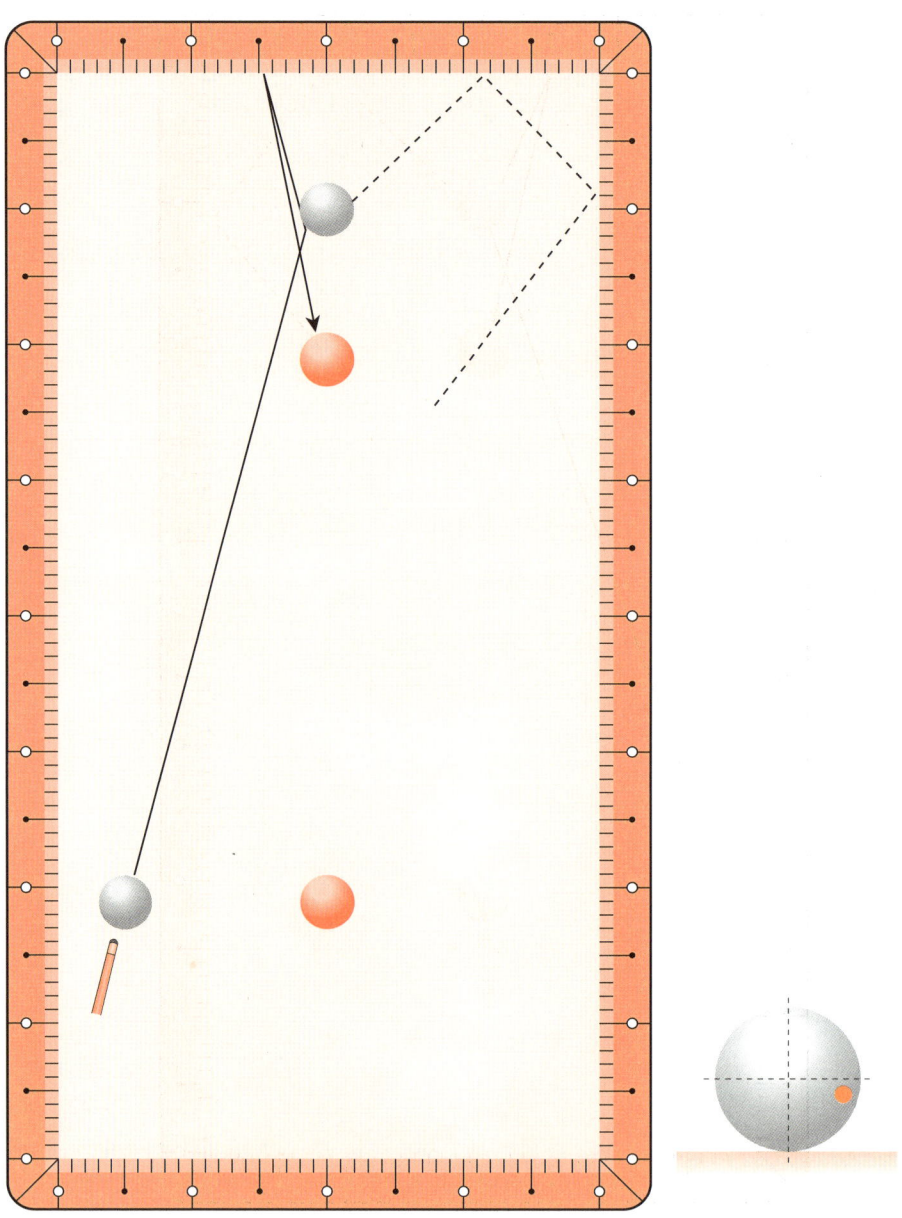

서브(Serve)

　최초(最初)에 백구(白球)를 좌우의 긴 쿠션의 제1 포인트를 잇는 선(線) 중앙에 놓고 적구(赤球)는 이제 2 포인트를 잇는 선의 중앙에 백구와 같이 한 줄로 나란히 놓습니다. (그림 참고) 이렇게 백구와 적구의 위치를 잡은 결과 양단(兩短)쿠션의 중앙에 쿠션으로 부터 백 적 적 백(白赤赤白)으로 병행하여 늘어 있게 됩니다.

　또한 그 끝 부분의 백구가 쌍방의 큐볼이 되며 누가 최초로 서브하는가를 결정 하는 것은 다른 운동 경기에서도 흔히 활용하듯 가위, 바위, 보로 정하게 마련입니다.

　그러나 이 당구 경기에 있어 공식 경기인 경우 즉 선수권 시합 같은 경우에는 최초의 스트로크를 결정하는데 있어서 쌍방이 각기 큐볼을 짧은 쿠션을 향해 타구하여 그 볼이 짧은 쿠션에 맞고 플레이어들이 있는 짧은 쿠션에 보다 가까이 되돌아 온 공의 플레이어가 서브를 행할 권리를 갖게 됩니다. 서브의 결정은 보크라인경기나 스리쿠션경기의 경우에 활용되며 때로는 4구경기의 대회일 때 추첨으로 서브를 결정하는 예도 있습니다.

　두 개의 백구 중 한개 에는 반드시 작은 흑점이 찍혀 있습니다. 이것은 게임 도중 자칫하면 자기의 수구를 확실히 분간할 수 없을 경우를 방지하기 위해서 그런 흑점 표시를 한 것입니다.

　처음 타구할 때의 긴 쿠션의 제2 포인트 범위 안에서라면 어느 위치에 서건 수구를 타구해도 무방하지만 대체로 정해진 위치가 아니면 득점하기가 어렵습니다. 우선 최초의 위치를 그림에서 보는 바와 같이 이 4 가지 방법이 정석이라 하겠습니다.

　그리고 최초의 적구(的球)는 반드시 상대방 플레이어의 수구가 되는 백구(白球)에 한한다는 사실을 알고 있어야 합니다.

무효가 되는 경우

게임 도중에 무효가 되어 타구할 권리를 상대방 플레이어에게 양보하지 않으면 안 될 경우가 있습니다.

- 샷 이외에 공을 접촉했을 경우.
- 보통「리크」라고 하는 타구법으로 수구와 적구를 한 번에 2개 타구하거나 동시에 타구했을 경우.
- 수구를 착각하여 다른 공을 타구했을 경우.
- 공이 당구대 밖으로 튀어 나갔을 경우.
- 득점을 목적으로 하여 목표를 부착하거나 또는 물건 같은 것을 놓았을 경우.
- 양발을 바닥에서 들어 올렸을 경우. 예를 들면 타구할 때 당구대에 엎드리다 시피 하여 양발을 들어 올리는 것과 같은 행동을 취할 때. 이러한 점들을 주의해야 하겠습니다.

채점(採點) 방법

당구 경기는 언제나 자신이 지니고 있는 점수를 상대방 플레이어 보다 빨리 타구(打球)하여 끝낸 사람이 승리하게 마련입니다.

4구경기를 둘이서 행할 때, 1개의 백구(白球)는 언제나 자기가 칠 경우의 수구가 되며 이 수구를 타격하여 겨냥한 공과 또 1개의 공 즉, 자신이 친 수구가 2개 이상의 공에 맞으면 득점하게 되며 연속적으로 공을 칠 수 있습니다. 자신의 수구가 2개 이상의 공에 맞지 않았거나 반칙을 범했을 때는 타구할 권리를 상대방에게 양보합니다.

채점은 수구가 백구와 적구에 맞으면 2점, 또 적구와 적구에 맞으면 3점, 또 공 전부에 맞으면 5점으로 이렇게 하여 순차적으로 점수가 가산되며 자신이 지닌 점수에 도달했을 때는 게임 세트로 승리자가 되는 것입니다.

자기가 지니고 있는 점수

처음 당구를 시작한 경우에는 15점이나 20점 정도를 지점으로 하여 차츰 요령을 알게 되면 30점 혹은 40점으로 증가되는데, 기술이 향상됨에 따라 점수는 더욱 증가됩니다. 15점이나 20점의 초보자와 200점이나 300점을 지닌 노련한 사람과도 비록 기술적인 면에서는 차이가 있다 해도 같이 즐겁게 게임을 할 수 있습니다.

자기가 지니는 점수 즉, 지점(持點)은 평균 5큐(5회 타구하는 것) 정도로 타구하는 수를 기준으로 하여 계산되고 있습니다. 예를 들면 10점을 지닌 사람이라면 1큐에 평균 2점, 300점을 지닌 실력가라면 1큐에 60점을 얻어야 한다는 계산이 됩니다. 여기에서 지점에 대하여 부언해 둘 것은 잘 알지 못하는 당구장에 가서 게임을 할 때, 승리에 욕심을 내어 100점의 실력이 있음에도 불구하고 일부러 70점이나

80점으로 점수를 줄여 상대방을 속이는 사람이 있습니다.

　당구는 신사적이며 사교적인 운동이므로 이런 속임수를 쓰지 말고, 스포츠 정신에 입각해서 당당하게 자신이 지닌 점수를 밝혀 승부를 결정짓도록 해야 할 것입니다.

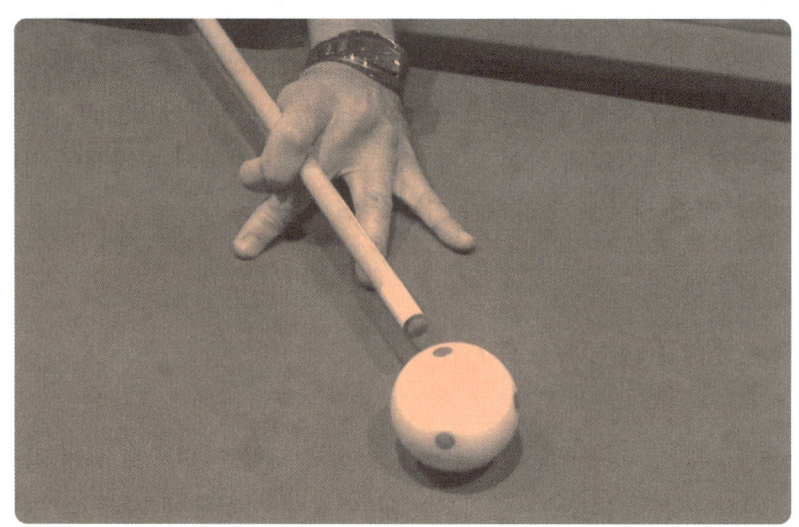

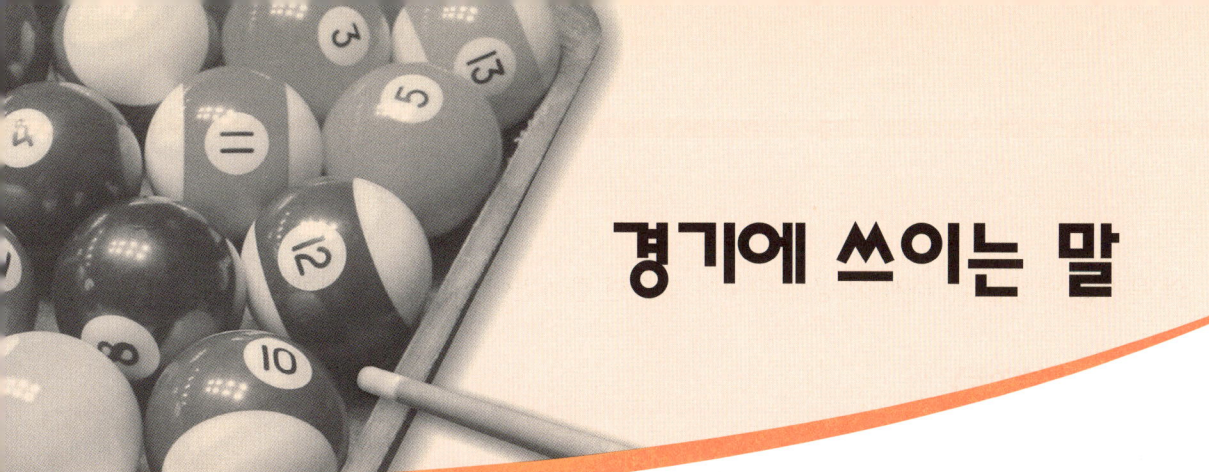

경기에 쓰이는 말

게임에 사용되는 용어는 일반적으로 흔히 쓰이는 것만을 선정하여 해설하고 그 밖에 전반적인 용어는 이 책의 말미에 기록했습니다.

공 (볼)

당구공은 일반적으로 백구와 적구로 불리우는데, 2개의 백구 중 한 개의 공에는 검은 표시를 했습니다.

수구 (手球 = 큐볼)

자신이 타구하는 공을 뜻하는 것으로 지구(持球)라고도 합니다.

적구 (的球 = 제1구)

자기가 타격할 수구에서부터 최초로 겨냥하는 공을 뜻합니다.

선구 (先球 = 제2구)

수구가 적구에 맞고 그 다음 공에 맞아 득점의 목적을 달성하는 공을 뜻하는 것으로 적구와 함께 겨냥되는 공.

제3의 先球 (제3구)

수구로부터 가장 불리한 위치에 있는 공. 만약의 경우 적구와 제2 구에 맞아 득점의 목적을 달성한 뒤, 다시 이 공에 수구가 맞으면 한꺼번에 5점을 획득하게 됩니다.

후구 (後球)

상대방이 잘못 타구하여 남겨 놓은 공의 위치.

접구 (接球)

수구와 적구, 또는 선구(先球)가 회전중에 우연히 서로 맞아 득점했을 경우.

플루크 (Fluke)

플레이어 자신이 목적하지 않았던 공에 맞아 득점했을 경우.

찬스

플루크는 예상 밖의 공으로 득점한 것이지만 이것은 하나의 선구(先球)를 겨냥하여 타격한 수구가 빗나가 다른 선구에 맞아 득점했을 경우.

공 쿠션

공이 쿠션에 밀착되어 있는 것을 이용하여 이 공에 수구를 부딪치게 하여 선구에 맞아 목적을 달했을 경우. 즉 공을 쿠션 대신으로 한 것.

후로즌

터치라고도 하는데, 공과 공이 접촉되어 있는 상태를 뜻합니다.

하이턴

한 경기중에 타구한 최고 득점수.

A. 초급편

A-2 당구의 기초

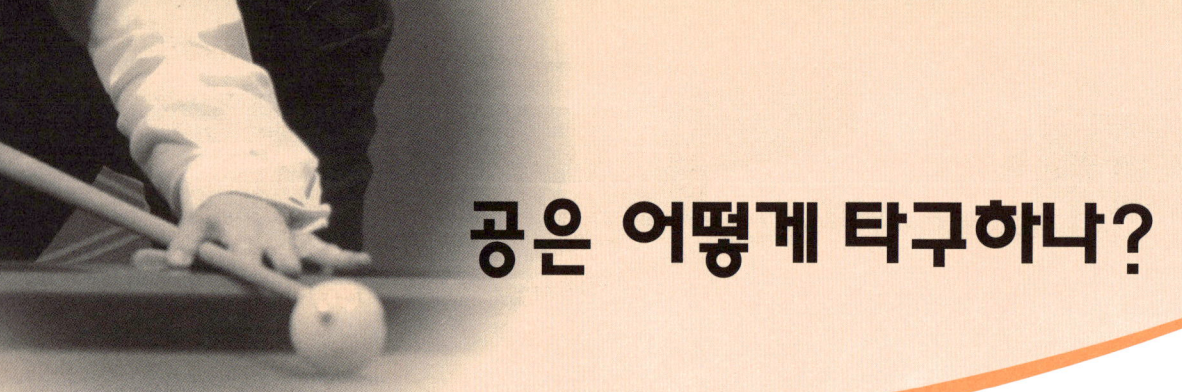

공은 어떻게 타구하나?

　공을 타격할 때는 우선 수구와 적구(的球), 그리고 선구(先球)를 겨냥하여 저 공과 다른 공을 맞추어야겠다는 계획을 세운 다음, 적구(的球)로부터 선구(先球)를 겨냥해야 하는데 이런 때, 정확한 자세와 브리지(큐를 지탱하는 왼손)를 만들지 않으면 안 됩니다.

　수구의 가장자리를 타격하면 미스하는 예가 많으므로 처음에는 공의 중심이나 혹은 중심의 주위 즉 중심 가까운 부분을 타격하도록 마음을 쓰는게 중요합니다.

　더욱 주의해야 할 것은 공과 시각의 관계를 잘 생각하지 않으면, 비록 자신은 정확히 측정했다고 해도 실제로 타격했을 때는 엉뚱한 곳을 치는 결과가 자주 생기게 됩니다.

　공은 언제나 눈 보다 아래의 각도에 있게 마련이므로 공의 위치보다 눈으로 본 중심점이 틀리는 경우가 많습니다.

　공은 타격된 부분의 상하, 좌우 어느 부분이든 약간의 차이가 있어도 타격된 부분과 힘의 가감에 의하여 여러 가지로 미묘한 변화를 보이며, 이외에도 부딪친 공의 두께의 정도와 쿠션에 접촉된 각도에 따라 천차만별로 회전합니다.

공의 중심 부분을 쳤을 경우

　공의 중심 부분을 타격하면 그 공은 어느 한 순간 까지는 타격된 방향으로 회전하지 않고 그대로 미끌어져 가다가 나사(羅紗)의 마찰에 의하여 잠시 후 전진회전으로 변해집니다.

　타격된 순간 공이 회전하지 않고 미끌어지는 정도는 나사에 따라 다르며, 또는 타격력의 가감이나 큐의 찌르는 힘의 여하에 따라서도 다르게 마련입니다.

공의 중심 위를 쳤을 경우

일반적으로 수구는 중심점보다 상위 부분을 타격하는게 상식으로 되어 있으나 타격할 수 있는 범위에서도 가장 윗부분을 타격하면 공은 처음부터 자회전을 합니다.
그러나 시험삼아 그 타격점을 차츰 아래 부분으로 옮겨 가면 어느 부분에 이르렀을 때 공은 곧바로 자전(自轉)하지 않고 중심점을 타격했을때와 같이 미끌어져 가다가 자전하게 됩니다. 그러므로 공을 타격하는 부분은 공의 중심점으로 부터 반경 5분의2 이상의 부분을 타격표준으로 잡으면 좋을 것입니다.

공의 중심 아래를 쳤을 경우

공의 하부(下部)를 타격하면 공의 상부(上部)를 타격 했을때의 반대 운동이 생겨날 것으로 생각하면 큰 착오입니다.
물론 하부라고 해도 공의 중심점으로부터 약간 아래인 경우와 타격할 수 있는 최하단과는 다릅니다. 공의 최하부를 타격했을 경우 이론적으로는 공이 역회전하여 진행할 것으로 생각되지만 사실은 나사의 마찰 등에 영향을 받아 처음에는 미끌어져 가다가 쿠션이나 다른 공에 맞아 약간의 힘이 가해지면 역회전의 효력을 발휘하여 되돌아오게 됩니다. 그러나 역회전은 언제나 나사의 마찰에 방해되어 쿠션이나 공이 없다면 어느 점까지 이르렀을때 그 효과를 잃고 타성적으로 전진하므로 공의 중심점을 타격했을때의 경우와 같이 자전전진(自轉前進)하게 됩니다.

공의 옆면을 쳤을 경우

이것은 수구에 비틀기를 가하는 타구법으로 공의 중심 부분 우측이나 좌측을 타격하여 적구(的球), 또는 쿠션에 맞으므로써 그 운동을 시작하게 됩니다.

또 순(順)을 친다거나 역(逆)을 친다는 말이 있는데 그것은 적구(的球)로부터 수구를 우측으로 내보내려 하는 것은 순이며 그 반대는 역입니다.

수구(手球)의 당점(撞点)

수구(手球)의 타격점(打擊点)

그림은 옆으로 수구의 타격점을 나타낸 것입니다. 이 타격점의 상위(相偉)에 따라 수구는 변화된 운동을 일으킵니다.

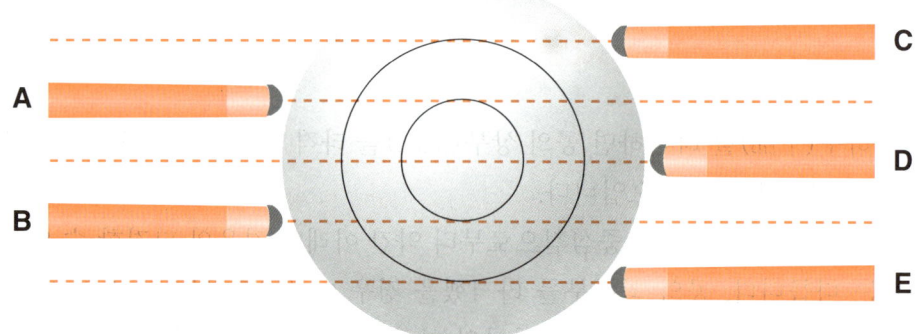

A 보통의 타격점
B 살며시 끌어 치는 타격점
C 밀어 치기의 타격점
D 살며시 치는 타격점
E 끌어 치기의 타격점

수구(手球)와 적구(的球)

　적구(的球)를 겨냥하여 맞은 수구(手球)가 어떻게 회전하면서 전진하는지 또 수구(手球)에 맞은 적구(的球)는 어떤 진로를 취하는지에 대하여 설명하겠습니다.
　수구(手球)는 적구(的球)에 맞았을 때 두 공의 중심을 잇는 선의 방향으로 진행합니다. 적구(的球)가 수구(手球)에 맞는 부분은 중심의 일점(一点)이므로 그 일점이 타격된 것과 같은 원리입니다. 즉 그 회전진로(回轉進路)는 중심을 타격받은 수구의 진로와 다를 바 없습니다. 그러나 수구가 적구(的球)에 맞을 경우의 강약, 그리고 맞는 두께의 차이의 상위 수구의 당점의 차이에 따라 변화합니다.
　그러므로 수구의 중심을 타격하여 정확히 적구(的球)의 정면에 맞았다면 수구는 그 운동력의 전부를 적구에 주고 난 다음 그곳에 정지합니다.

3개의 당점에 의한 수구(手球)의 움직임

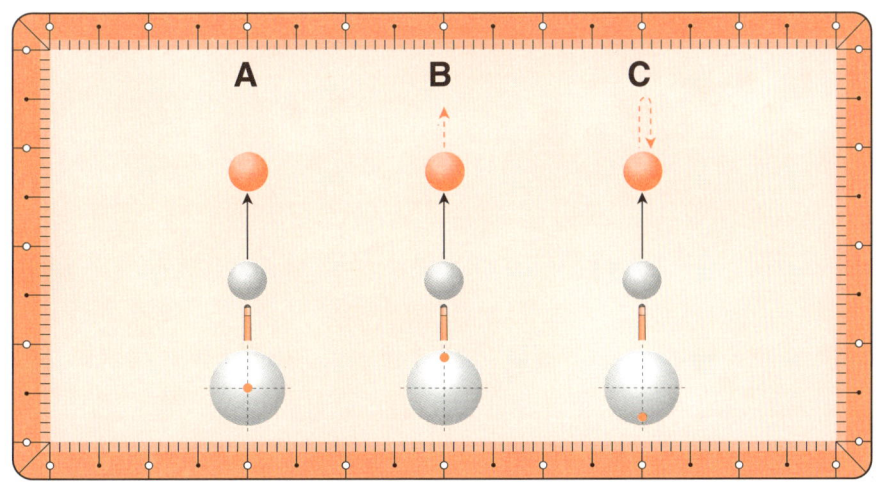

> **A** 수구의 중심을 타격하여 적구의 한복판에 맞추면 수구의 힘이 적구로 옮겨져서 멈춥니다.
>
> **B** 수구의 중심 상위부분을 타격하여 적구(的球)의 중앙에 맞히면 수구는 전진회전(前進回轉)을 유지한 채 밀어치기가 되어 적구(的球)와 함께 진행합니다.
>
> **C** 수구의 중심 하위부분을 타격하여 적구(的球)의 중앙에 맞추면 배진회전(背進回轉)이 되며 수구는 뒤로 되돌아오게 됩니다. 이것이 바로 끌어치기입니다. 그러나 수구가 활주(滑走)하는 범위를 넘어 자전하기 시작한 다음에 맞았을 경우에는 수구의 중심 상위부분을 타격한 것과 같은 운동이 생겨 납니다.

처음부터 수구의 상위부분을 타격하여 그 공이 전진회전을 진행하여 적구(的球)의 중심에 맞았다고 하면 적구(的球)는 그 순간 같은 방향으로 운동을 일으켜 진행하고 따라서 수구는 자전하기 때문에 적구(的球)를 따라 전진합니다.

또 적구(的球)의 정면 이외에 수구가 맞았을 때는 그 공의 경우에는 약간 곡선을 이루며 전진하게 됩니다.

수구의 회전진로(回轉進路)

수구의 중심을 타격하여 적구(的球)에 맞고 나서 회전하는 진로를 표시한 것입니다. 적구(的球)의 3분의1, 2분의1, 3분의2 로 맞는 정도에 따라 각기 각도가 다른 진로를 잡게 되므로 이것을 응용하여 적당히 선구(先球)를 겨냥해야 합니다.

얇게 맞았을 경우에는 그 분리각(分離角)이 큐의 방향에 대하여 차츰 감소되어 갑니다. 또 같은 두께로 맞았다 해도 강하게 타격된 공과 약하게 타격된 공을 비교해 볼 때 강하게 타격된 공의 분리각이 더욱 감소되게 마련입니다.

공의 중심 좌우측으로 타격점이 다를 경우에는 역(逆)으로 타격하는 편이 더욱 분리각이 감소되게 되며 또한 그 반대로 수구의 중심 하위부분을 타격했을 경우 공이 활주하여 배진회전력(背進回轉力)이 없어지기 전에 적구(的球)의 중심에 맞았다고 하면, 그 적구는 수구의 운동력을 옮겨 받아 같은 방향으로 진행하지만 수구는 적구의 정반대 방향으로 역행합니다. 이것을 끌어치기 라고 합니다. 또 정면 이외에 맞았을 경우에는 적구(的球)가 진행하는 선에 대하여 둔각(鈍角)을 이루며 분리되지만 이런 때 수구는 약간 곡선을 그리게 됩니다.

수구가 적구(的球)에 얇게 맞았다면 그 분리각은 차츰 감소되며, 같은 두께로 맞았다 해도 강하게 타격된 공은 약하게 타격된 공 보다 분리각이 커지며, 더구나 수구에 비틀기가 있을 경우 순(順)으로 타격되었을 때와 역으로 타격된 때는 역(逆)으로 타격하는 편이 분리각은 감소됩니다.

그러므로 같은 적구(的球)에 대하여 수구를 잡아끌려 할 때 수구를 얇게 맞히는 것과 약하고 두껍게 맞히는 것과는 같은 목적인 것입니다. 요는 「수구가 적구의 정면 이외에 맞았을 때와 중심을 타격했을 때는 적구의 진로에 직각으로, 중심의 아랫부분을 타격 했을 때는 적구의 진로에 둔각으로 분리된다」는 사실을 알아야 합니다.

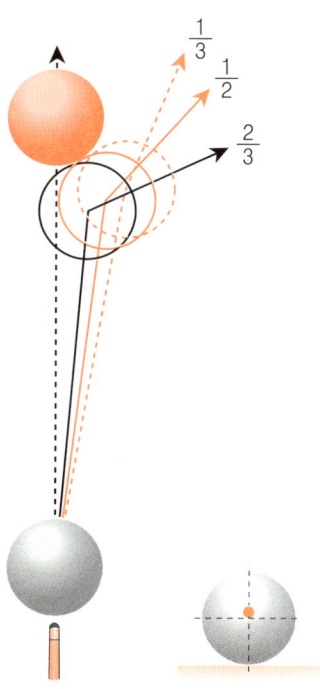

경사(傾斜) 타격의 중심점

　수구를 타격할 때 주의해야 할 것은 공의 직경 10분의 6 이내를 언제나 타격점으로 해야 한다는 것입니다. 또 선구(先球)가 방해되거나 쿠션 관계로 큐의 뒤끝을 어느 정도 올려 공의 중심을 타격할 경우, 중심 타격점은 큐의 경사각도에 따라 다르게 마련입니다. 그 각도가 증가됨에 따라 중심 타격점을 높여야 합니다. 즉 공의 2분의 1 을 중심으로 경사 타격을 할 경우에는 그것이 각도와 더불어 높아져 갑니다.

공의 회전과 속력

　타격한 공의 회전이 빠르므로 그 속력 즉 스피드도 빠를 것으로 판단하는건 큰 착오입니다. 회전력과 스피드는 별개의 것이기 때문입니다.
　이러한 착각은 흔히 일으키기 쉽습니다. 고점자가 마세(큐를 세워 스트로크 하는 것)를 했을 경우 볼은 완만하게 커브하여 한번 쿠션에 맞거나 또는 제1 구에 맞아 갑자기 스피드가 증가하는 것을 볼 수 있는데 이것은 쿠션, 또는 공에 맞기까지 회전되던 회전력이 전진력으로 변해졌기 때문입니다. 따라서 회전이 많을 경우, 혹은 적을 경우, 그리고 수구가 제1 구에 맞은 뒤의 관계와는 다른 것입니다. 수구의 속력은 제1 구에 두껍게 맞을수록 감소됩니다. 결국은 수구의 회전속도가 커질수록 제1 구에 맞은 뒤 스피드는 증가된다는 원리입니다.

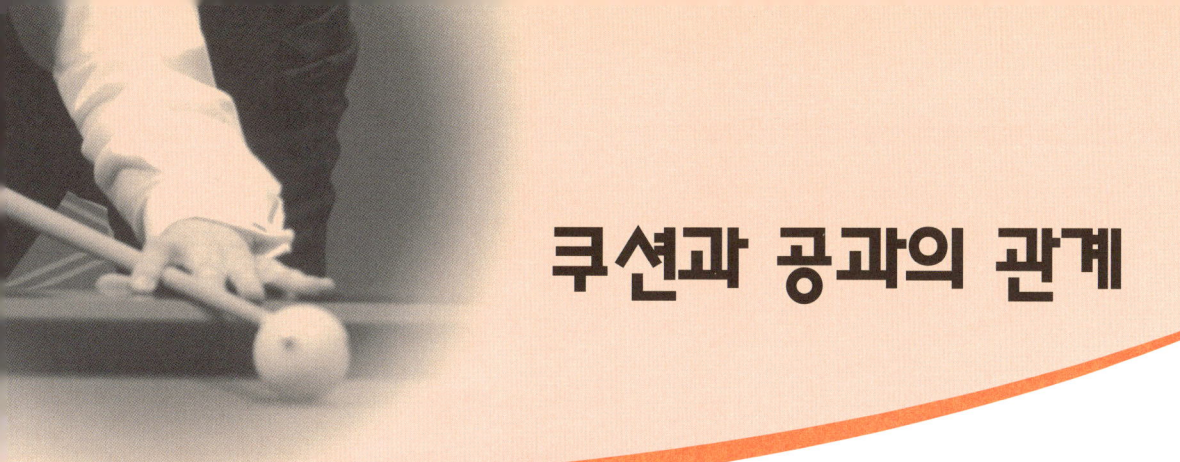

쿠션과 공과의 관계

　공을 타격할 부분과 또 타격된 공의 회전진로에 대해서는 대충 기술했습니다. 공은 당구대 위를 타격된 힘에 의하여 종횡으로 회전하는 것이므로 주위의 쿠션에 맞는 것은 당연할 수 밖에 없습니다.
　이 쿠션에는 탄력이 있는 고무가 나사로 씌워져 있기 때문에 여기에 공이 맞으면 쿠션의 탄력에 의해 튀어오게 됩니다.

　그러므로 이 공의 입사 각도와 반사 각도 그리고 속도, 쿠션의 탄력의 강약, 혹은 공의 크기 등이 미묘한 관계를 지니고 있습니다.
　탄력이 약한 경우, 반사 각도는 입사 각도에 비하여 감소되며 자연 공의 속도도 약해질 수 밖에 없습니다. 이러한 경우는 입사 각도와 반사 각도를 같은 각도로 하기 위하여 공에 샷을 할 때, 힘을 증가하면 됩니다. 이것을 보다 알기 쉽게 설명한다면 큐로 탄력이 약한 것을 보강한다는 것입니다.

반사 각도

　타격된 공이 직접 쿠션에 맞았거나 또는 적구(的球)에 맞았건 간에 타격된 수구는 정면이 아닌 한 입사 각도로 부터 반사 각도로 되돌아 온다는 이론이 성립되기 쉬우나 공과 쿠션과의 관계는 미묘하기 때문에 타격점과 힘의 가감에 의하여 입사 각도와 반사 각도가 다르게 되는 경우가 있습니다.

　공과 쿠션과의 관계는 기술이 향상됨에 따라 대단히 중요한 역할을 하는 것으로 고점자일 경우 한꺼번에 연속적으로 몇 백점이나 몇천점을 득점할 수 있는 것도 바로 공의 비틀기와 쿠션의 관계를 효과적으로 이용하는데 있습니다.

　대체적으로 쿠션에 맞은 공의 회전진로에는 세가지의 다른 경우가 있습니다. 즉 수구의 힘이 틀릴 경우와 수구의 중심, 상하(上下)의 타격점이 다를 때, 그리고 수구에 비틀기가 걸려 있을 때 각기 공의 회전진로는 쿠션에 맞은 다음부터 다르기 마련입니다.

각도를 겨냥할 때

　쿠션을 넣어서 잡는 공을 「쿠션잡기」라고 하는데 겨냥하는 점은 입사 각도와 반사 각도가 같은 것을 이용하는 것입니다.

　수구로부터 적구(的球)에 해하여, 쿠션을 넣어서 잡을 경우에는 그 반사 각도로 된 선에 적구(的球)가 있는 것으로 가정하면 좋으나 실제로는 반사 각도가 감소되어 약간의 오차가 생깁니다.

당점 부분과 쿠션과의 관계

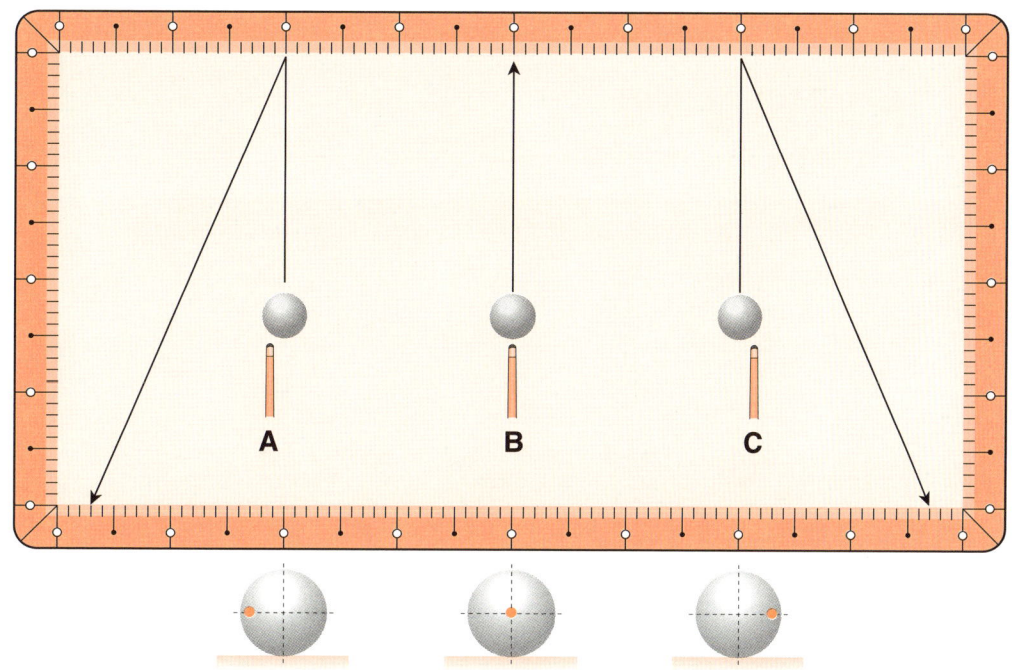

A 큐 공의 중심 좌측 부분을 타격하면 쿠션에 맞은 다음 좌측으로 회전진로를 잡습니다.

B 수구의 중심을 타격하면 공은 쿠션에 맞은 다음 곧바로 되돌아 옵니다.

C 수구의 중심 우측 부분을 타격하면 A의 경우와는 반대로 우측으로 회전진로를 잡습니다. 이와 같은 예는 큐를 수평으로 하여 스트로크할 경우이며, 큐를 세워 스트로크하면 공은 커브하여 자연 진로는 틀려집니다.

오차는 생겨나지 않겠지만 아무래도 반사 각도는 입사 각도보다 커지는 법입니다. 또 공이 쿠션에 맞아 떨어질때까지 마찰을 일으켜 각도를 증가하는 예도 있습니다.

그러나 이런 약간의 오차는 게임에 있어서는 크게 영향을 미치는 것이 아니므로 「쿠션 잡기」는 부단히 연습을 쌓는 방법이 가장 좋을 것입니다.

적구(的球)의 움직임

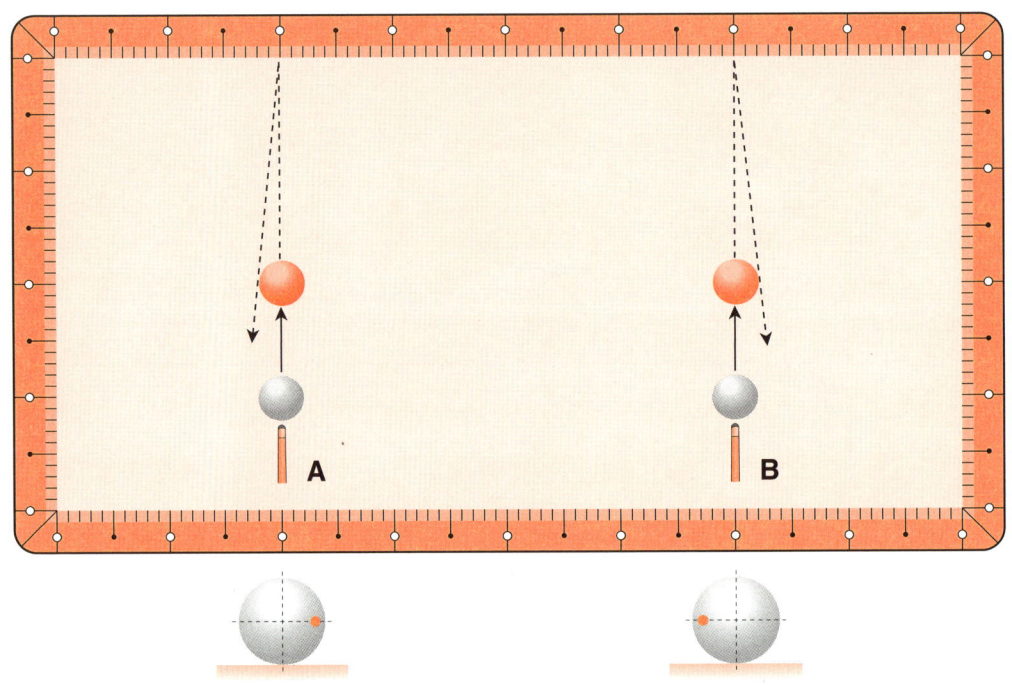

A 수구의 중심 우측 부분을 타격하여 적구(的球)의 중심을 맞혔을 경우, 적구는 좌측으로 회전하기 때문에 쿠션에 맞은 다음 좌측으로 되돌아옵니다.

B 수구의 중심 좌측 부분을 타격하여 적구의 중심에 닿으면 적구는 우측으로 회전하며 쿠션에 맞아 우측으로 되돌아옵니다. 이것은 기술이 향상됨에 따라 여러가지 공으로 이용할 수가 있습니다.

중요한 타구 자세

당구 경기를 하는데 있어서 가장 주의하지 않으면 안 되는 것은 올바른 자세를 취해야 한다는 것입니다.

경기에 이기면 되는 것이지 자세 같은 것은 아랑곳 하지 않는듯, 괴상한 자세를 취하는 사람도 없지 않은데 이런 사람은 자세를 고치지 않는 한 기술은 향상되지 않습니다. 그러므로 나쁜 자세가 굳어버려 기술 향상이 스톱되는 일이 없도록 기본 자세를 확실히 익혀야 합니다.

올바른 스탠스

우선 양 다리를 가지런히 하고 타격할 방향의 선보다 2인치 정도 좌측에 세웁니다. 다음에는 수구의 거리를 정하기 위해 손을 허리에 대고 그 손으로 큐의 밸런스를 잡습니다.

그런 다음 큐의 앞부분이 수구의 상단부에 접촉하는 감이 잡히면 정확한 거리의 측정이 이루어진 것으로 간주합니다. 이번에는 왼발을 반보정도 큐로 타격할 방향으로 내디딥니다.

이때 오른발의 뒤꿈치를 지점으로 하여 몸을 약간 우측으로 펼치면 이것으로 샷의 위치는 잡힌 것입니다.

이렇게 하여 샷의 위치가 잡혔으면 몸의 중심을 오른발에 실리도록 하여 어깨에서 팔의 선은 큐에 대하여 45도의 각도를 이룹니다.

스탠스가 올바르면 팔꿈치로부터 그 밑의 팔은 큐에 대하여 거의 수직이 됩니다.

공을 타격할 때 팔꿈치는 축 또는 지점의 역할을 하게 되므로 팔꿈치는 고정되어 있어야 하지만 이런 경우 키가 큰 플레이어라면 손도 길기 때문에 정확한 샷을 이룰 수 있으나 한국인의 경우에는 이런 자세를 취하면 세구(細球) 밖에는 타격할 수 없을 것입니다.

따라서 키가 작은 사람일수록 큐를 몸에서 떨어지게 하고 손목을 올려 스트로크해야 합니다. 스냅만으로 볼을 타격하라는 말도 있으나 이런 주장은 특수한 공을 타격할 때 필요할 뿐입니다.

자세의 요점

멀리 있는 공의 경우 큐의 앞끝을 길게 눕혀야 합니다.

가까이 있는 공은 자세를 높여 위에서 공을 내려다보면서 큐의 앞 끝을 가늘게 스트로크하여 공을 타격합니다.

어떤 경우이든 확실하고 정확한 자세를 이루지 않고는 기술 향상을 도모하기 어렵습니다. 그저 어림하여 타격하는 일은 전에는 흔히 있었지만 오늘날에 있어서는 곤란한 것입니다.

나쁜 자세

극단적으로 몸을 앞으로 꾸부리는 자세

당구대에서 지나치게 떨어진 상태가 되어 몸과 공을 겨냥하는 밸런스가 맞지 않아 큐는 정확하게 효과적인 스트로크를 가할 수 없습니다.

이런 자세는 그만큼 불리한 핸디캡이 처음부터 따르게 마련입니다.

너무 낮은 자세

이러한 자세를 흔히 볼 수 있는데 근접한 공을 타격할 때 큐를 어느 정도 내밀어야 할지 또 힘의 가감을 측정할 수 없습니다. 이런 점은 조금만 주의하면 곧 시정할 수 있습니다.

자세가 낮으면 팔은 자연 높아지므로 근육이 굳어져서 정확히 공을 타격할 수 없습니다.

오른쪽으로 지나치게 몸을 벌리는 자세

이것은 오른쪽 발뒤꿈치 때문이 아니고 몸 전체가 벌어진 때문입니다. 이런 자세로는 큐의 방향을 정확히 측정할 수 없습니다.

큐에 익숙해질 것

큐는 직접 공에 접촉되므로 당구 경기에 있어서 큐는 대단히 중요합니다. 당구장에 가면 여러가지 큐가 비치되어 있으므로 이런 경우에는 자신에게 알맞은 큐를 선택하는게 중요한 문제입니다.

차츰 당구 기술을 연마하게 되면 자신에게 알맞는 큐를 선택하기란 그리 어려운게 아닙니다.

당구를 즐기는 사람들은 직접 자신이 구입한 자기의 큐를 당구장에 보관해 두고 그것을 사용하는 예도 있으나 어떻게 하든 자신에게 알맞은 큐를 선택 활용해야 합니다.

큐에 따라 그 끝은 굵기가 틀리는데 최근에는 끝이 굵은 것 보다는 약간 가는 것이 환영을 받고 있습니다.

전술(前述)한 바와 같이 큐의 생명은 뭐니뭐니해도 공에 직접 접촉하는 끝에 있습니다. 공에 직접 닿는 부분을 톱(TOP)이라하며 그 표준은 3푼 8리나 4푼 정도가 됩니다.

이 부분이 조악(粗惡)하거나 형(形)이 나쁘면 고점자라도 자신이 뜻한 대로 공을 타격하여 콘트롤 할 수 없습니다.

미국에서는 큰 당구장의 경우 전문적으로 이 톱을 조사하는 사람이 있을 정도 입니다.

만약 이 톱이 반들반들하여 초크가 잘 묻지 않을 경우에는 결이 고운 샌드페이퍼에 가볍게 갈고 초크를 바르면 잘 묻게 되고 따라서 미스도 적어지게 됩니다.

큐를 바르게 잡는 법

  큐에 익숙해지는 것은 물론 중요하지만 이에 못지않게 큐를 바르게 잡는 것도 중요합니다. 이 문제는 당구경기에 있어 기본이 되는 중요한 포인트임에도 불구하고 일반 초보자들은 공을 맞히는데만 급급한 나머지 큐를 바로 잡는 방법에 대해서는 무관심한 것 같습니다.

큐를 잡기 전에 우선 손목이나 관절 같은 것을 부드럽고 자유롭게 해야 하는 것이 첫째 조건입니다.

큐로 공을 타격할 때는 보통 오른손을 쓰는 것으로 생각하기 쉬우나 공은 반상(盤上)에 여러 위치로 정지되어 있는 것이므로 왼손으로도 타구할 수 있도록 연마해야 합니다. 큐는 너무 힘을 주어 잡지 말고 엄지와 검지나 중지(中指)로 가볍게 걸치듯 잡아야 합니다.

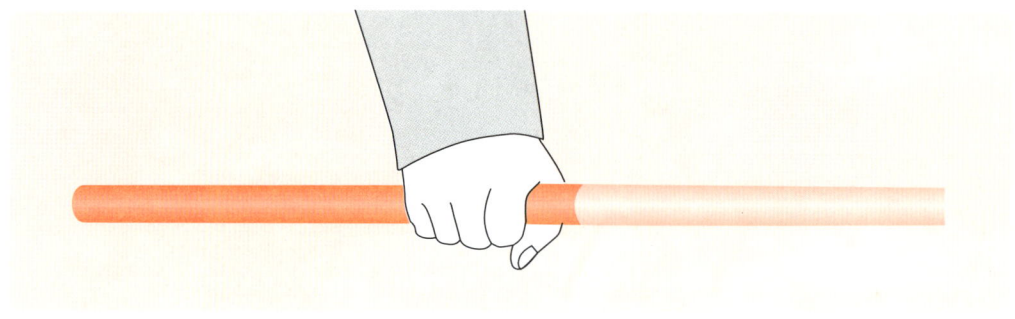

〈큐를 잡는 법〉

큐를 잡는 부분은 큐의 중심으로 부터 1인치쯤 뒤쪽을 잡는게 보편적이지만 여기에는 다소 예외도 있습니다.

격렬하게 공을 타격하려 할 때는 훨씬 뒤쪽을 잡고 큐의 앞끝도 길게 하는데 이런 때에도 한계가 있습니다. 아무리 강력한 샷을 한다 해도 중심에서 5,6인치나 뒤쪽을 잡는다는 것은 주의가 요구됩니다.

아무리 키가 큰 사람이라도 큐의 최후부(最後部)를 잡는 일은 반드시 피해야 하며 흔히 큐의 최후부를 잡는 사람을 보게 되는데 이런 사람들은 샷 할 때 큐가 흔들려서 정확한 겨냥이나 효과적인 스트로크를 할 수 없으며 목적한 공을 타격할 수 없습니다.

A. 초급편

A-3 공을 타구하는 법

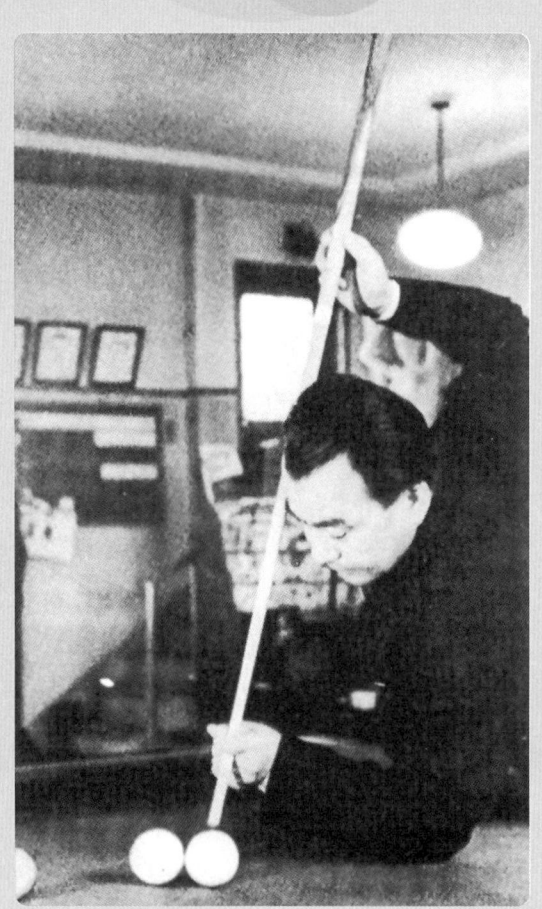

▲ 마세의 바른 자세
사진과 같이 팔꿈치를 내리고 얼굴을 앞으로 내밀며, 큐는 뺨에 대면, 큐의 앞 끝부분만을 보아도 방향을 잘 알 수 있게 됩니다.

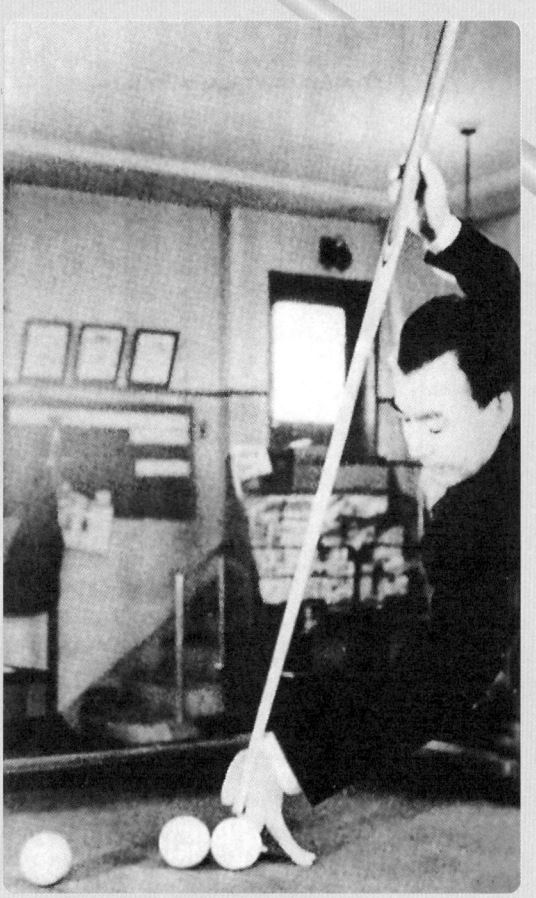

▲ 마세의 나쁜 자세
이런 경우 얼굴로부터 큐를 떨어지게 잡으면 방향을 알 수 없게 됩니다. 사진과 같은 자세로 공을 타격하는 플레이어는 육감만으로 타격하는 것입니다.

브리지

왼손 손가락으로 큐를 지탱하는 동작을 브리지라 합니다. 보통 레스트라고도 하는데 이것은 팔을 뻗을 수 있는 한 뻗치고 손목을 우측으로 굽혀서 검지를 큐에 돌려 큐가 엄지손가락과 검지 사이를 스무스하게 움직일 수 있게 하지 않으면 안 됩니다. 그렇다고 지나치게 공간을 만들면 큐가 흔들리게 될 염려가 있으므로 주의해야 합니다.

여기서 특히 주의해야 할 것은 브리지의 왼손은 어느 정도 힘을 넣어둘 필요가 있으며 다리의 위치를 정하고 바른 자세를 취하여 브리지나 큐를 잡는 법에 잘못이 없고 또 어떤 샷을 해야 할까를 머릿속에 넣고 있으면 공을 타격할 준비는 된 것입니다.
이렇게 준비가 되었으면 어느 공에서 어느 공을 타격해야 할 것인가를 측량하고 또 힘의 가감을 측정한 다음 실제로 타격하기 이전에 4~5회 정도 연습 스트로크를 한 다음 타구하면 됩니다.

브리지는 실제 문제에 있어서 일정한 형태로 정해져 있는 것은 아닙니다. 공의 위치에 따라 브리지의 형태는 다르고 큐의 스트로크도 다르게 마련입니다. 쿠션에 닿

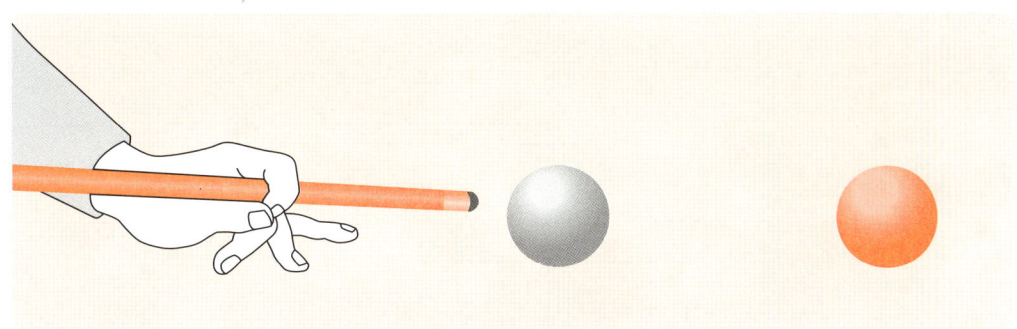

은 공, 멀리 있는 공 등 가지 각색의 공 위치에 따라 샷이나 스트로크, 그리고 브리지 등이 변화되겠으나 기본적인 브리지를 마스터해 두면 어렵게 생각할 것은 하나도 없을 것입니다.

처음에는 큐가 브리지 속에서 좌우로 흔들리거나 큐의 앞끝이 상하로 움직이는 경우도 있는데 브리지를 확고하게 마스터하기 위해 승부에 집착하지 말고 한 일주일 정도 연습하면 목적한대로 똑바로 큐를 스트로크할 수 있게 될 것입니다.

브리지

브리지에 일정한 형은 없으나 검지를 둥글게 만들어 엄지손가락으로 중지(中指)의 관절을 눌러 틈이 없게 합니다.

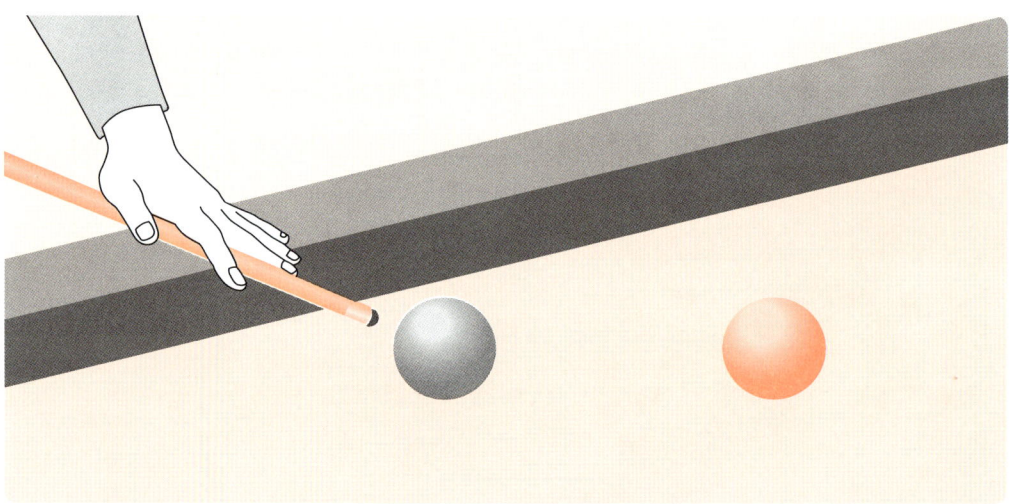

여러가지 브리지

브리지를 당구대에 낮출 수 없을 경우에는 쿠션의 위에서 중지와 검지로 힘을 넣지 않고 틈이 없도록 눌러 줍니다.

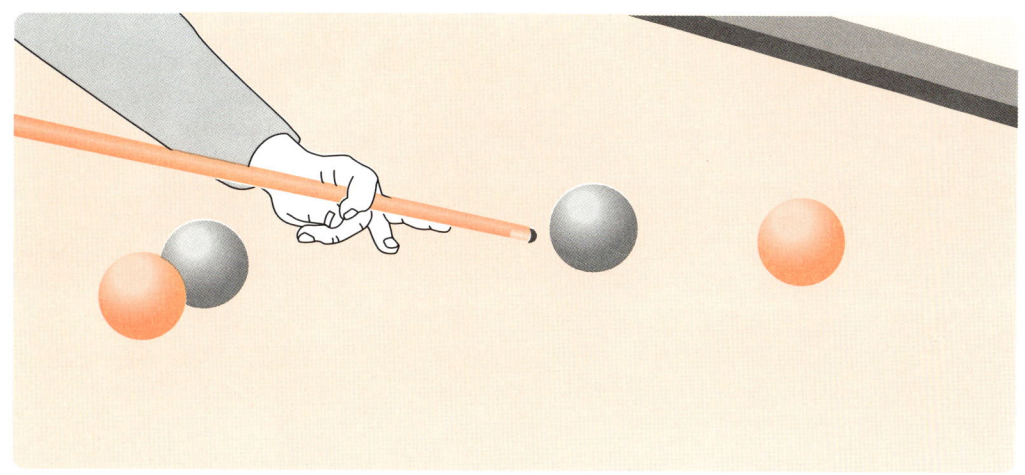

끌어치기의 브리지

특히 공의 중심 하위 부분을 타격할 경우 중지를 꾸부려 브리지를 낮추어야 합니다.

쿠션에 댄 브리지 1

수구(手球)가 쿠션에 밀착되어 있기 때문에 정면에서 타격하지 않으면 안 될 경우에는 보통의 브리지와는 달리 해야 하는데 그림과 같이 검지를 굽혀 큐를 쿠션에 대어 타격하면 큐가 흔들려 미스하는 예가 없습니다.

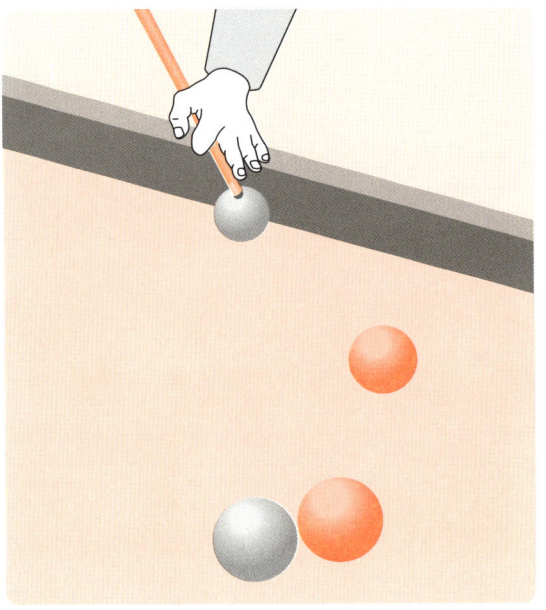

쿠션에 댄 브리지 2

이것도 쿠션에 댄 브리지인데 쿠션에 연(沿)하여 타격할 경우에는 약지(藥指)와 중지(中指)를 당구대에 대고 새끼 손가락으로 쿠션을 눌러 안정시킨 다음 타격하면 미스를 방지할 수 있습니다.

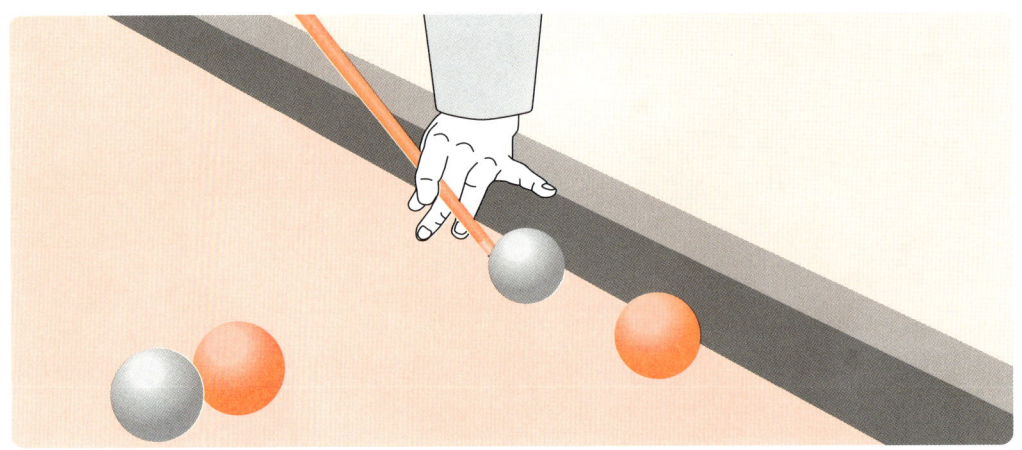

쿠션에 댄 브리지 ③

공의 위치는 앞의 그림과 대체적으로 같습니다. 이 브리지는 검지로 쿠션의 아래 부분을 누르는 것입니다. 수구를 타격하는 부분의 차이에 따라 이 브리지의 형태도 여러가지로 변화됩니다.

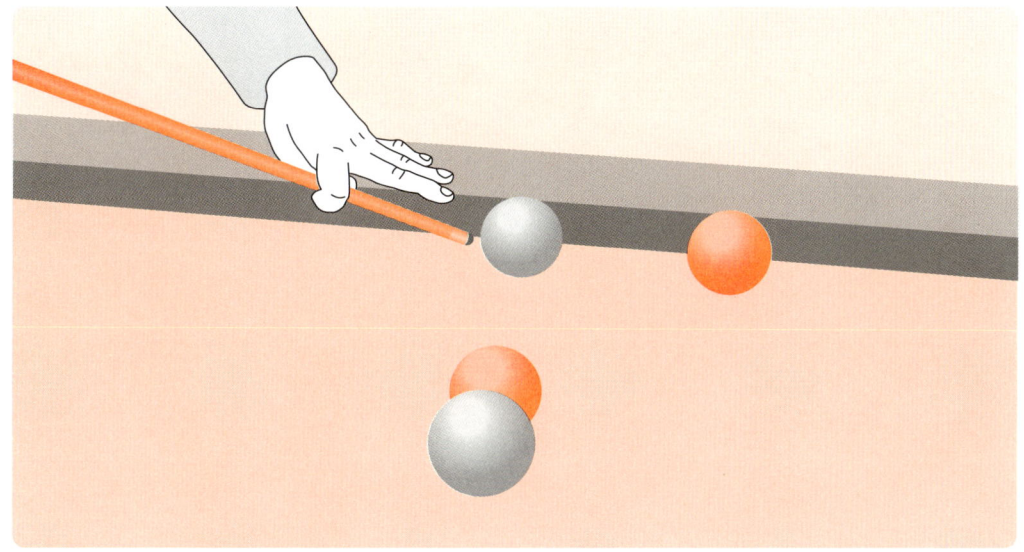

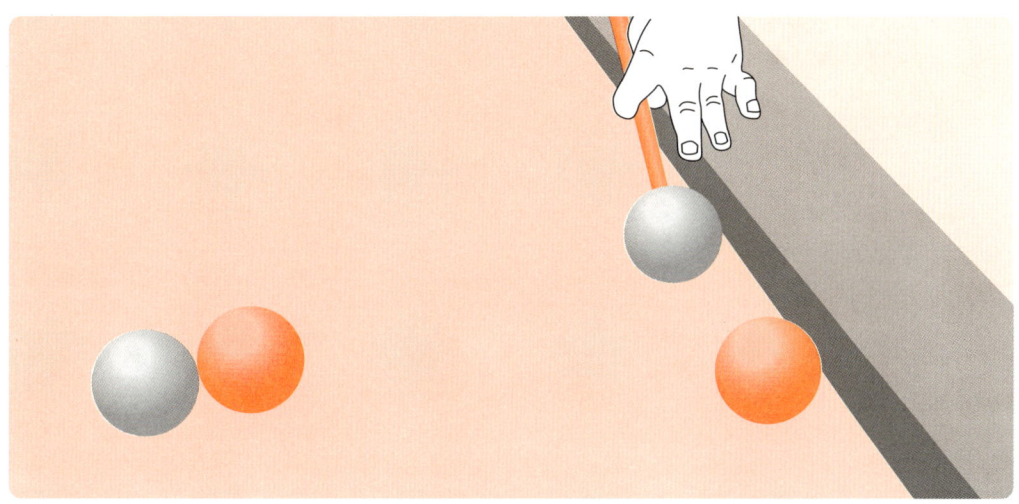

정면에서 본 브리지

커브를 내는 브리지 ❶

비틀기로 친 공으로는 들어가지 않는 공의 위치인 경우 큐를 반 정도 세워 커브를 내는 브리지입니다. 중지(中指)로 부터 그 아래의 3손가락을 그림과 같이 삼각으로 세워 행하는 브리지의 형태입니다.

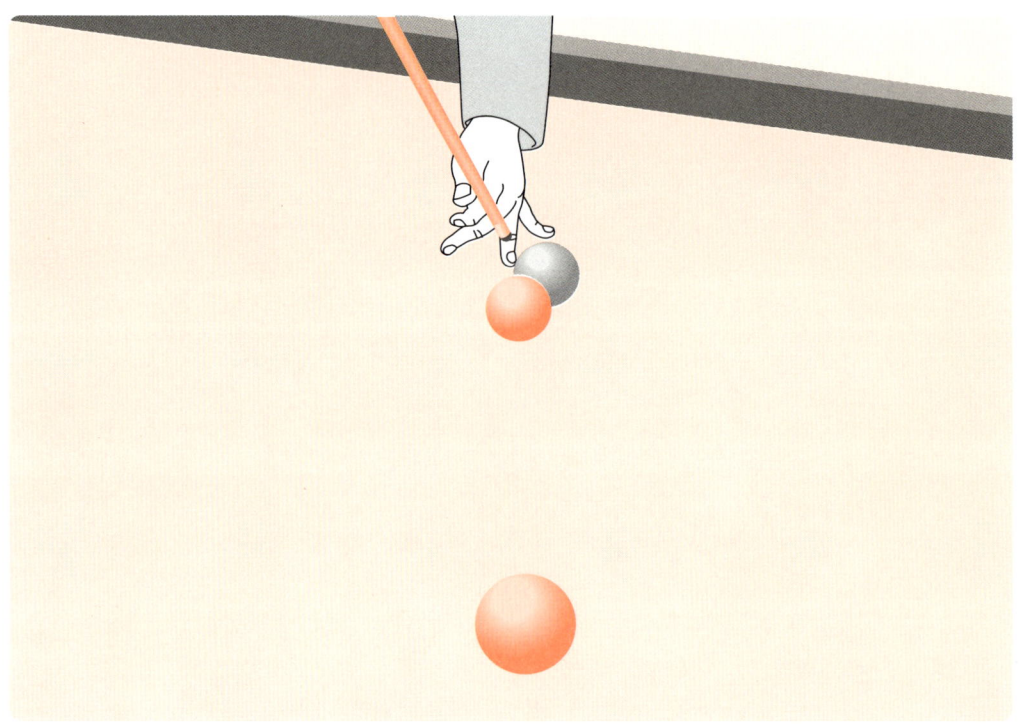

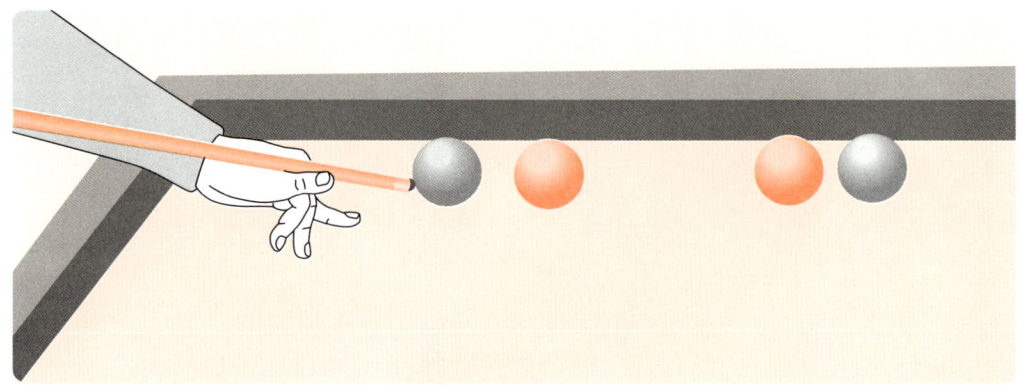

커브를 내는 브리지 2

이것도 비틀기만으로는 잡을 수 없는 공의 경우인데 큐를 약간만 세워 타격하는 브리지의 형태로서 앞의 그림과 같습니다.

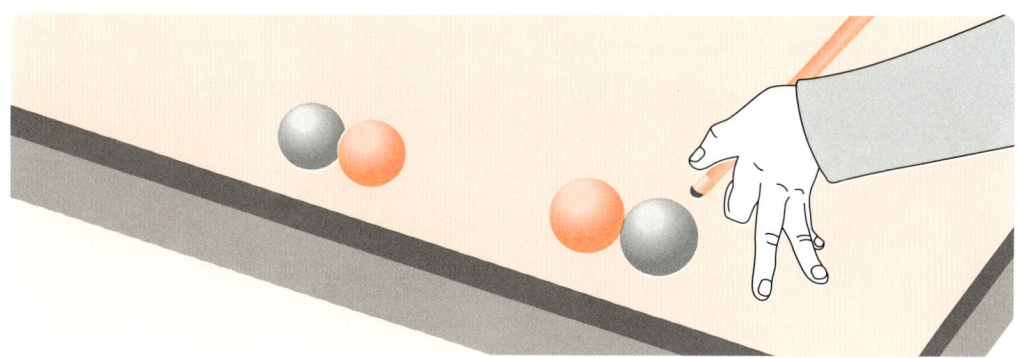

커브를 내는 브리지 3

이런 경우에는 적구(的球)를 얇게 겨냥하여 큐를 50도 정도로 세워 짧은 스트로크의 마세로 타격합니다.

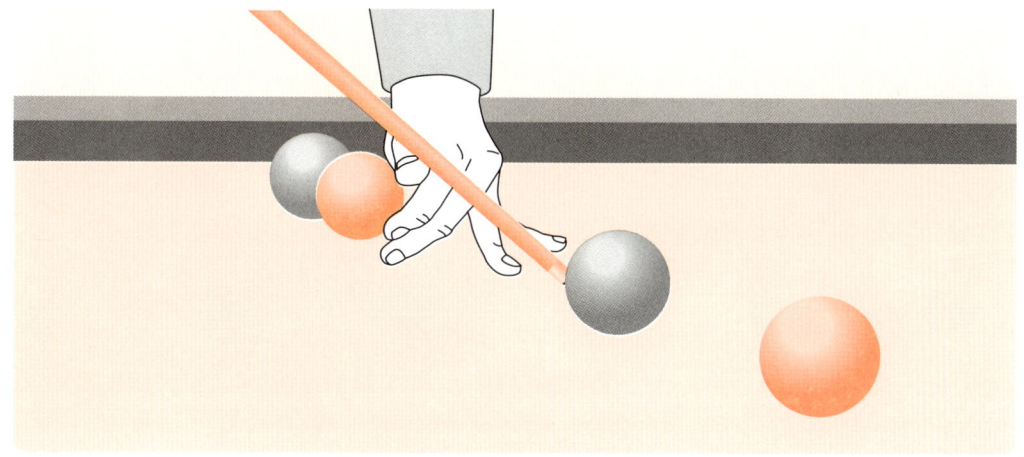

제 2구 가 방해되어 치기 어려운 끌어치기의 브리지

샷 (Shot)

　올바른 자세도 취해졌고 브리지도 큐를 잡는 법도 알았으며, 이 공을 어떻게 샷하느냐 하는 결의가 되어 있다면 타구 준비는 된 것으로 볼수 있겠습니다. 그러나 샷(큐를 쳐 내 보내는 것)을 하기 전에 중요한 게 있습니다. 그것은 샷을 하기 전에 가볍게 4 ~ 5회 정도, 예행 스트로크를 해보는 동작입니다.

　준비 운동이라고 해도 정확한 겨냥을 해야 하며 어려운 샷이라면 모르지만 보통은 4~ 5회 정도면 충분하다고 봅니다.

　이 준비 운동을 통해 큐가 자유롭고 가볍고 아주 리드미컬하게 움직여져야 합니다. 큐의 움직임이 둔하거나 거북스러우면, 올바른 타격은 물론 겨냥 조차도 정확히 할 수 없게 된다는 것을 알아야 할 것입니다.

　또 큐를 손 있는 곳으로 끌어당길 때가 중요합니다. 샷의 성공여부는 이 순간에 있다는 사실을 잊어서는 안 되겠습니다.

　대부분의 사람들은 당황해서 큐를 끌어당기는데 지나치게 잡아당기거나 하여 스트로크가 뜻대로 이루어지지 않습니다. 큐는 조용히 끌어당기는 것이 무엇보다도 중요합니다. 아무리 강력한 타격을 공에 가했다 해도 당황해서 큐를 잡아 당겼다면 샷은 부정확해질 수 밖에 없습니다.

　아무리 스트로크의 속도가 바뀌더라도 큐는 언제나 가볍고 또 리드미컬하게 움직여져야 합니다. 야구나 골프와 마찬가지로 팔로우스루가 중요합니다.

　이론적으로 말한다면 당구의 샷에서 공을 타격한다는 동작은 큐의 앞끝이 공에 접촉하는 1 ~ 2인치에서 앞에서 일어나는 것입니다.

　이때 큐에 가해지는 힘의 관성에 의하여 큐는 그곳에서 수인치 전진하며 그때 처음으로 큐는 공을 타격하는 것입니다. 이것이 바로 당구에 있어서의 팔로우스루의 동작입니다.

팔로우스루의 방향은 애당초 겨냥했던 방향과 일치하여 곧바르지 않으면 안 됩니다.

큐가 좌우로 흔들리거나 스트로크할 때 큐의 앞끝이 아래 위로 움직여서는 안 됩니다. 신중히 주의력을 기울여 처음부터 끝까지 큐가 하나의 직선으로 움직이도록 해야 합니다. 결점은 자기 스스로가 발견하여 교정하는 것도 좋지만 자기보다 실력이 뛰어난 고점자의 플레이를 잘 보고서 자신의 결점을 교정하는 것도 한가지 방법입니다.

어디를 보고 타격할 것인가?

「당신은 적구(的球) 즉 제 1구를 보고 공을 타격하는가, 아니면 수구(手球)를 보고 타격 하는가」하고 질문을 받았을 경우 사람들은 어느 공을 보고 타격했는지 확실히 대답하지 못하는 경우가 있습니다. 고점자라 하더라도 적구라고 하는 사람도 있으며 수구라고 하는 사람도 있습니다.

이것은 어느 공을 보고 치는 것이 좋은지에 대한 것이기 보다는 자기가 좋아하는 공, 완전히 맞을 것으로 자신(自信)하는 공을 치면 좋겠지만 초보자의 경우에는 적구(的球)를 보고 치는 것이 좋은 것입니다. 미국의 유명한 당구 선수인 코크런은 수구를 보고 치는데 그는 그 이유를 다음과 같이 설명하고 있습니다.

「스탠스는 올바로 취해져 있고 큐도 브리지도 정상이며 팔로우스루가 완전하다면 나머지 문제는 수구의 어느 부분을 타격하는 것이 좋은지에 대한 것 뿐입니다. 내가 스트로크의 최후까지 수구에 눈을 주고 있는 것은 이상과 같은 이유에서 입니다. 그러나 기본 기술에 결점이 많은 초보자들은 나의 방법을 활용하기에는 아마도 무리일 것입니다.」

이런 점으로 볼 때 샷동작까지 완전한 태세를 마스터한 고점자라면 자신이 판단하여 유리한 쪽을 임의로 선택하여 타격하는 것이 좋으나 일반적으로는 적구(的球)를 보고 공을 타격하는 것이 좋을 것입니다.

수구(手球)는 어느 부분을 타격해야 할까?

뱅크샷(Bank Shot = 적구(的球)에 맞기 전에 수구가 쿠션에 맞는 샷)에서는 수구의 중심부 혹은 약간 그 밑부분을 타구합니다. 그러나 뱅크샷에서는 대개 가벼운 러닝잉글리시(Running English = 수구가 쿠션에 맞았다가 바운드하는 방향으로 걸리는 잉글리시)를 걸게 마련입니다. 이것은 공의 중심 부분을 타격하면 그 공이 쿠션에 바르게 바운드하지 않기 때문입니다. 보크라인이나 스리쿠션의 샷에 있어서 그 대부분이 이러한 타격법을 활용한다고 해도 과언은 아닐 것입니다.

샷의 계산

마지막으로 잊어서는 안될 것은 샷을 하기 전에 자신은〈이런 위치의 공을 어떻게 쳐야 할 것인가〉를 다시 한번 생각해 보아야 한다는 것입니다.

이런 신중한 생각도 해보지 않은채 막연하게 샷의 자세를 취하고 그때서야 어떠한 샷을 해야 할까 당황해 하는 사람들도 없지 않습니다. 이러한 플레이 태도는 큰 마이너스를 안겨줄 뿐입니다. 그러므로 샷의 자세에 들어가기 전에 신중히 계산을 해야 합니다. 일단 결심이 섰으면 샷 직전에 그 결정한 것을 변경하지 말아야합니다.

자신이 미리 판단하여 내린 결정은 샷 바로 직전에 떠오른 생각 보다는 그 타당성이 많은 법입니다. 만약의 경우 자신이 서지 않을 경우에는 당구대에서 떨어져 생각을 다시 해보고 그런 다음 신중히 판단을 바꿔야 합니다.

샷의 스피드

샷을 할 때 잊지 말아야 할 문제는 힘을 넣는 가감입니다. 미리 머리 속에다 샷이나 일정한 스피드를 생각해 둡니다. 그러나 미리 생각해 두었다 해도 그와 똑같이 공이 움직이는 것은 아닙니다.

    샷이 강하면 강한 만큼 적구(的球)는 멀리 흩어집니다. 또 수구가 쿠션에 바운드할 때의 각도도 날카로워집니다.

    또한 샷이 강해지면 그만큼 공에 스루나 팔로우가 붙게 됩니다. 특히 스루샷에는 올바른 힘의 가감이 중요하며 이 스루샷에서 수구는 1개의 적구(的球)로 부터 다른 적구(的球)로 곧바로 움직이지 않고 스루가 붙기 전에 잠시 동안은 팔로우와 같이 움직인다는 것을 잊어서는 안 됩니다.

    스피드가 적당하지 않으면 샷의 자세는 큐를 잡는 방법이 올바르지 않은 자세 때와 같이 생각지도 않은 미스를 저지르게 됩니다. 이상의 내용을 요약하면 다음과 같습니다.

1. 팔로우스루가 직선으로 곧바르게 움직이고 있는지의 여부를 확인할 것.
2. 첫번째 큐를 타격한 그 방향으로 팔로우스루를 일치시킬 것.
3. 스무스하여 원활하게 공을 타격할 것.
4. 샷을 할 때마다 전력을 집중시킬 것. 또한 샷의 자세를 취하기 전에 잘 생각할 것.
5. 샷을 할 때 수구가 최초의 적구(的球)에 맞는가를 겨냥해 본 다음 자신이 적당하다고 생각되는 방향으로 눈을 둘 것.
6. 스크로크 때 큐가 좌우로 흔들리지 않도록 주의해야 할 것. 큐의 움직임을 겨냥하는 선에 일치시킬 것.
7. 힘이 지나치게 들어간 딱딱한 동작의 스트로크로 공을 타격하지 말 것. 이런 식의 큐 콘트롤은 스트로크의 효과를 감소시킬 뿐 입니다.
8. 샷으로 옮기기 전에 큐를 잡아 당길 때 큐의 선단이 브리지에 걸릴 정도로 깊이 잡아 당길 것.
9. 그때 큐를 함부로 잡아 당겨서는 안 됩니다. 신중하게 잡아 당겨야 합니다. 당황하는 것은 실패의 원인입니다. 일반적으로 이런 데서 미스를 저지르는 사람들이 많습니다.

10 샷으로 들어가기 전에 자기 자신이 무엇을 어떻게 해야 할 것인가를 확실하게 정해야 합니다. 많은 사람들이 샷을 미스하는 원인 중에는 바로 이런 문제를 잊기 때문입니다. 일단 결정을 내렸다가도 샷을 하기 전에 생각이 달라졌다면 당구대에서 떨어져 처음부터 다시 해야 합니다.

11 샷을 하기 전에 어느 정도의 스피드가 적절한가 하는 것을 잘 계산해야 합니다. 계산이 끝났으면 계산한대로 공에 스피드를 가해야 하는데 이렇게 하지 않으면 완전히 빗나가게 됩니다.

겨냥은 정확하게

큐볼의 중심을 타격하면 그 공은 바로 회전하지 않고 타격된 힘에 의하여 당구대를 활주합니다. 그 활주는 극히 짧은 거리를 공의 중량과 나사의 마찰에 의하여 전진회전으로 변합니다. 이것은 바로 공의 중심 상위부를 타격한 것과 같은 의미가 됩니다. 수구의 중심을 정확히 타격하여 적구(的球)의 중심에 맞았으면 수구는 그 자리에 정지하고 적구(的球)는 수구의 힘을 받아 회전함은 이미 여러 차례 밝힌바 있습니다. 그러나 실제로 공의 중심을 정확히 타격하기란 그리 쉬운게 아닙니다.

그 이유는 공의 중심점을 정확히 겨냥했다 해도 큐를 스트로크할 때 큐의 뒷부분이 위로 들리기 때문입니다.

큐를 수평으로 하여 정확히 내보내면 이론적으로는 공의 중심점을 정확히 타격할 수 있지 않을까 생각되지만 아무리 겨냥을 정확히 했다고 해도 샷을 할 때 큐의 앞부분이 흔들리기 쉽습니다.

삼각구(三角球)

공은 당구대 위에서 여러가지 형태로 정지합니다. 그 공의 형태에 따라 타격하기 쉬운 것도 있고 또 어려운 공도 있습니다. 그런데 이 삼각구는 초보자라도 겨냥만 정확하다면 아주 치기 쉬운 형태의 공입니다. 즉 수구에 대하여 적구(的球)와 선구(先球)가 삼각형을 이룬 것을 말합니다. 그것이 적구와 선구 2개가 마주 보고 있을 때 거리만 적당하다면 더욱 타격하기가 쉽습니다.

이 삼각구에 대한 겨냥과 그 타격점에 대해서 설명하겠습니다. 그런데 이 설명으로 수구의 타격점과 타격된 공이 적구에 맞은 뒤 회전운동 같은 것을 아는 것은 바로 당구 기술의 제일보이며 또한 삼각구 이외 어떠한 공에도 응용되는 것이므로 초보 지식으로써 이것을 파악 하는 것도 당구 기술을 연마하는 데 있어 중요한 조건의 하나입니다.

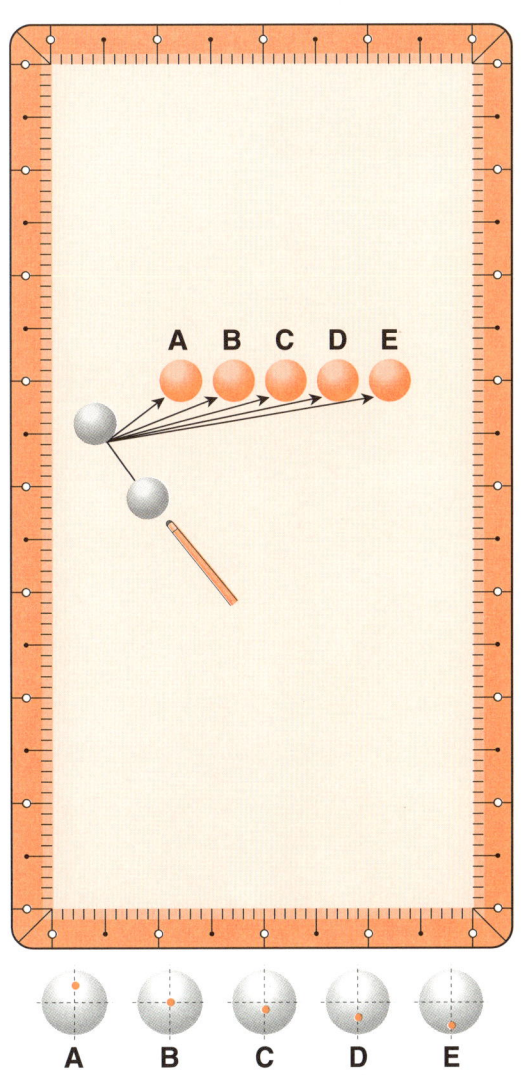

A-3. 공을 타구하는 법

삼각구의 5가지 타격점

　이 그림은 수구로부터 적구와 선구의 5가지 위치에 대한 타격점을 표시한 것입니다. A를 취할 경우 수구의 중심 위를 적구의 우측에 큐의 방향을 돌리어 타격하면 수구의 반면이 맞습니다.
　B는 수구의 중심을 타격하고 순차적으로 수구의 중심 하위 부분을 타격하는 것인데 C부터는 큐를 가늘게 스트로크하여 끌어치기와 같이 타격하지 않으면 안 됩니다.

삼각구의 겨냥

1 당점은 수구의 중심

2 당점은 수구의 중심보다 약간 위

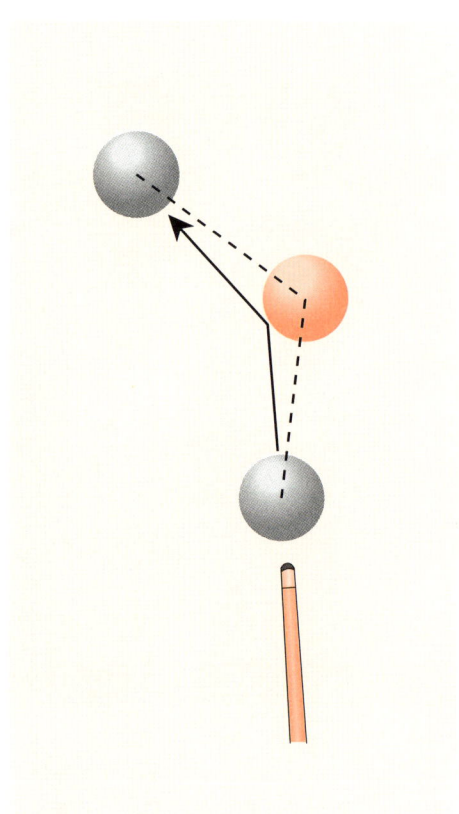
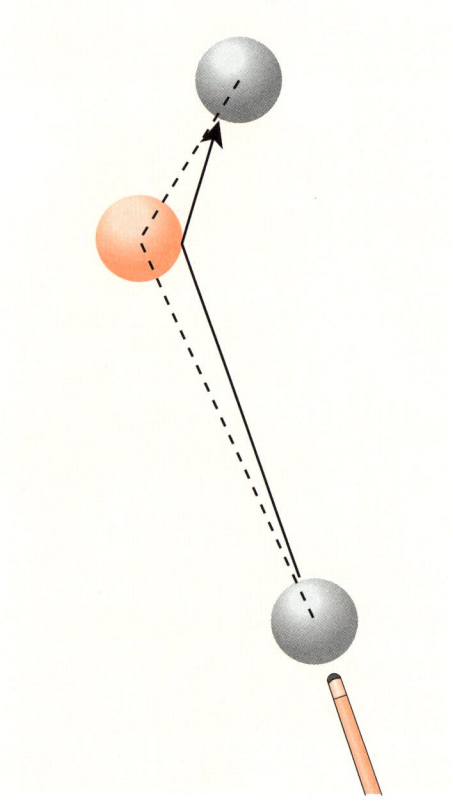

3 당점은 수구의 중심

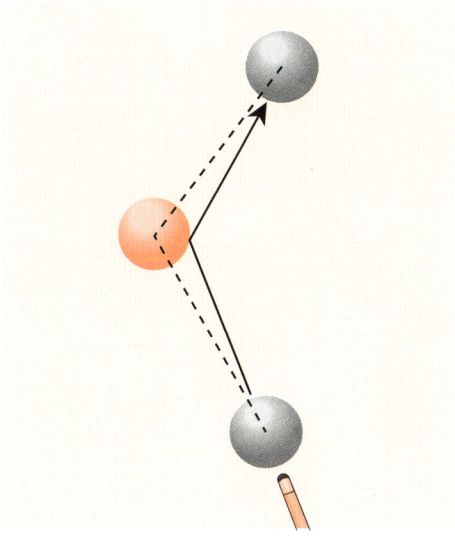

4 당점은 수구의 중심

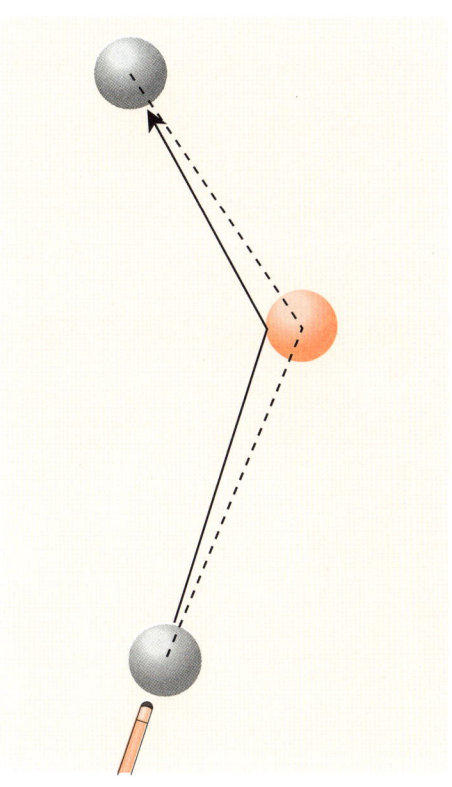

5 당점은 수구의 중심 하위 부분

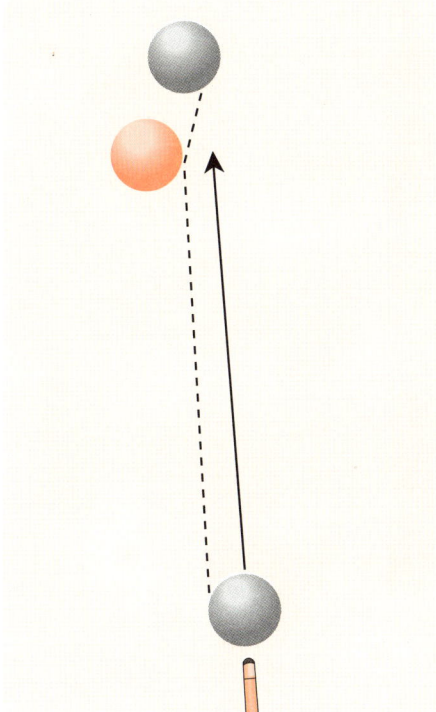

6 당점은 수구의 중심 약간 하위 부분. 다소 끌어치기와 같이 되어 있음

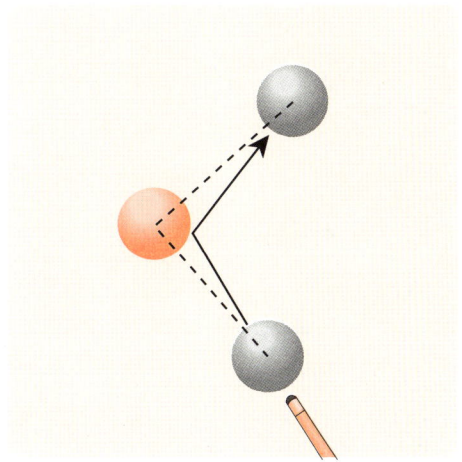

쉬운 삼각구

공은 각기 타격된 힘에 의하여 회전 운동을 일으켜 당구대 위에 여러가지 형태로 정지됩니다. 이토록 여러가지 형태로 정지되는 것 중에 쉽게 잡을 수 있는 것이 바로 이 삼각구입니다. 이 삼각구를 정확히 잡을 수 있게 되었다면 자신이 지닐 수 있는 점수 즉 지점(指点)이 50점 이상은 될 것입니다.

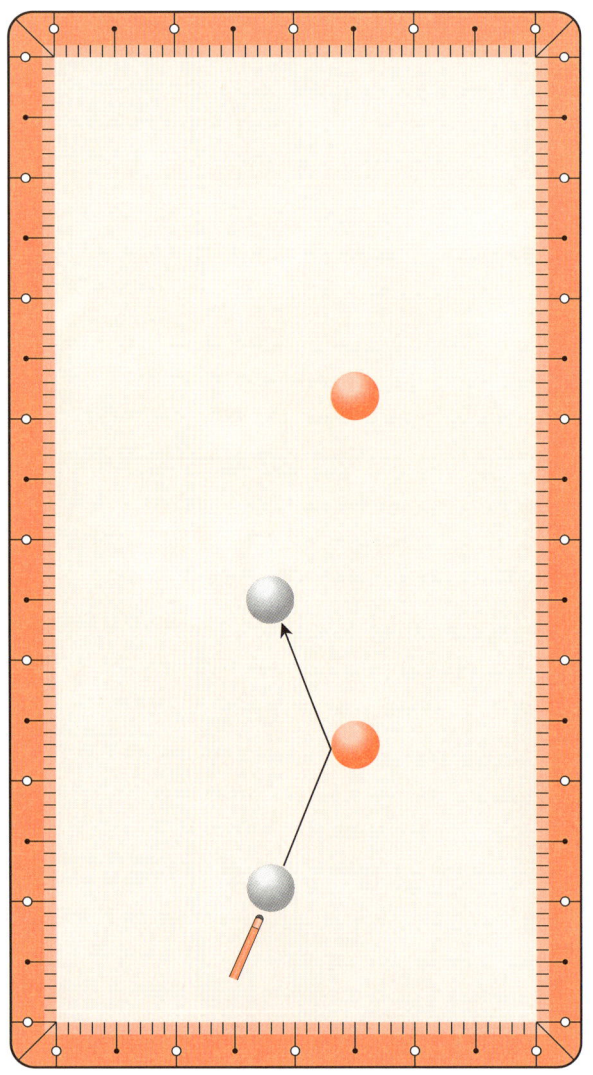

수구의 중심에서 약간 위를 타격합니다. 큐의 방향을 적구(的球)의 좌측에 향하게 하여 타격하면 수구의 반면(半面)이 적구(的球)에 맞습니다.

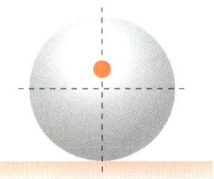

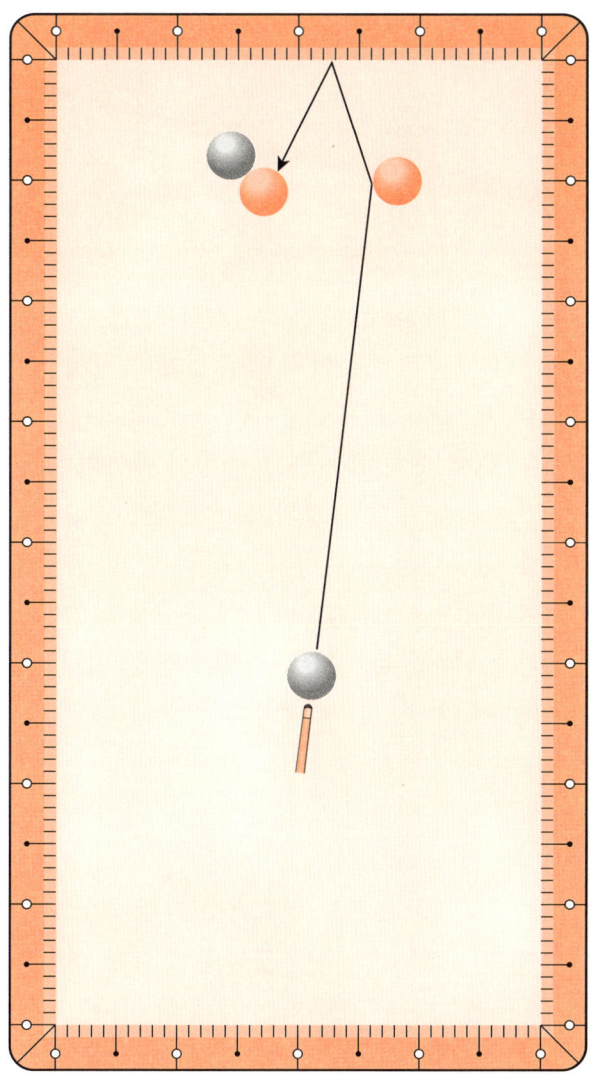

이것은「원쿠션 잡이」인데 당점이나 적구(的球)에 맞는 부분도 같습니다. 그러나 적구(的球)와 선구(先球)의 중심점의 쿠션에 맞혀야 하며 단 공이 멀리 있기 때문에 그 공의 거리에 따라 자세를 낮추어야 합니다.

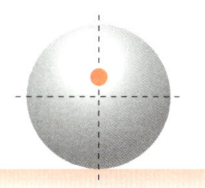

이 삼각구는 타격하기가 쉬운게 특색인데 자세를 올바르게 취하여 큐의 방향을 잘 보고 타격합니다. 쉽다고 해서 방심하지 말고 신중히 하지 않으면 실패하는 경우도 있습니다.

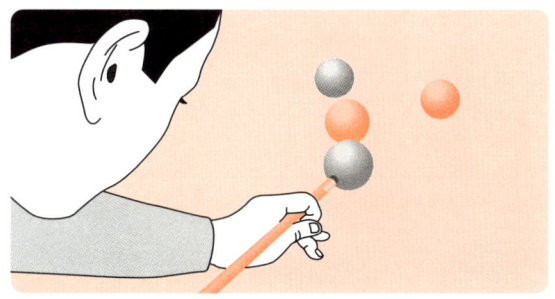

밀어치기의 타구법

수구와 적구(的球)와 선구(先球)가 거의 일렬로 이루어져 있어 얇게 타격해도 잡히지 않을 경우 큐의 방향에 3개의 공이 포개져 있는 것을 수구를 이용하여 적구(的球)를 밀어 치우고 그런 다음 선구(先球)에 맞게 하는 타구 방법을 말합니다.

수구의 상부를 타격하여 적구의 2분의 1 이상 두껍게 걸쳐치는 것으로 일렬로 있는 모든 공들을 다 칠수 있다고는 말할 수 없습니다.

또 중복되어 있는 공은 적구(的球)가 선구(先球)에 맞기 때문에 목적을 달성할 수 없습니다. 이런 공은 밀어 잡을 수 있는지 어떤지를 잘 판단하지 않으면 안 됩니다.

밀어치기에도 한계가 있습니다. 예를 들어 멀리 있는 공의 경우 반드시 수구의 중심 상부만을 타격하지 않고 수구의 중심 하위 부분을 타격해도 맞게 마련입니다.

볼은 어느 거리까지 진행하면 전진회전으로 변하므로 결국은 밀어치기와 같은 법칙이 되는 것입니다.

이런 경우 필요한 것은 수평 타격인데 큐의 스트로크는 평행으로 타격 해야 할 것입니다. 한꺼번에 많은 득점을 계획할 때 또 당구의 진수인 모아치기 같은 것을 할 때 끌어치기와 같이 이 밀어치기는 보다 높은 기술이 요구되는 것 중의 하나입니다.

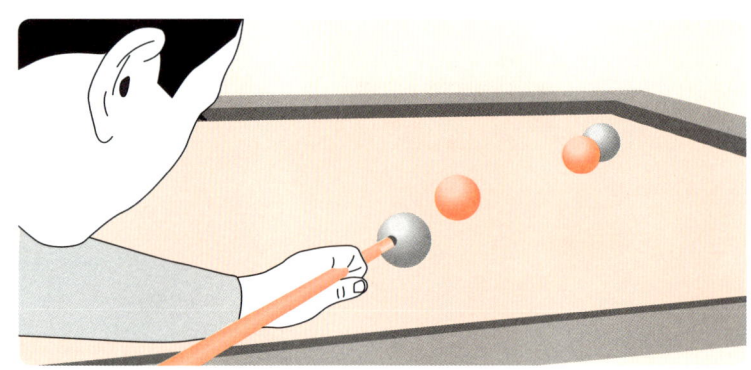

◀ 밀어치기
이것은 브리지가 너무 높습니다.

공이 흩어져 있을 경우에는 연결을 갖게 하기 위해 이 밀어치기가 잘 이용되고 있습니다. 그러므로 이 기본을 완전히 체득하여 활용하도록 해야 합니다.

수구의 중심 상부를 타격하면 전술한 바와 같이 반드시 밀어치기로는 되지 않지만 당점의 상부에 이를수록 공은 큐의 힘을 받아 회전 속도가 증가되게 됩니다.

밀어치기의 3가지

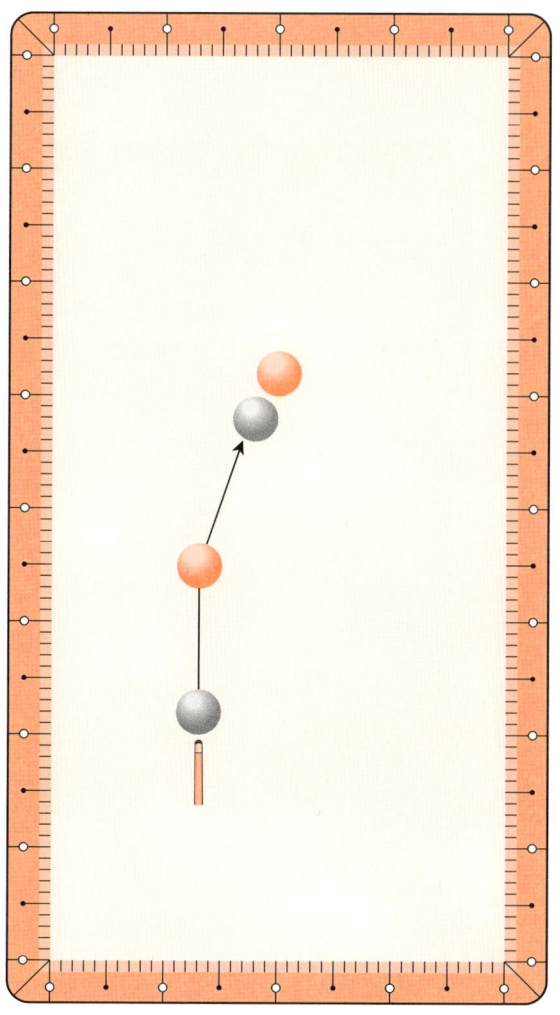

수구의 중심과 적구의 중심을 잇는 뒤쪽 선과 적구와 선구를 잇는 같은 쪽을 2등분한 중심이 겨냥점. 수구의 중심 약간 위를 타격합니다.

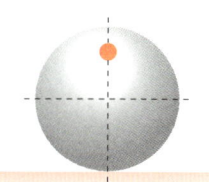

공의 위치가 다르다고 해도 타격하는 요령은 같습니다.

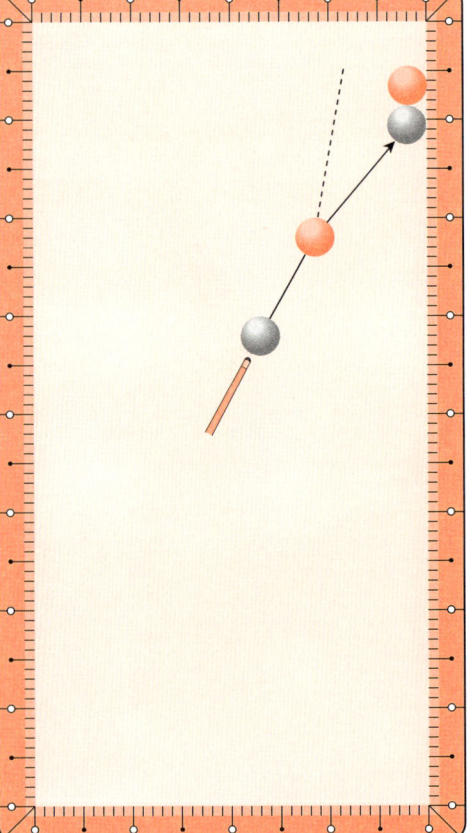

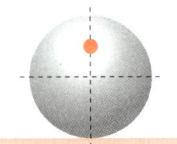

밀어치기의 겨냥

당점은 수구의 중심 상위부분

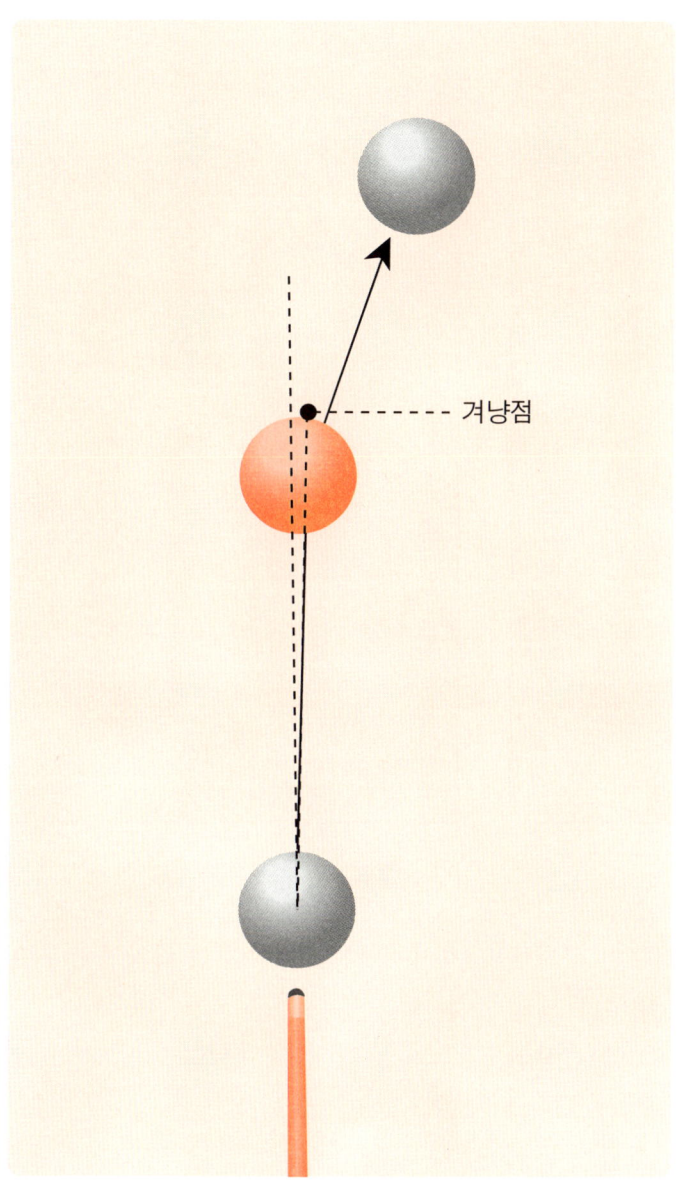

겨냥점

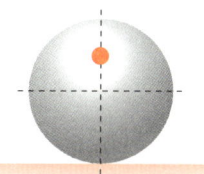

근접 밀어치기의 2가지

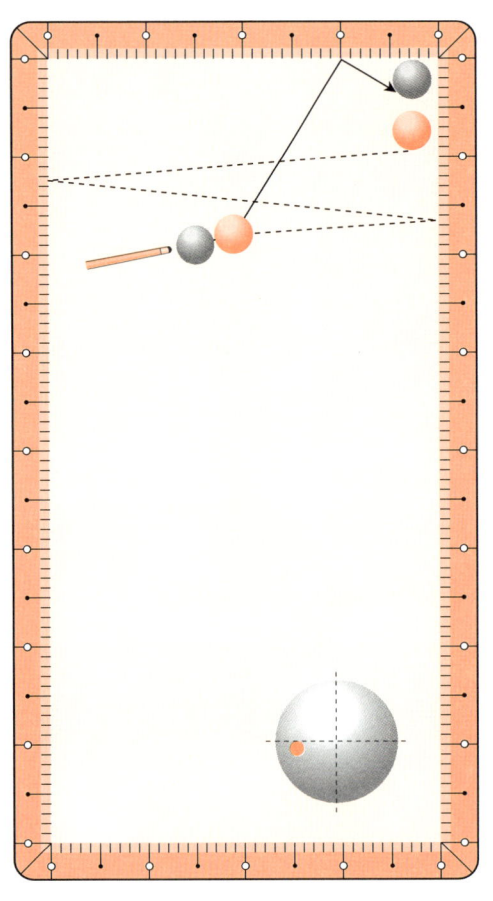 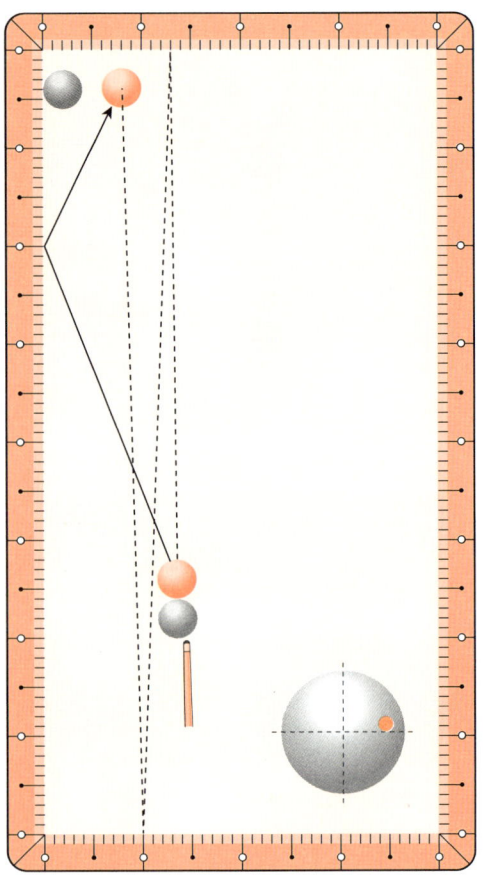

마세로도 잡을 수 있으나 그림과 같이 근접 밀어치기로 잡으면 적구가 쿠션에 이중으로 맞아 모아치기가 됩니다. 당점은 수구의 우단이나 중심의 약간 상위 부분을 타격하며 적구의 중심, 보통의 밀어치기보다 더 두껍고 날카롭게 돌입하도록 타격합니다.

그림은 짧은 쿠션이나 이것은 긴 쿠션이란게 다를 뿐 수구의 타격점이나 요령은 똑 같습니다.

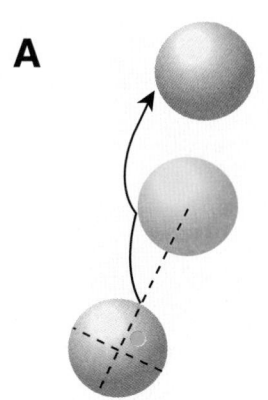

A 큐를 지나치게 세우지 말고 빨간색 적구(的球)에 얇게 대어 가는 스트로크로 타격합니다.

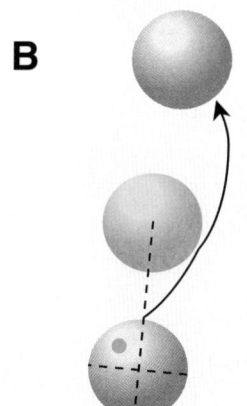

B A보다 수구와 빨간색 적구(的球)가 더 떨어져 있습니다. 이런 경우는 큐를 A보다 세우지 않은 채, 스트로크를 재빨리 가늘게 타격하여 내리는 것처럼 합니다.

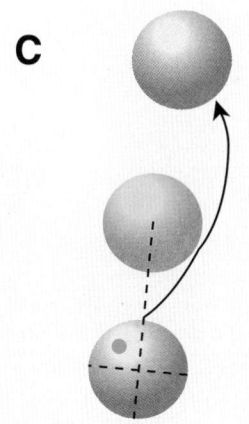

C A, B보다 적구(的球)와 선구(先球)가 떨어져 겹쳐져 있습니다. 겨냥은 적구(的球)에 얇게 대어 앞 그림의 공보다 커브가 있으므로 빠른 스트로크로 타격해 내려야 합니다.

선구(先球)가 떨어져 있을 경우

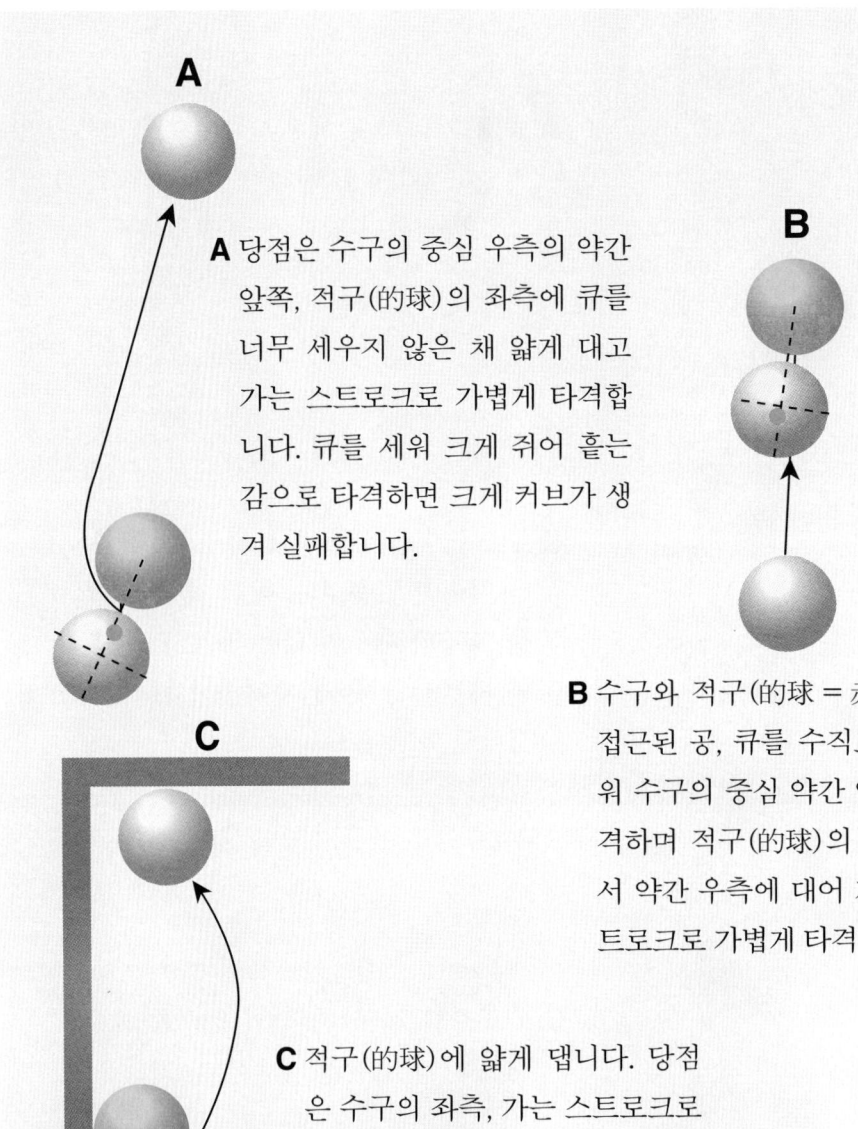

A 당점은 수구의 중심 우측의 약간 앞쪽, 적구(的球)의 좌측에 큐를 너무 세우지 않은 채 얇게 대고 가는 스트로크로 가볍게 타격합니다. 큐를 세워 크게 쥐어 흘는 감으로 타격하면 크게 커브가 생겨 실패합니다.

B 수구와 적구(的球 = 赤球)가 접근된 공, 큐를 수직으로 세워 수구의 중심 약간 앞을 타격하며 적구(的球)의 중심에서 약간 우측에 대어 가는 스트로크로 가볍게 타격합니다.

C 적구(的球)에 얇게 댑니다. 당점은 수구의 좌측, 가는 스트로크로 빨리 타격하여 내립니다. 적구에 두껍게 대면 수구의 진로를 방해합니다.

3개의 공이 직선으로 위치했을 경우에 있어서의 3가지 잡는 방법(이때까지의 그림에 있는 마세와는 그 당점이 다릅니다.)

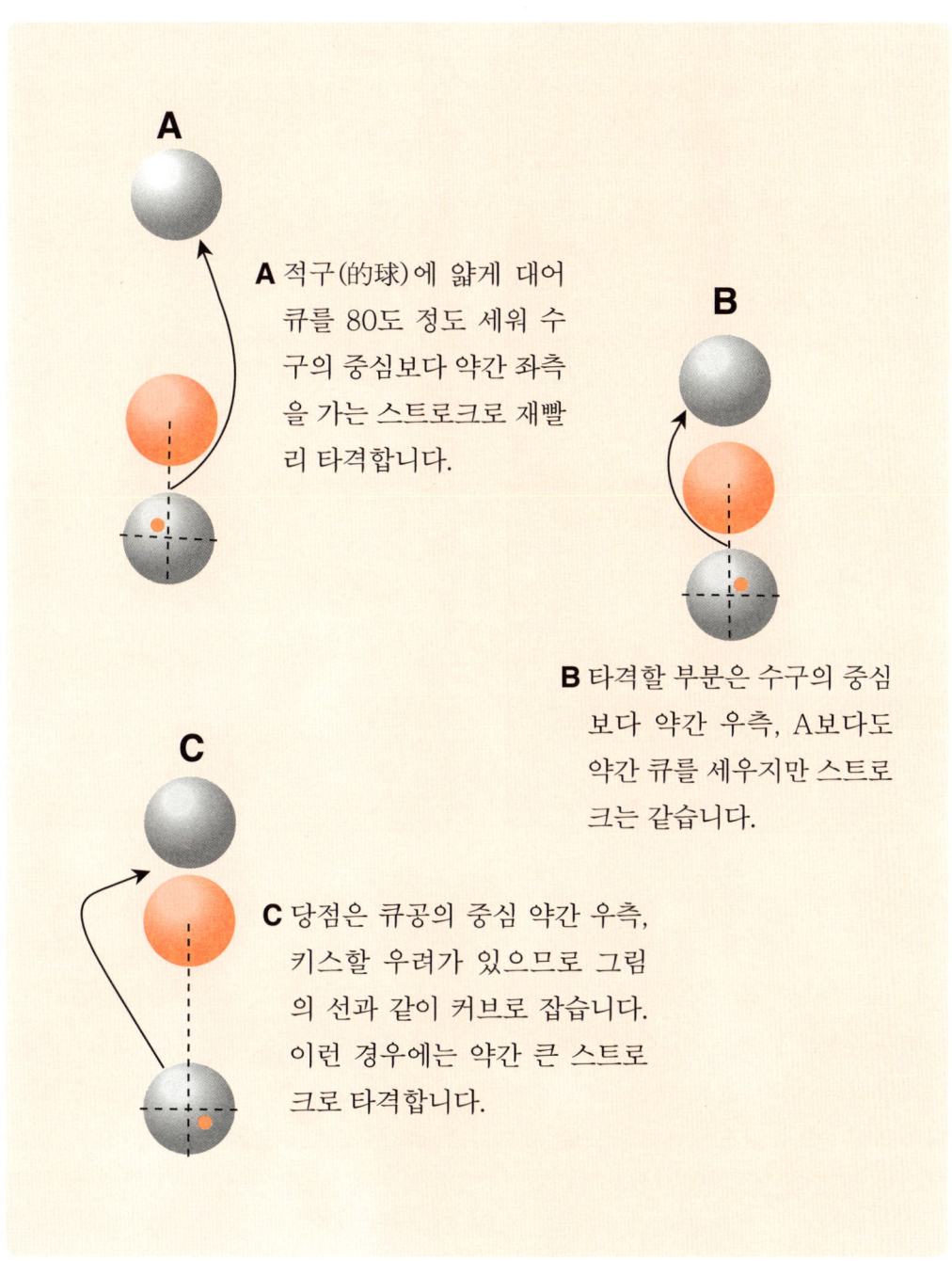

A 적구(的球)에 얇게 대어 큐를 80도 정도 세워 수구의 중심보다 약간 좌측을 가는 스트로크로 재빨리 타격합니다.

B 타격할 부분은 수구의 중심보다 약간 우측, A보다도 약간 큐를 세우지만 스트로크는 같습니다.

C 당점은 큐공의 중심 약간 우측, 키스할 우려가 있으므로 그림의 선과 같이 커브로 잡습니다. 이런 경우에는 약간 큰 스트로크로 타격합니다.

마세를 치는 방법

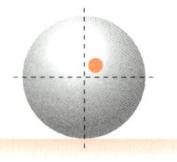

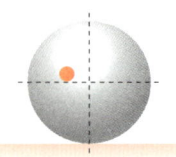

적구(的球)에 얇고 가는 스트로크로 타격합니다. 이런 경우 큐를 크게 하여 타격하면 공이 앞으로 나가기 때문에 목적한 대로 잘 맞지 않습니다.

수구의 좌측을 타격하여 적구(的球)의 중심 보다 약간 좌측을 가늘게 그리고 빠른 스트로크로 타격합니다. 이런 경우 좌측을 타격하면 비틀기로 쿠션에 이어집니다.

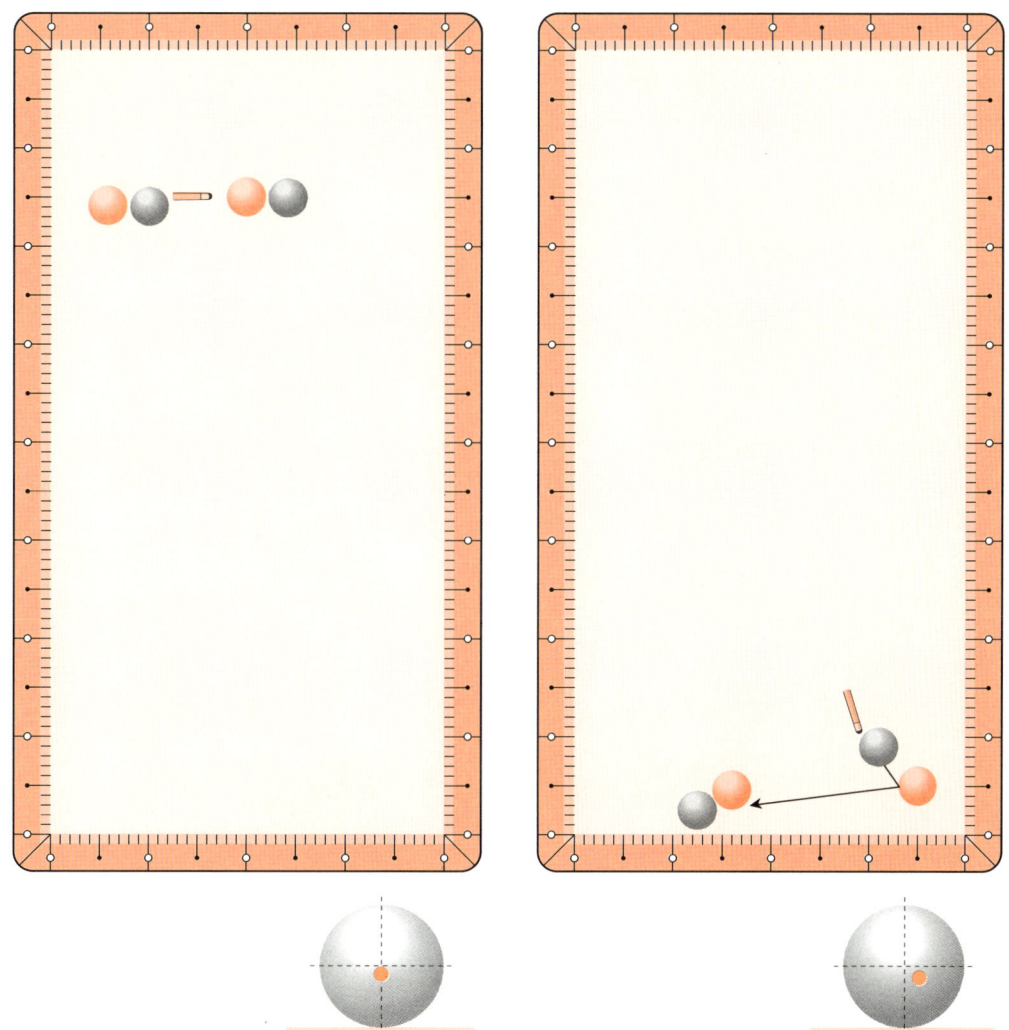

큐를 수직으로 세워 중심 보다 앞부분을 당점으로 하며 겨냥은 적구(的球)의 중심, 가는 스트로크로 가볍게 타격합니다. 이때 적구(的球)가 움직이지 않을 정도의 힘이 아니라면 리크가 될 경우도 있으므로 주의해야 합니다.

당점은 수구의 중심 보다 우측 하위 부분, 적구(的球)의 우측에 얇게 대고서 선구(先球)에 맞히는 것인데 빠른 스트로크로 가볍게 타격합니다.

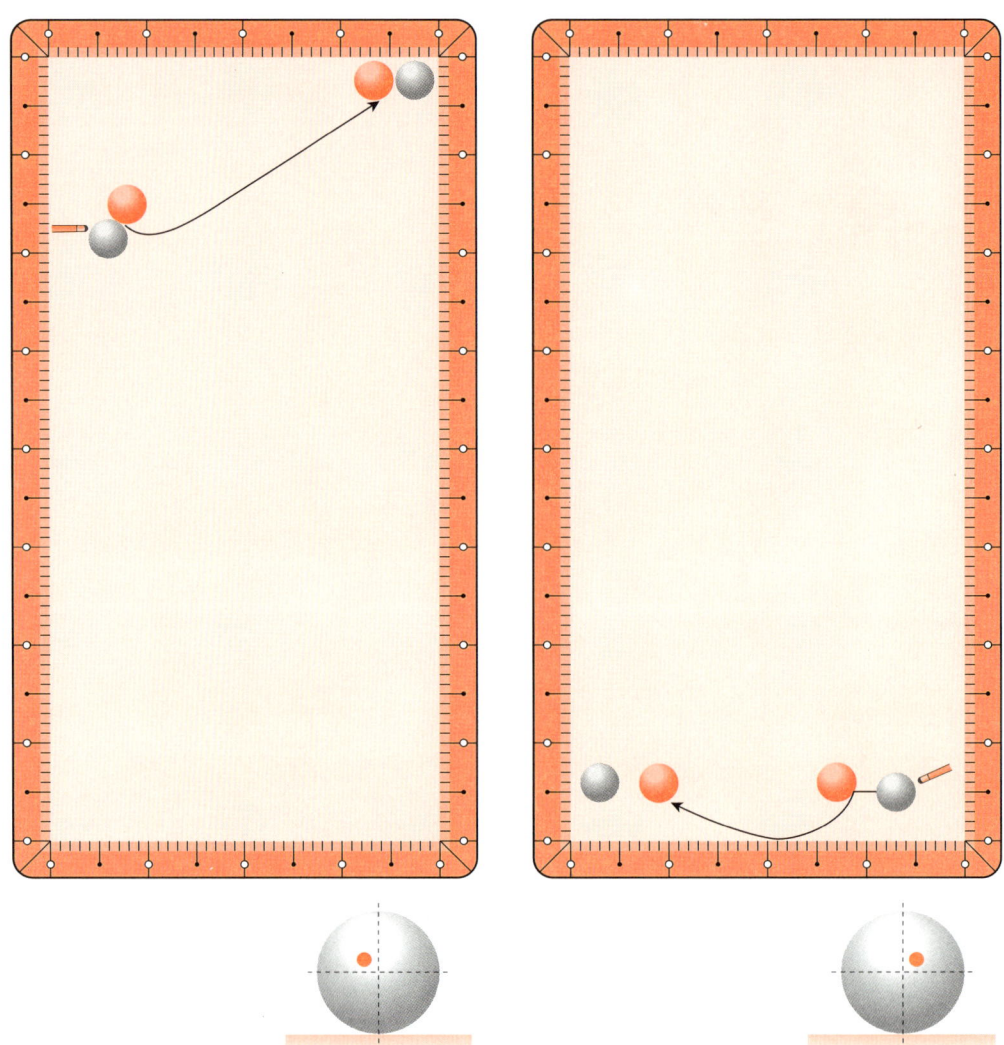

수구의 좌측을 타격하여 적구(的球)에 얇게 대어 짧은 스트로크로 타격합니다.

전(前)과 반대되는 타격점이 되겠으나 이런 경우에는 적구(的球)에 두껍게 대야 합니다. 큐를 지나치게 세우지 않고 가는 스트로크로 타격합니다.

당점은 우측에서 약간 앞쪽 적구(的球)의 중심 보다 약간 좌측을 겨냥, 큐를 너무 세우지 않고 가는 스트로크로 타격하면 코너의 선구(先球)에 맞아, 적구(的球)가 원쿠션에 되돌아와 모아치기가 됩니다.

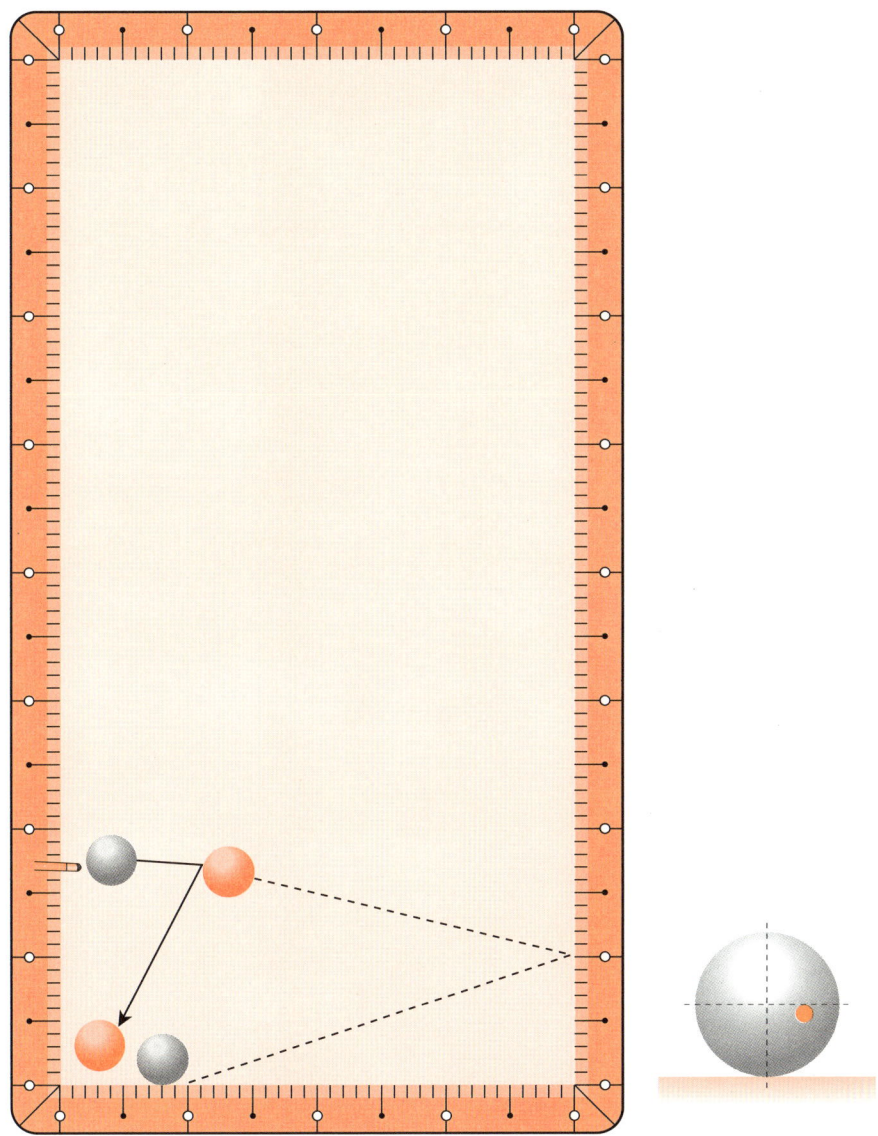

마세 모아치기의 3가지 경우

보통 마세보다 적구(的球)에 두껍게 댑니다. 큐도 보통 보다 약간 세워 가는 스트로크로 타격하는데 주의할 것은 바로 당점입니다.

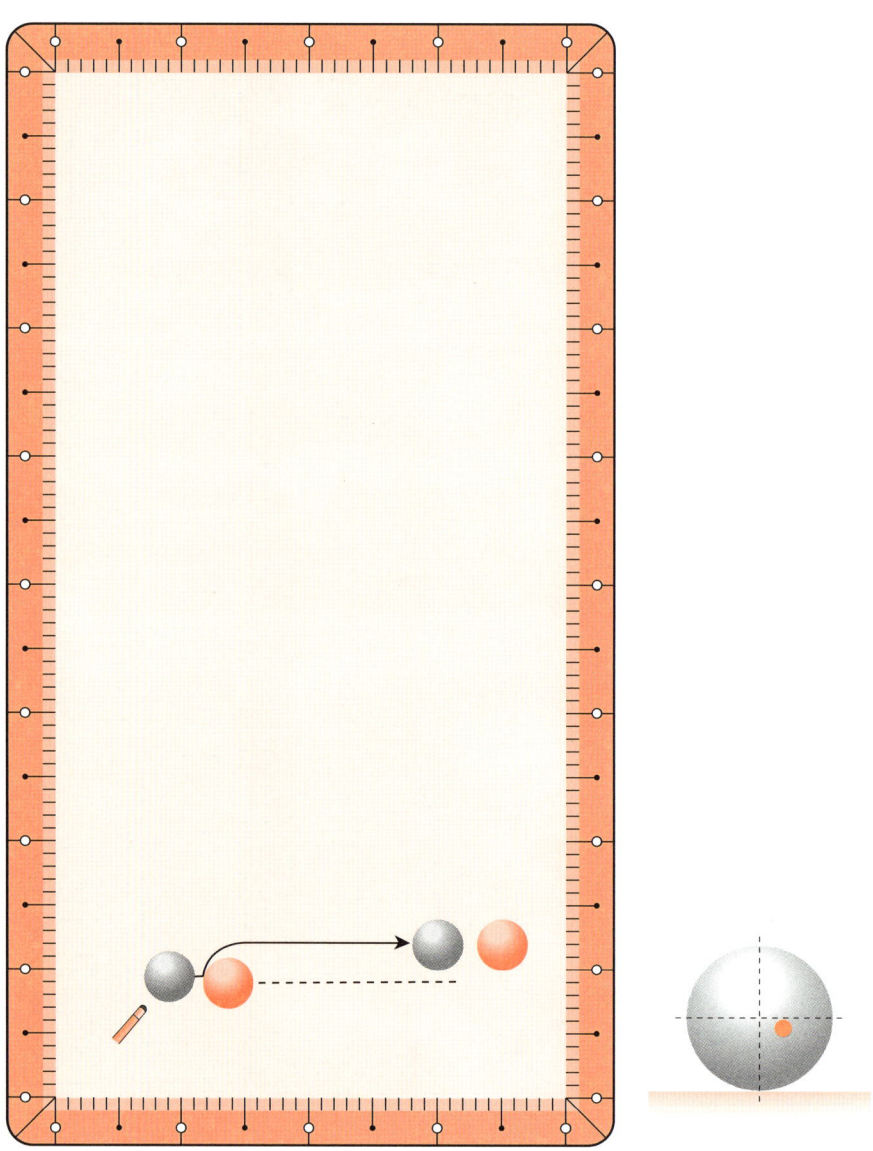

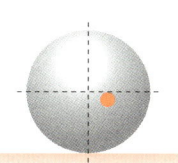

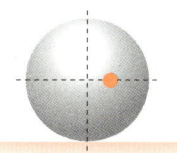

A-3. 공을 타구하는 법

밀어치기로 더블쿠션 치기

이 공은 큐볼 상부의 우측 끝부분을 타격하며 적구(的球)를 더블 쿠션으로 잡으면 모아치기가 됩니다. 이런 때는 힘의 가감이 보다 중요합니다.

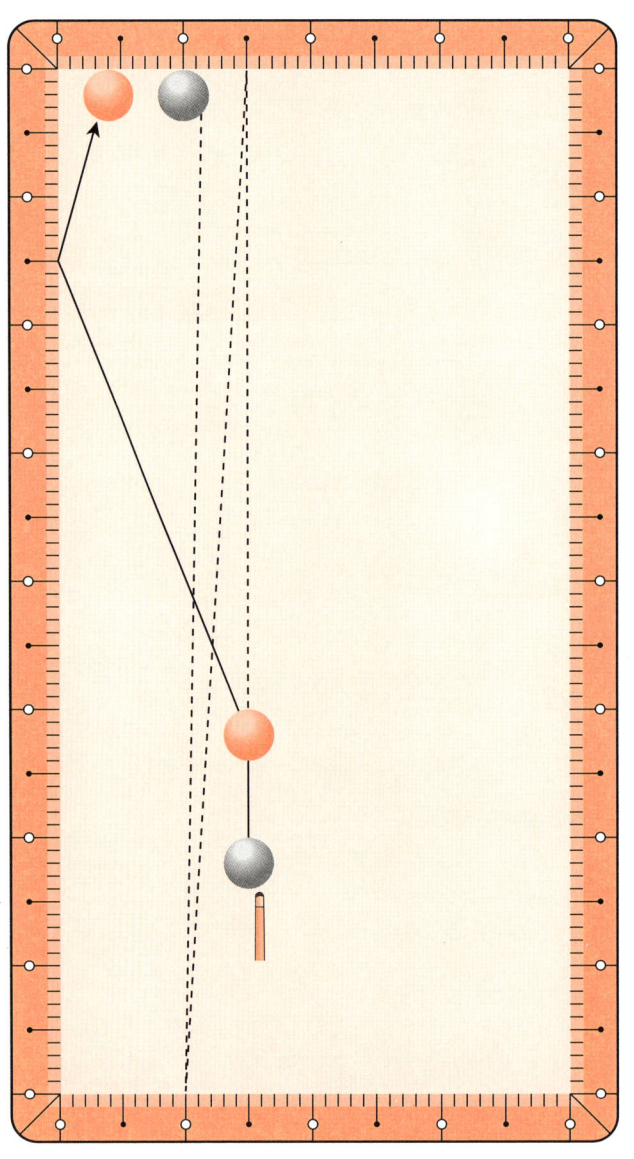

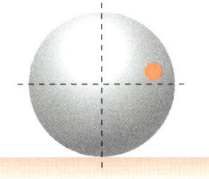

밀어치기의 커브

수구의 좌측 상위 부분을 타격하여 적구(的球)의 중심 약간 좌측에 대고 큰 스트로크로 날카롭게 돌입하듯 타격해야 합니다. 이렇게 타격하면 수구는 커브하여 쿠션에 이어지며 적구(的球)는 큰 회전을 하여 모아치기가 됩니다.

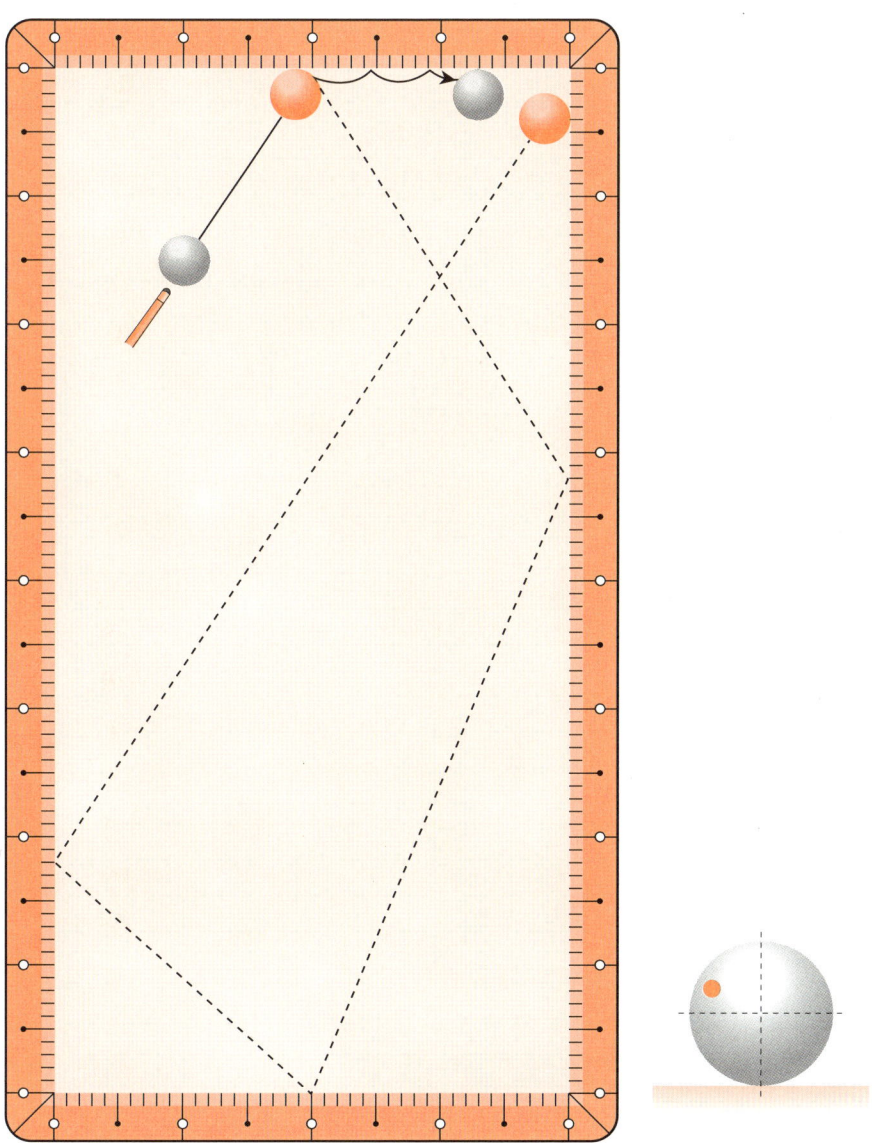

끌어치기의 타구법

밀어치기는 실제로 타구해 보면 그리 어렵지 않으나 이 끌어치기는 꽤 어렵습니다. 그런데 이 끌어치기를 경기 중에 자주 응용하지 않으면 안 될 경우가 많습니다.

또 모아치기의 경우 특히 필요한 기술이므로 충분한 연구와 연습을 해야 합니다.

끌어치기가 뜻대로 이루어질 때 플레이어라면 누구나 그 즐거움을 느끼게 될 것입니다.

이 끌어치기의 타구 방법은 수구가 적구(的球)에 맞았다가 되돌아오게 하는 타격으로 즉 수구의 하위 부분을 타격하여 배진 회전(背進 回轉)을 시키는 기술입니다. 당점은 수구의 중심 적구(的球)의 중심 선구(先球)의 중심을 잇는 선을 2등분하고 그 선이 적구의 속에 10분의 7의 동심원을 그려 교차되는 점을 겨냥합니다.

그림을 보면 잘 알 수 있겠지만 브리지를 낮게 하고 큐를 신속히 내보내야 하는데 처음에는 큐를 내보냄과 동시에 잡아 당기는 사람을 보는데 이것은 공을 잡아당긴다는 기분에서 생겨나는 동작으로 잡아당기는 목적에는 아무런 관계가 없으며 백해무익한 일입니다.

밀어치기의 스트로크와 같은 기분으로 스냅을 살리면 수구는 충분히 활주(滑走)하여 적구(的球)에 맞고 그 다음에는 배진 회전(背進 回轉)운동을 일으켜 선구에 맞습니다. 그러면 여기서「끌어치기의 요령」에 대해 말해 보기로 하겠습니다.

신속하게 큐를 내미는 것은 힘을 가하는 것이 아니고 오히려 부드럽게 타격하는 것이 보다 효과적이라는 평가입니다.

또 겨냥하는데 있어서도 시각관계로 수구의 중심 하위부를 타격한 것 같아도 실제로는 그렇게 되지 않는 경우가 있습니다.

또 끌어치기는 너무 중심 하위 부분을 타격하면 공을 튀어 오르게 하는 폐단도 생기기 쉬우므로 주의하지 않으면 안 됩니다.

떨어져 있는 공을 잡아 끌 때도 그 요령을 알고 있으면 보다 쉽게 공을 콘트롤 할 수 있겠으나 공이 흩어져 있기 때문에 겨냥이 제대로 바르게 되지 않을 수도 있다는 것을 유의해야 합니다.

이런 때 브리지는 보통 보다 낮게 수구의 하위 부분을 하여 뜻한 바 공을 찌르듯이 타격하면 성공입니다. 지나치게 하위 부분을 타격하지 않아도 공은 다시 끌려 올 수 있으나 다만 이런 경우에는 힘

보통 치기 쉬운 끌어치기의 자세

의 가감이 보다 중요합니다. 끌어치기는 경기중에 60 ~ 70% 이용할 기회가 있으므로 특히 부드러운 리스트, 확실한 브리지, 매끄럽고 신속한 스트로크등 이 3가지를 중요하게 생각할 필요가 있습니다.

끌어치기의 겨냥

당점은 큐볼의 밑

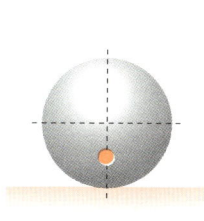

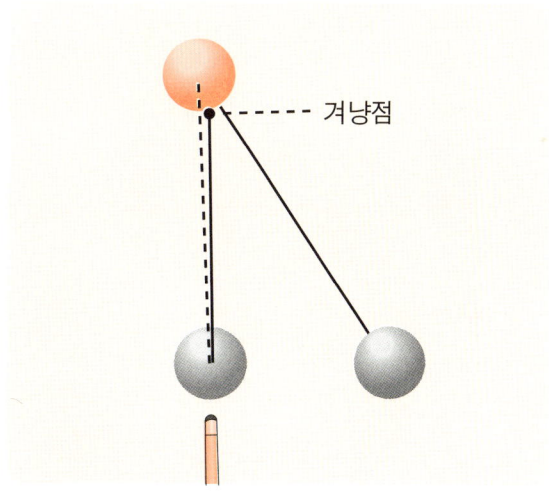

수구의 중심 밑부분을 당점으로 하여 적구(的球)로 제 1의 선구(先球)와의 선과 수구와 적구(的球)와의 선이 교차되는 중심을 겨냥, 스트로크를 빨리 하여 날카롭게 찌르듯이 가볍게 타격합니다. 수구의 중심 하위 부분을 타격점으로 하기 때문에 브리지가 확실치 않으면 미스를 범할 경우가 많으므로 주의해야 합니다.

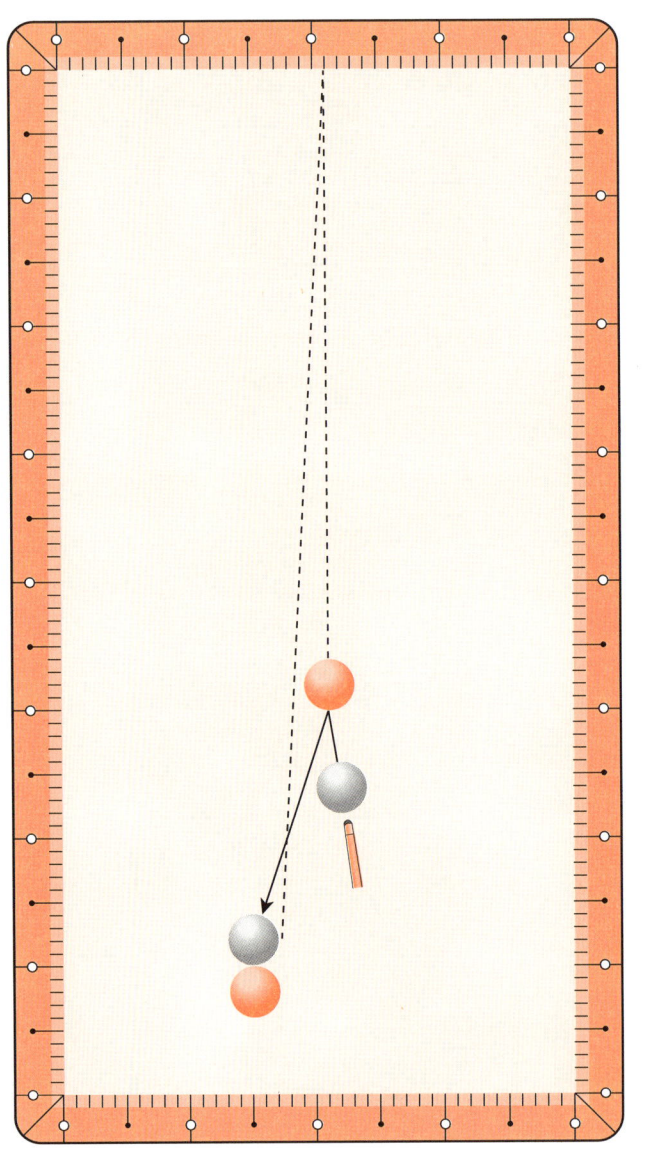

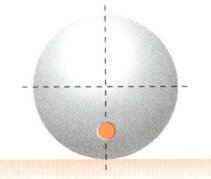

끌어치기 원쿠션의 모아치기입니다. 수구와 적구(的球)를 이은 쿠션에 제1의 선구(先球)가 있다고 가정하고 수구의 중심 우측 하위 부분을 타격하여 보다 큰 스트로크로 (적구(的球)를 모으기 위해) 타격합니다. 이렇게 하면 적구는 스리쿠션으로 다가오게 됩니다.

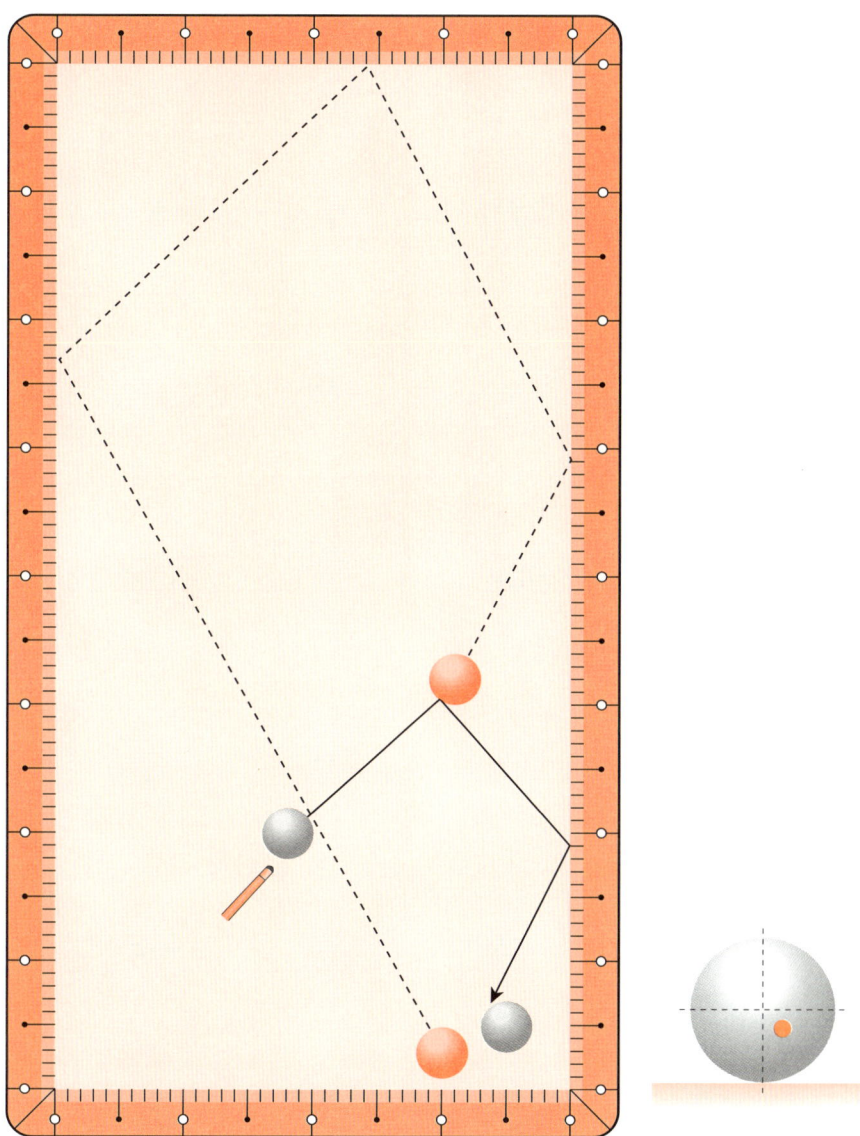

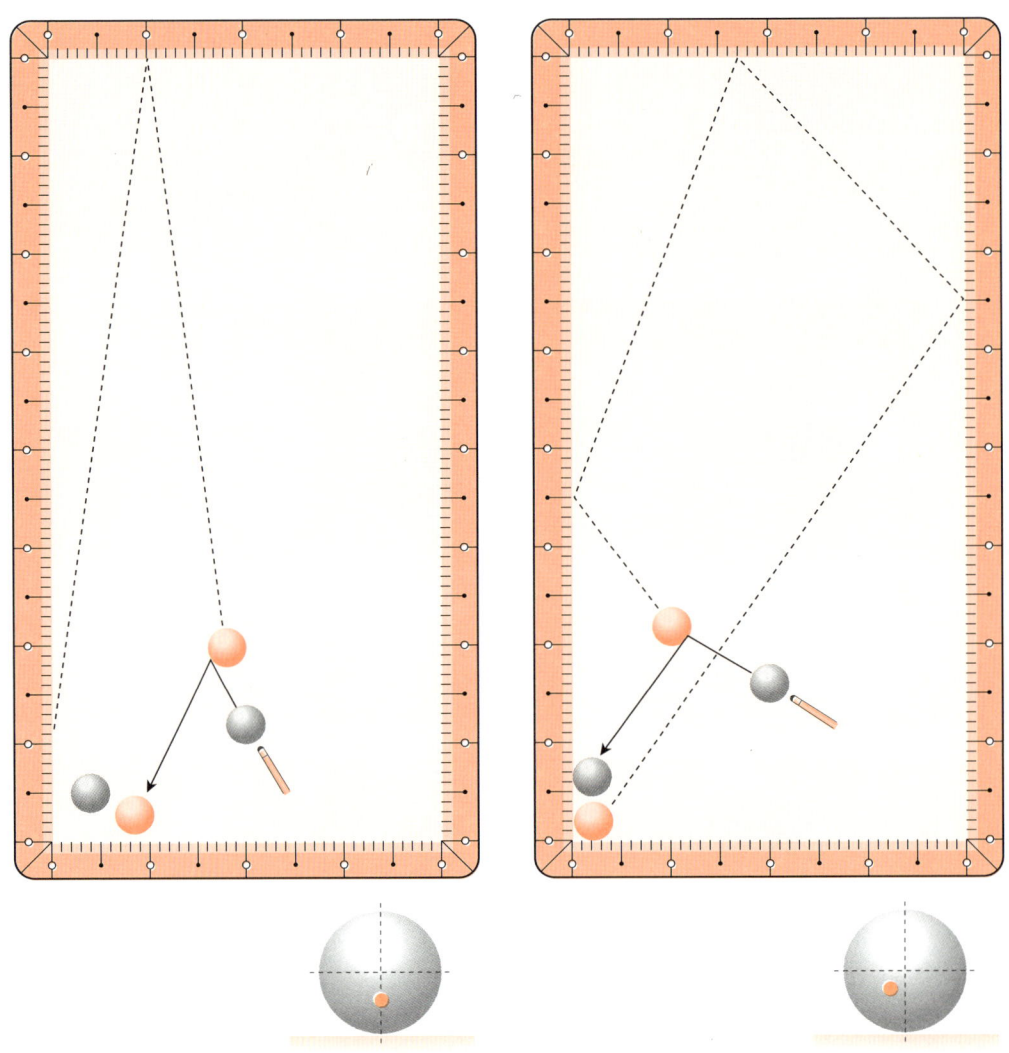

당점은 수구의 중심 밑. 적구(的球)가 원쿠션으로 다가 옵니다.

수구의 당점은 좌측 중심 보다 약간 하위 부분을 타격합니다. 적구(的球)가 스리쿠션으로 모아치기가 됩니다.

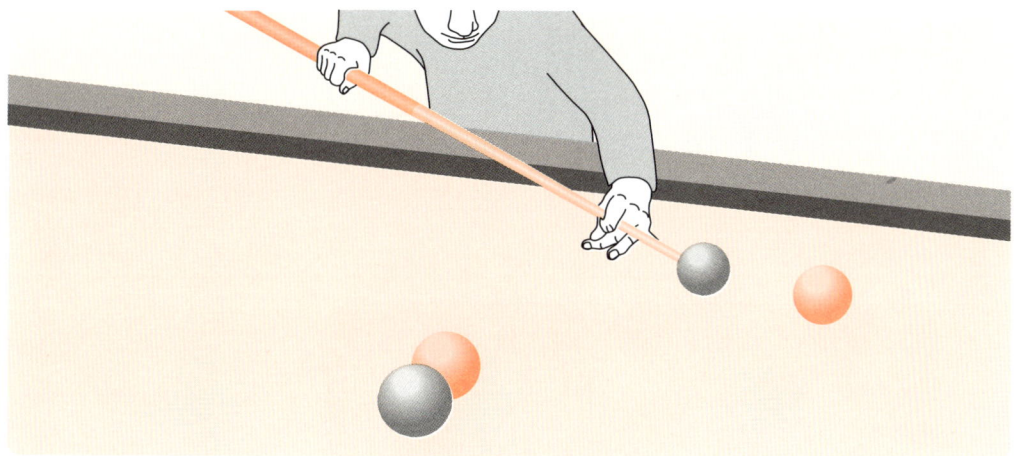

보통 용이한 끌어치기의 자세

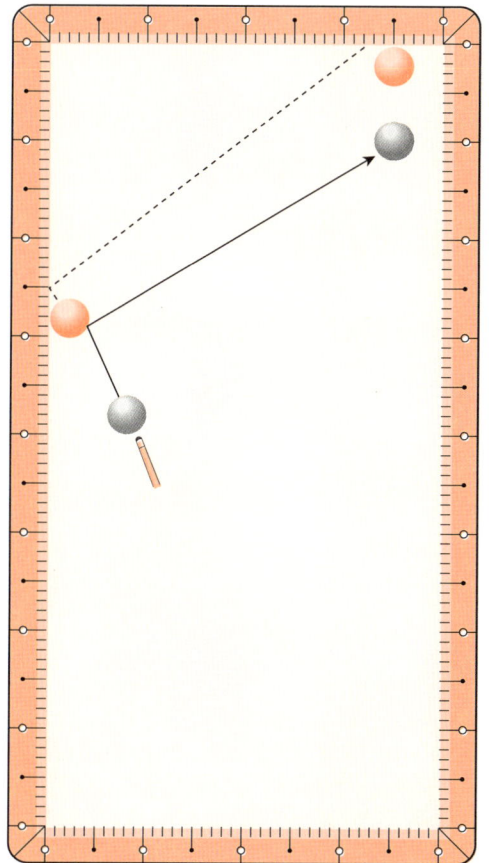

수구의 우측 하위 부분을 타격하여 적구(的球)의 우측에 얇게 대고 가는 스트로크로 가볍게 잡아끌면 치기 좋은 모아치기로 됩니다.

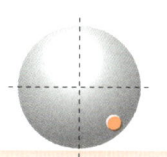

옆으로 끌어 당기는 모아치기

당점은 수구의 우측 아래, 이런 공은 가급적 비틀기를 걸면 용이하게 맞습니다. 수구(手球) 원쿠션, 적구(的球)는 스리쿠션의 대회전을 이루며 다가오게 됩니다.

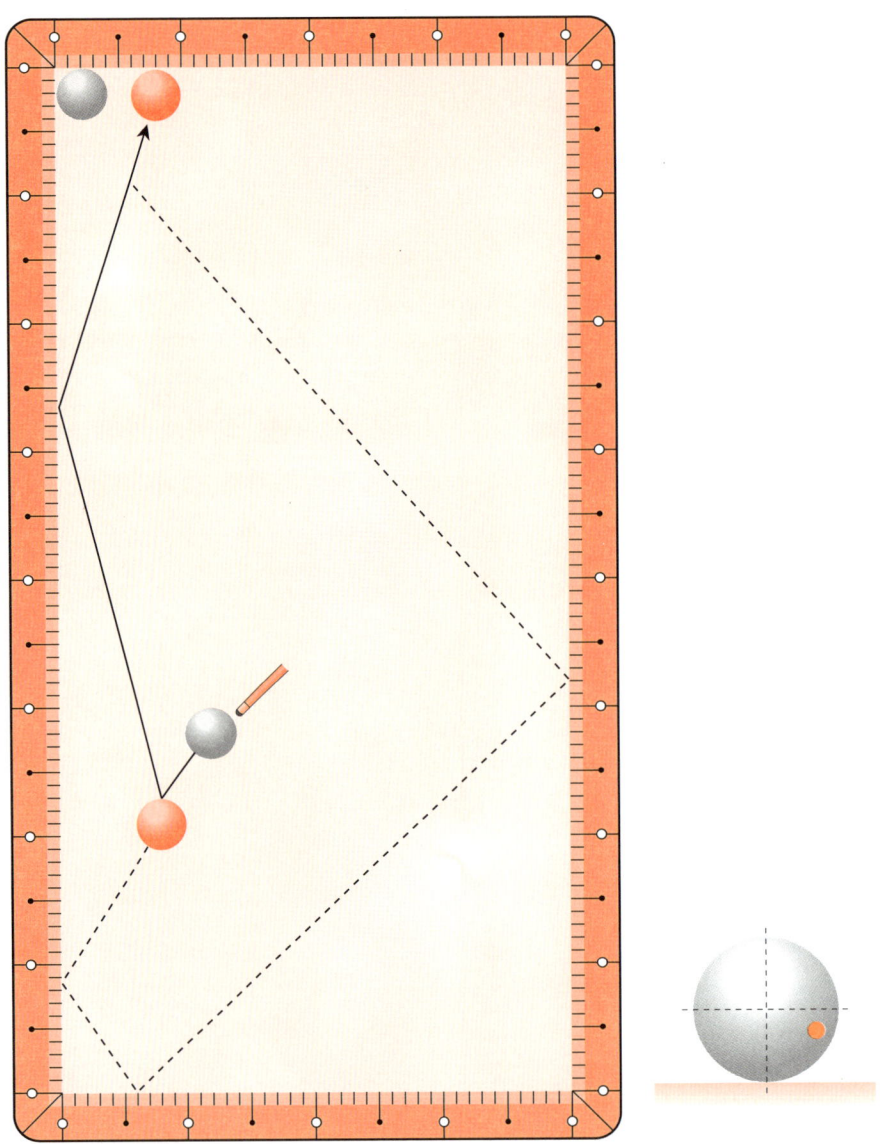

길게 끌어치기

큐의 앞부분을 길게 어깨에 힘을 넣지 않는듯 한 감으로 크게 스트로크하여 타격합니다. 당점은 수구의 좌측 하위 부분. 적구(的球)는 투쿠션으로 다가오게 됩니다.

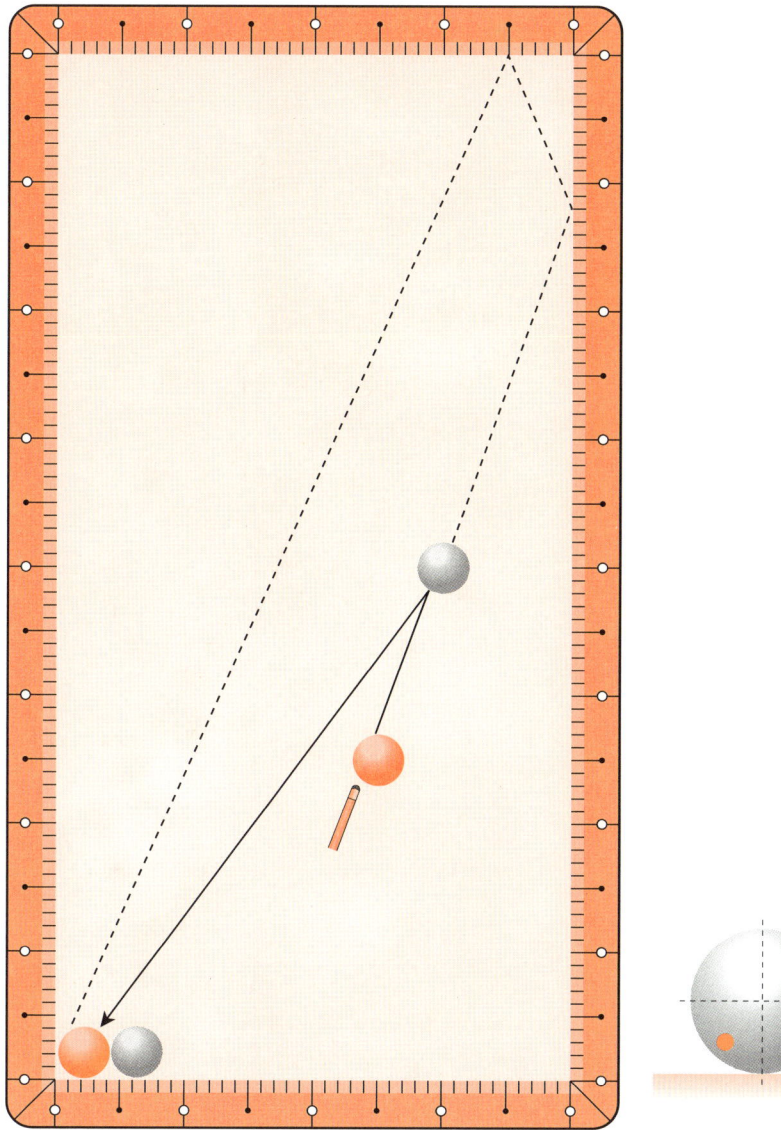
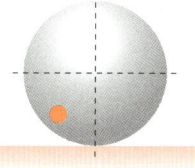

원쿠션 끌어치기

그림과 같은 경우 수구의 좌측 하위 부분을 타격하여 적구(的球)의 우측에 두껍게 맞도록 가볍게 끌어 원쿠션으로 잡으면 모아치기가 되어 다음 공이 좋아집니다.

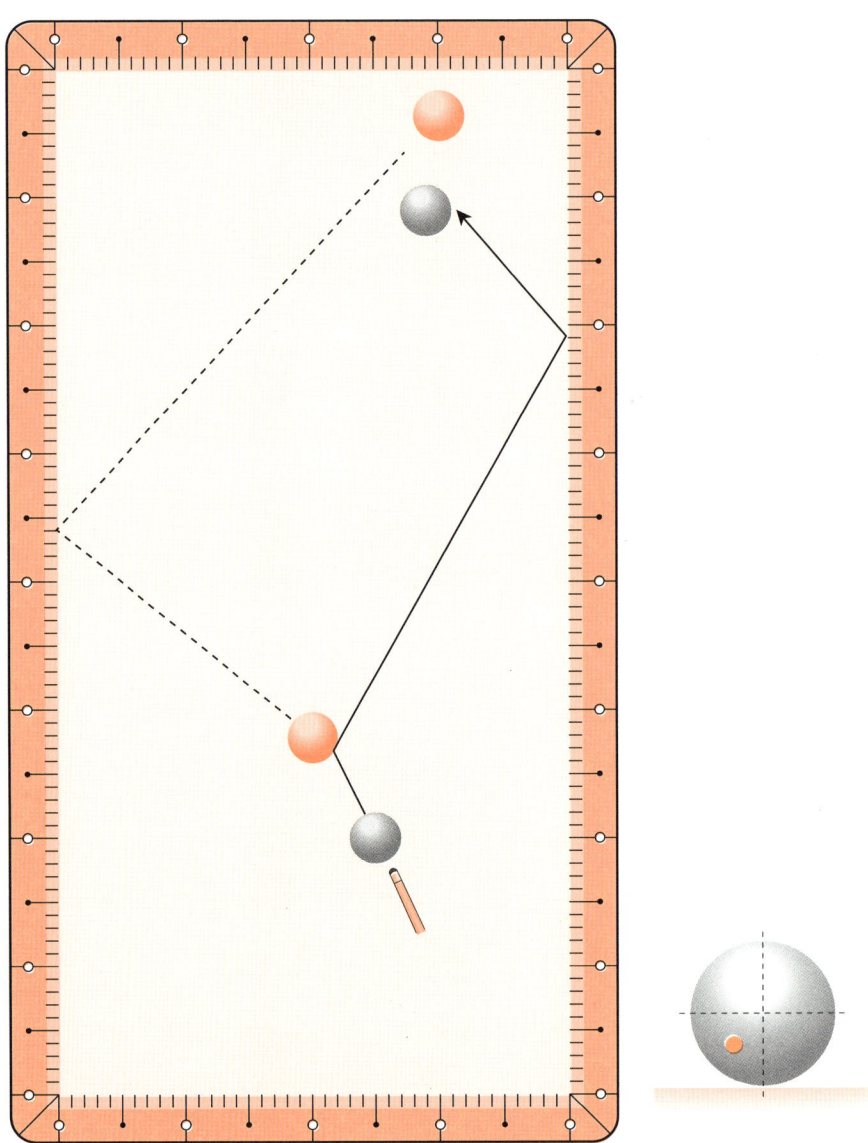

쿠션에 가까운 끌어치기

이런 경우 밑을 타격하는 것이므로 큐를 세워 브리지를 높게 합니다.

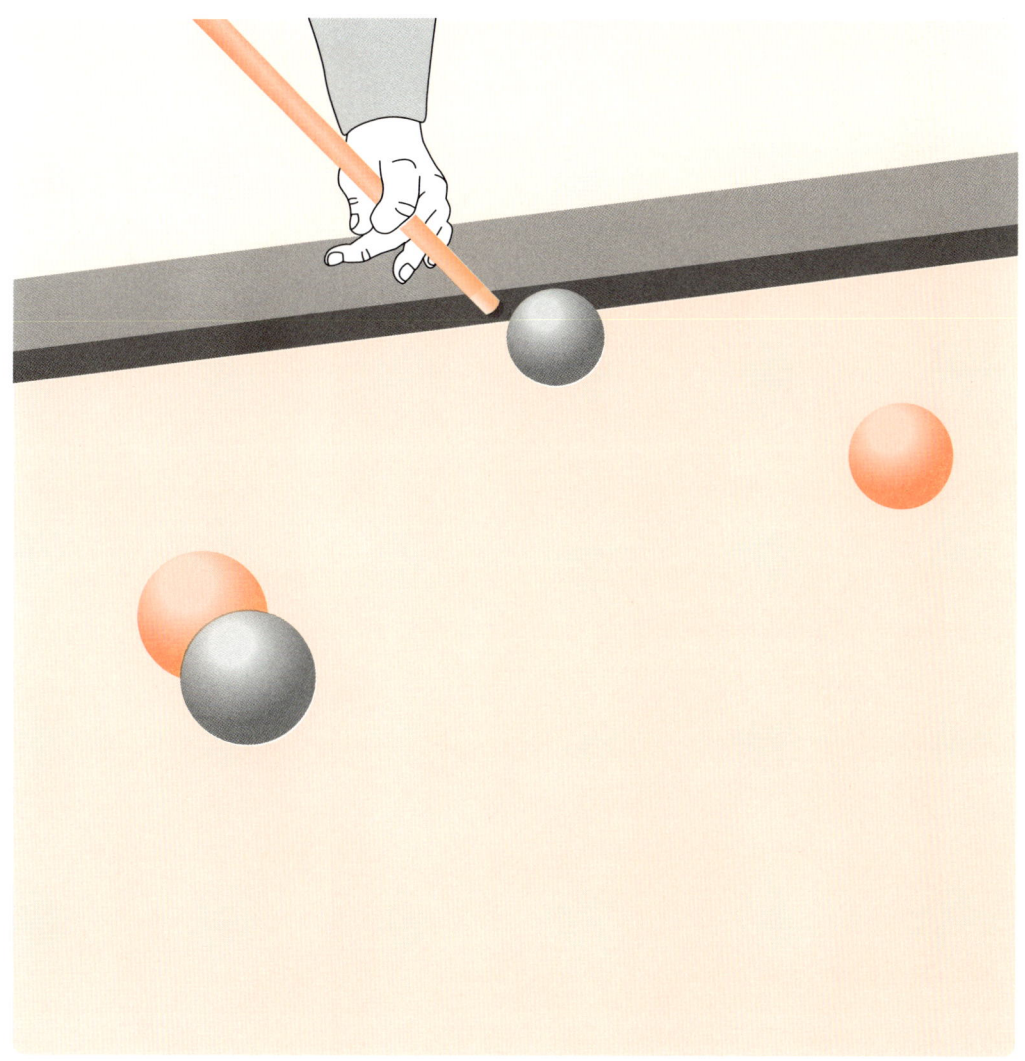

원쿠션 모아치기

큐공의 우측 하위 부분을 당점으로 하며 빠른 스트로크로 적구(的球)의 우측에 보다 두껍게 대도록 해야합니다. 큰 커브가 나와 원쿠션에 선구(先球)에 맞고 적구(的球)는 스리쿠션으로 모아치기가 됩니다.

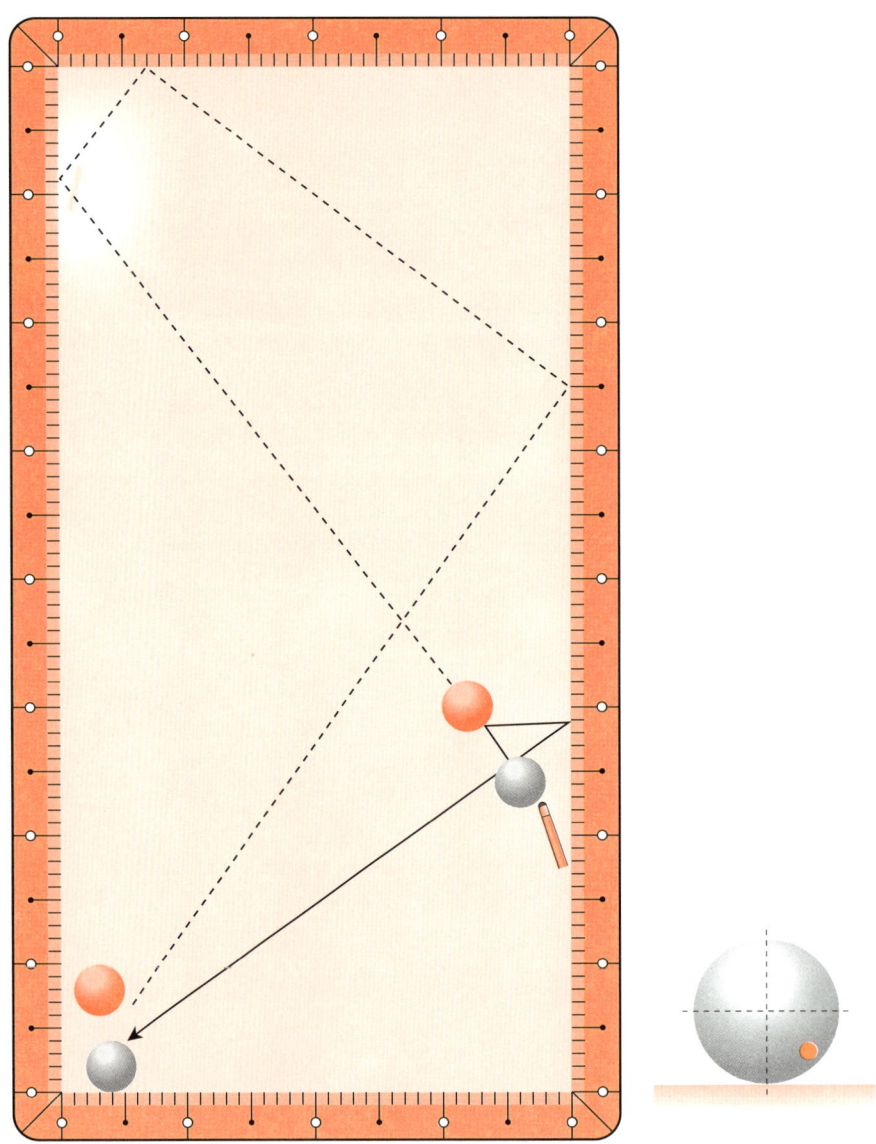

멀리 있는 적구를 끌어 모으는 방법

수구의 우측 하위 부분을 타격하여 적구(的球)의 우측에 두껍게 맞도록 합니다. 끌어치기 이지만 적구는 스리쿠션으로 되어 공은 가까이 모아지게 됩니다. 이런 경우에는 스트로크를 크고 빨리 타구할 필요가 있습니다.

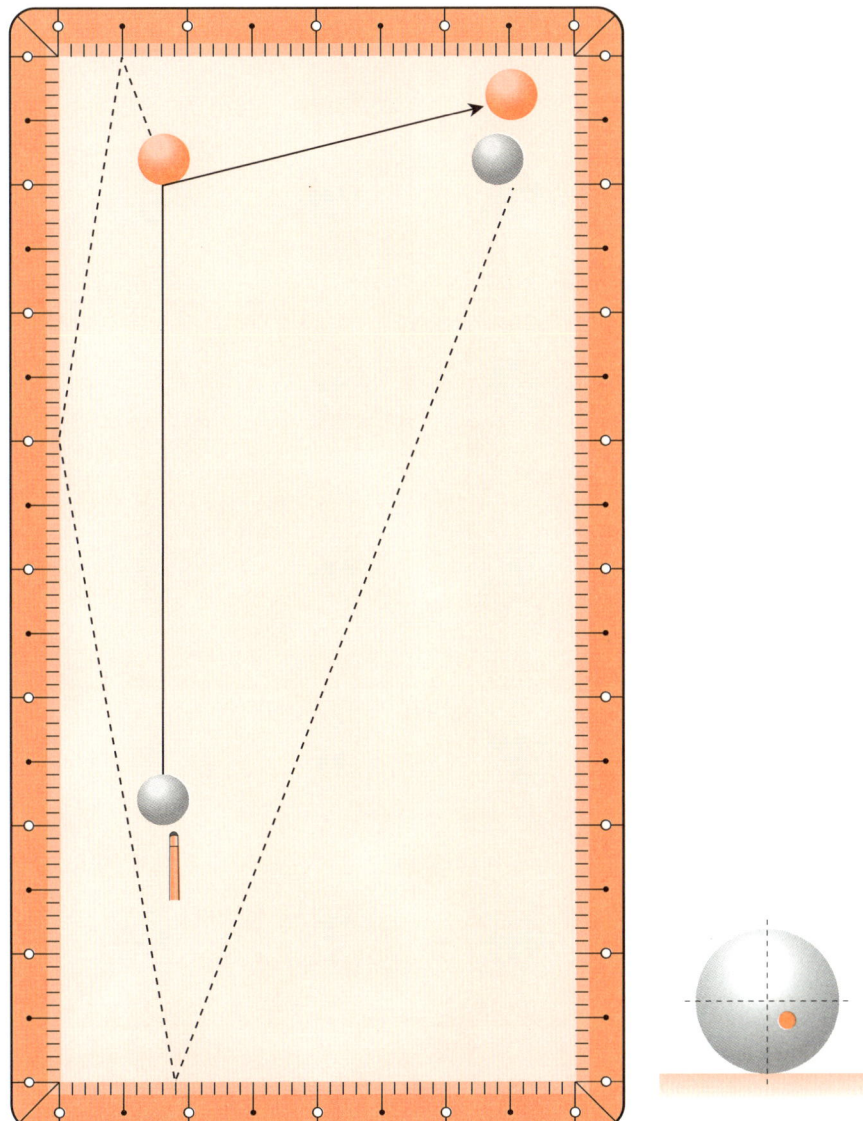

투쿠션의 모아치기

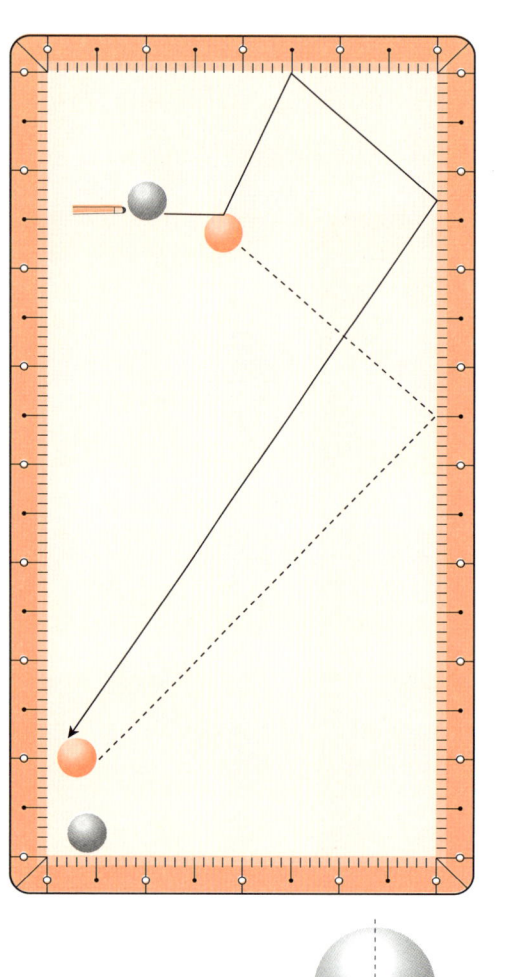
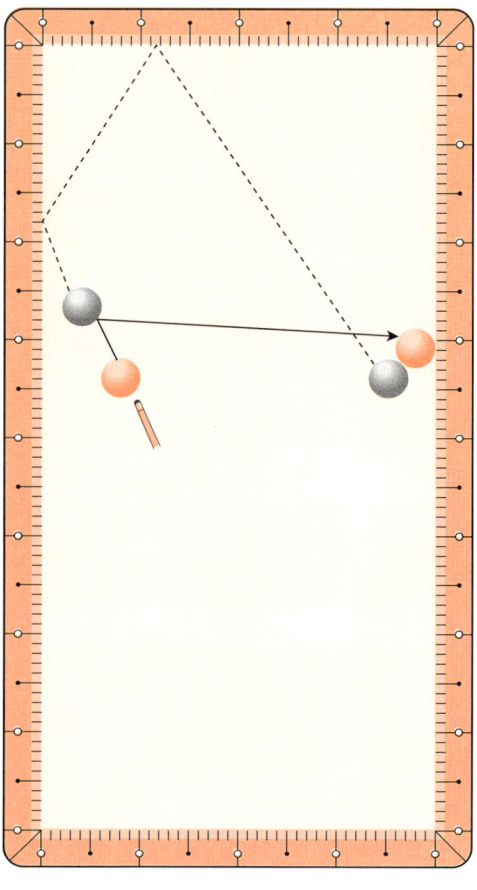
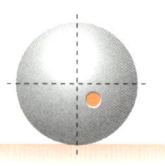
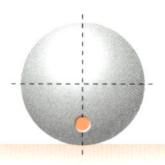

수구의 우측 하위 부분을 당점으로 하여 가는 스트로크로 적구(的球)의 좌측에 수구의 약 반부분 만을 맞도록 합니다. 적구는 원쿠션, 수구는 투쿠션으로 모아집니다.

큐공의 중심 하위 부분을 타격하는데 적구(的球)의 우측에 두껍게 맞도록 칩니다. 적구는 투쿠션으로 선구의 방향으로 진행합니다. 이때의 타격은 가는 스트로크로 합니다.

끌어치기 투쿠션의 모아치기

이와 같은 위치로 된 공은 얇게치기로도 잡히지 않으며 보통으로 밀어치면 선구가 흩어집니다. 이런 경우 적구(的球)의 중심 약간 우측을 겨냥하여 끌어치기 투쿠션으로 잡으면 수구의 운동력은 감소됩니다. 또한 적구(的球)도 투쿠션으로 되어 모아지기가 됩니다.

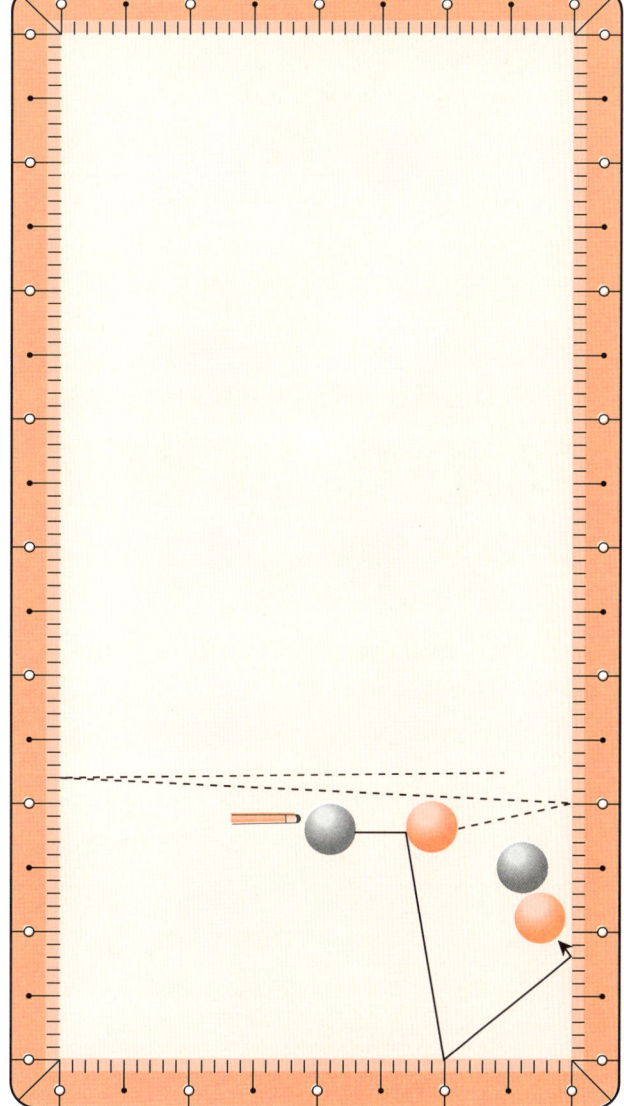

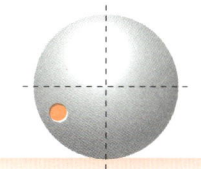

비틀어 치기의 타구법

　밀어치기와 끌어치기가 어느 정도 이루어지면 다음은 「비틀기」와 쿠션의 관계를 잘 익혀야 하며 그럼으로써 기술은 한층 더 진전될 것입니다. 비틀기와 쿠션은 밀접한 관계가 있으며 공의 옆타격으로 공에 비틀기를 줄 수 있는 방법부터 설명하겠습니다.

　얇게치기로 잡을 수 있을는지 또 밀어치기로는 어떨지, 명백히 자신(自信)할 수 없을 때, 그리고 적구(的球)와 선구(先球)가 떨어져 있어 콘트롤하기가 어려울 경우 혹은 선구가 멀리 위치해 있어 밀어치기도 어려울 때에 이 「비틀기」를 이용하는 것입니다.

　「비틀기」를 살리려면 밀어치기와 같이 큐를 수평으로 하고 조용히 완만하게 타격하는게 제 1조건 입니다. 당점은 수구의 중심 바로 옆부분인데 이런 경우 큐의 뒤끝을 약간 세우면 훨씬 뜻대로 콘트롤 됩니다. 이러한 콘트롤은 많은 연습을 쌓으므로써 익힐 수 있는 것입니다.

　수구의 좌측이나 우측을 타격하여 횡회전(橫回轉)이 되도록 하는게 바로 비틀기인데 이 비틀기에도 순(順)으로 타격하는 것과 역(逆)으로 타격하는 것이 있습니다. 즉 적구(的球)가 방향 하는 우측에 선구(先球)가 있고 이런 경우 우측을 타격하면 곧 순(順)으로 타격한 것이며 이때 좌측을 타격하면 역(逆)으로 친 것이 됩니다. 그 각도는 당점과 적구(的球)에 부딪치는 정도에 따라 가감 됩니다.

　그러면 이 횡회전은 어떠한 이유로 생겨나는가에 대해서 설명하겠습니다.

　옆으로 타격된 공은 그 힘에 의해서 공 자체의 전진력과 큐에 의해 주어진 활주력(滑走力)에 의하여 직선에 가까운 곡선을 그리며 진행합니다. 횡회전으로 진행하는 공이 적구(的球)나 선구(先球)에 접촉했을 경우 접촉과 동시에 접촉된 공은 수구의 회전에 역회전을 하게 됩니다. 이러한 연유로 접촉된 2개의 공은 그 회전 운동이 정반대가 됩니다.

원쿠션 비틀어 치기

이런 공의 경우 비틀기를 걸지 않고 수구의 중심 하위 부분을 타격하는 사람들이 많은 모양인데 이런 경우에는 두껍게 비틀기를 주게 되면 콘트롤이 용이합니다.

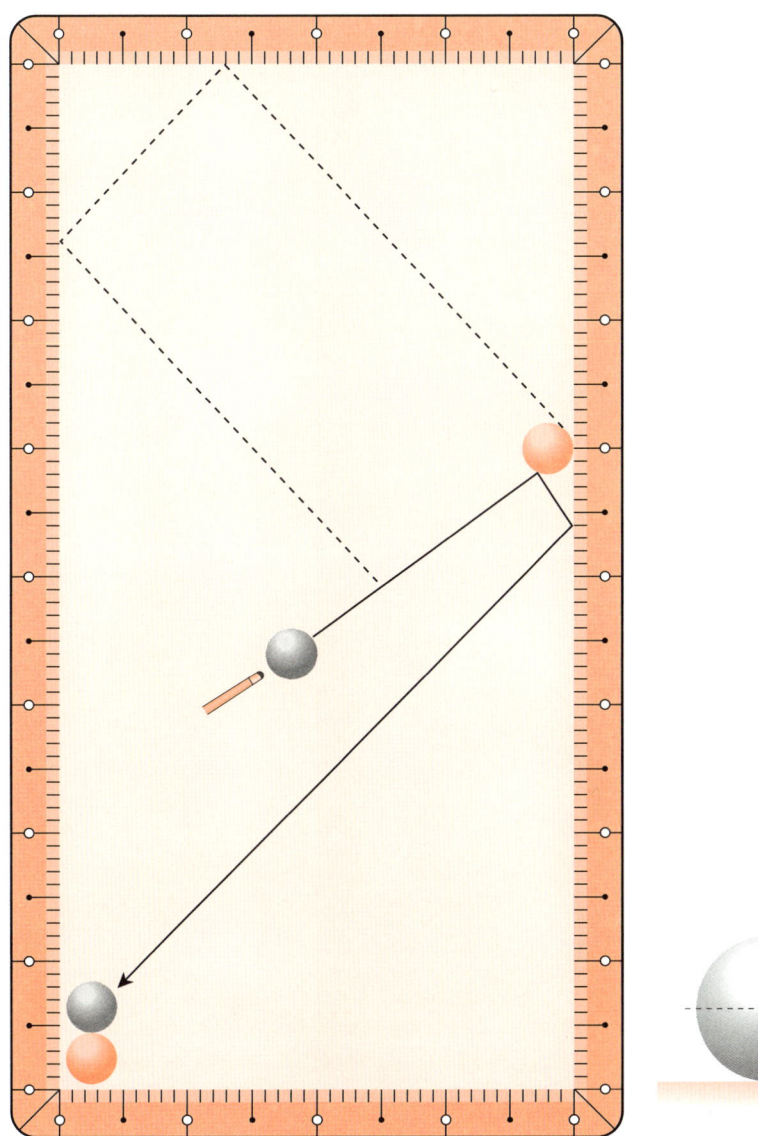
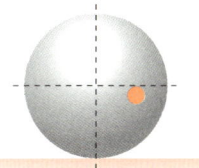

절반쯤 세운 비틀어 치기

수구의 좌중심(左中心)보다 약간 위를 타격하여 적구(的球)의 우측에 얇게 맞도록 합니다. 큐의 뒤끝부분을 조금 세워 훑어 내리듯 타격합니다.

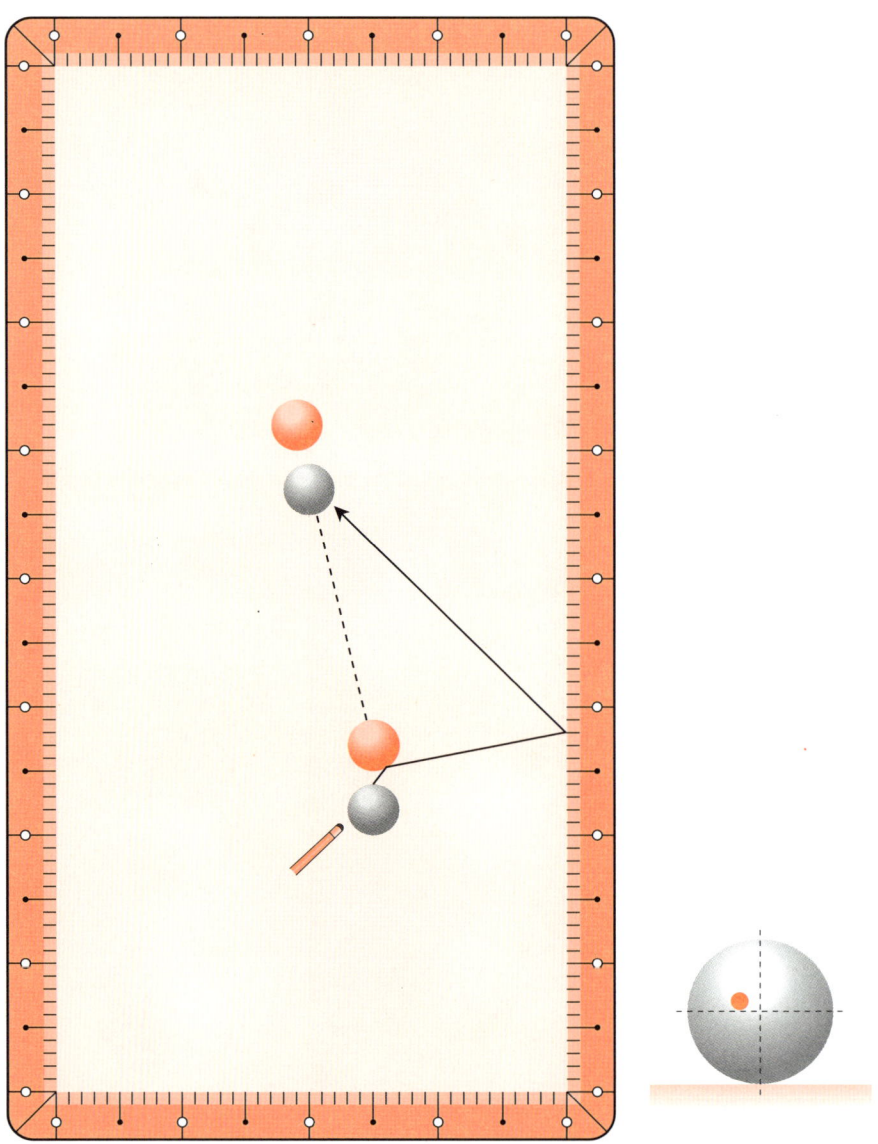

빈 쿠션치기

　적구(的球)와 선구(先球)가 직선으로 되거나 그 밖의 위치로 배치되어 얇게치기나 밀어치기로도 잡을 수 없으며 직접 수구에서 적구를 겨냥할 수 없을 때 최초로 수구를 쿠션에 집어넣고 적구와 선구에 맞혀 목적을 달성하는 타구법입니다.

　이 공은 처음부터 공을 겨냥하는 것이 아니고 쿠션을 겨냥하는 것이므로 수구와 쿠션 그리고 적구(的球) 및 선구(先球)의 위치를 충분히 측정하지 않으면 안 됩니다.
　수구의 당점은 최초에 쿠션에 넣는 것이므로 자연 반사 각도에 변화가 일어 납니다. 당점은 대체로 중심을 타격하는 게 무난합니다. 어째서 공의 중심을 타격해야 하느냐 하면 중심을 타격하면 수구가 회전하지 않고 활주 상태로 진행하기 때문입니다.

　그렇기 때문에 한번 쿠션에 들어갔다 해도 그 반사 각도가 겨냥한 점과 틀리지 않고 적구(的球)에의 진로도 바뀌지 않기 때문이겠지만 이것을 예외로 하여 수구에 비틀기를 가하게 되는 경우도 없지 않습니다. 요는 수구의 당점과 쿠션의 반사 각도만 정확하다면 이 빈 쿠션도 용이하게 타격할 수 있습니다.

빈 스리쿠션 치기

그림과 같을 경우, 수구의 우측 약간 위를 당점으로 하여 빈쿠션의 스리쿠션으로 잡습니다. 적구(的球)는 투쿠션이 되어 되돌아 오는데, 타격 방법은 큐를 크게 스트로크하여 빨리 내 보냅니다.

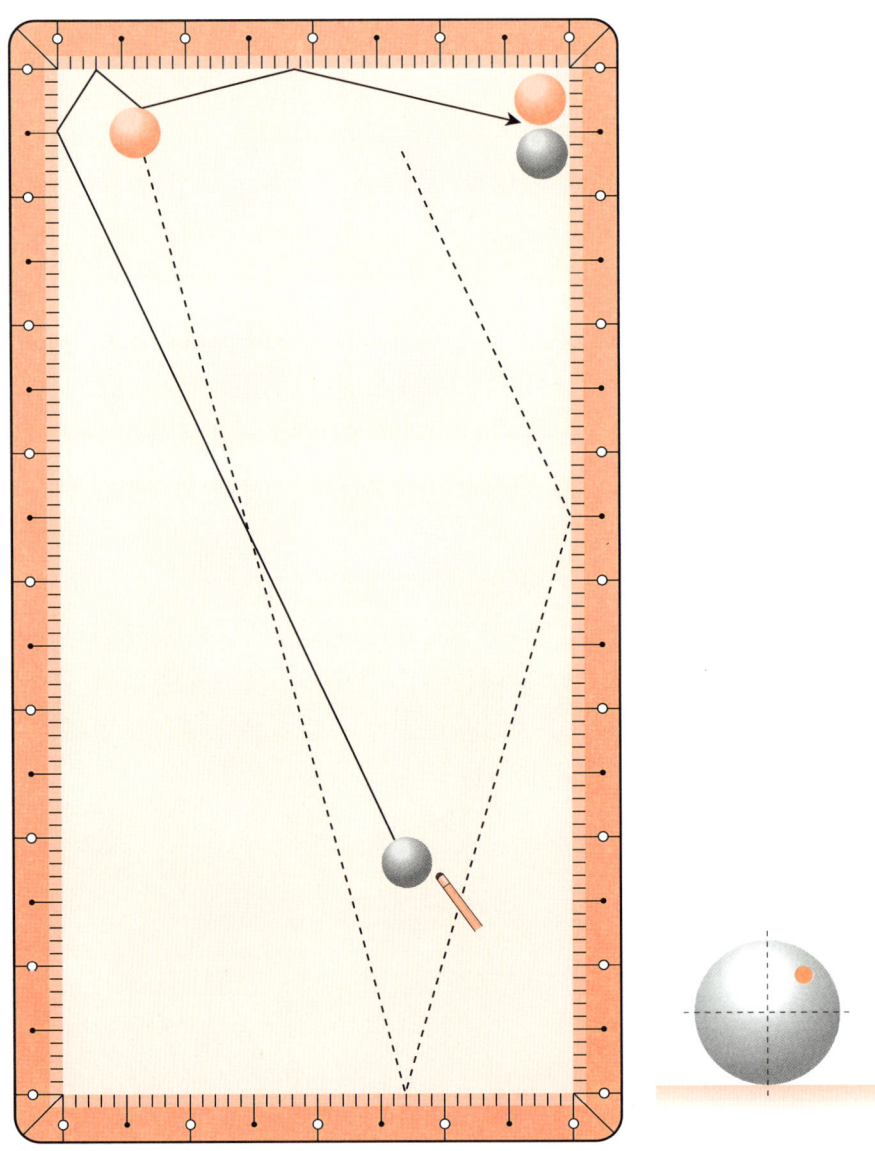

빈쿠션 치는 법

우선 타격할 방향을 향하여, 수구와 적구(的球)의 간격, 중심점을 정합니다. 즉 공의 입사 각도와 반사 각도를 측정하여 그 점에 적구(的球)가 있는 것으로 가정하면 좋습니다. 수구의 위 약간 우측에 큐를 가볍게 내보냅니다.

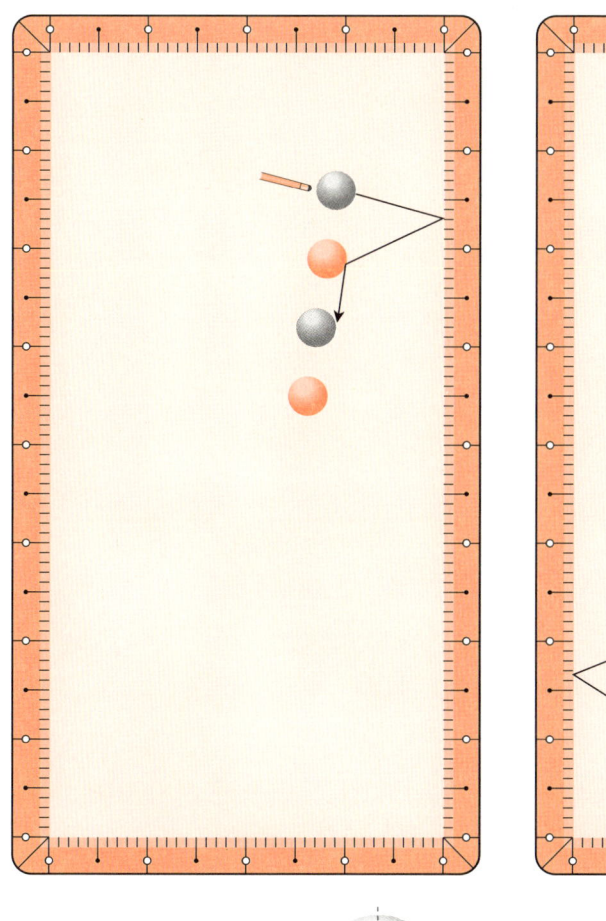
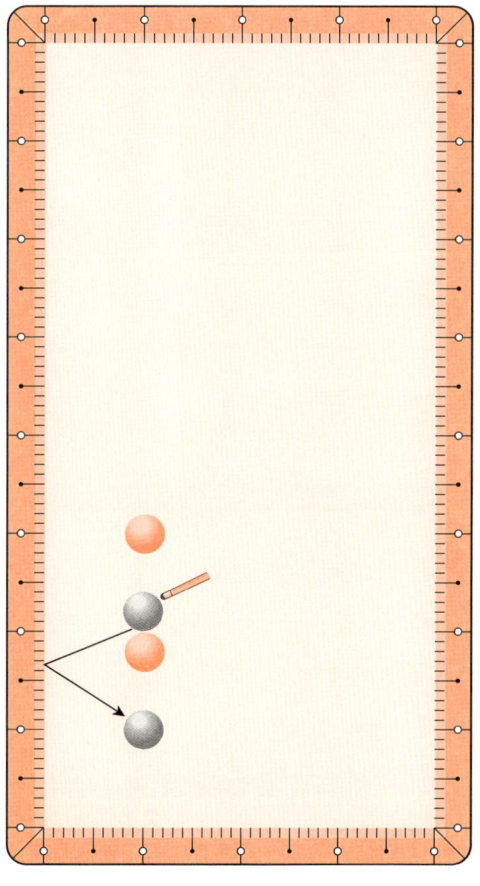
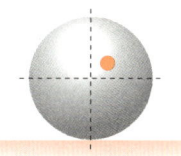
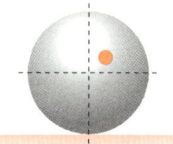

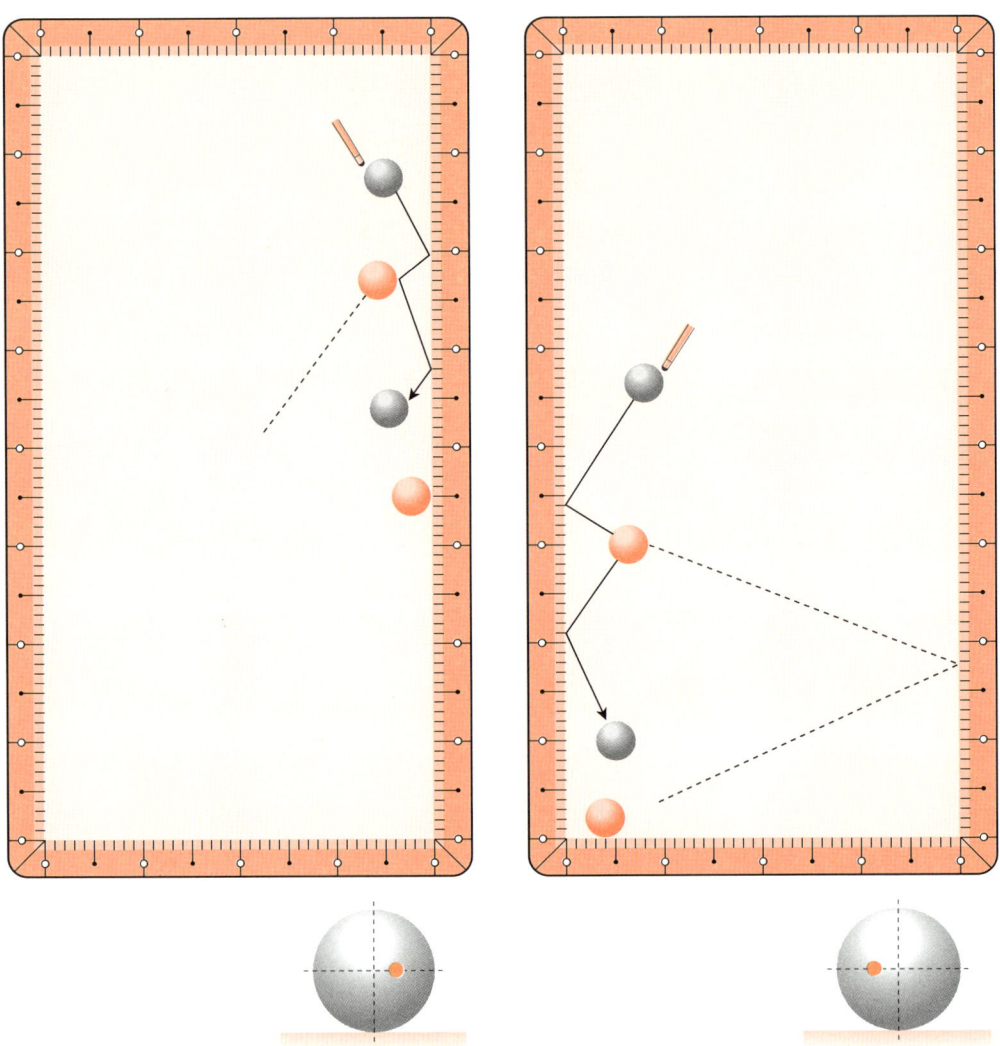

밀어치기로도 잡을 수 없을 경우에는 수구의 중심 우측을 당점으로 하여 적구와 쿠션의 간격 거리를 측정하여 그 쿠션을 겨냥 가볍게 타격합니다.

이것도 같은「빈쿠션 치기」인데, 적구(的球)가 원쿠션이 되어 다가옵니다. 당점은 좌측 옆부분입니다.

모두 같은 「빈쿠션」입니다. 보통은 원쿠션으로 잡으나, 이것을 투쿠션으로 잡으면 맞는 비율이 많으므로 이것을 응용하는 것이 좋으며, 당점은 수구의 중심입니다.

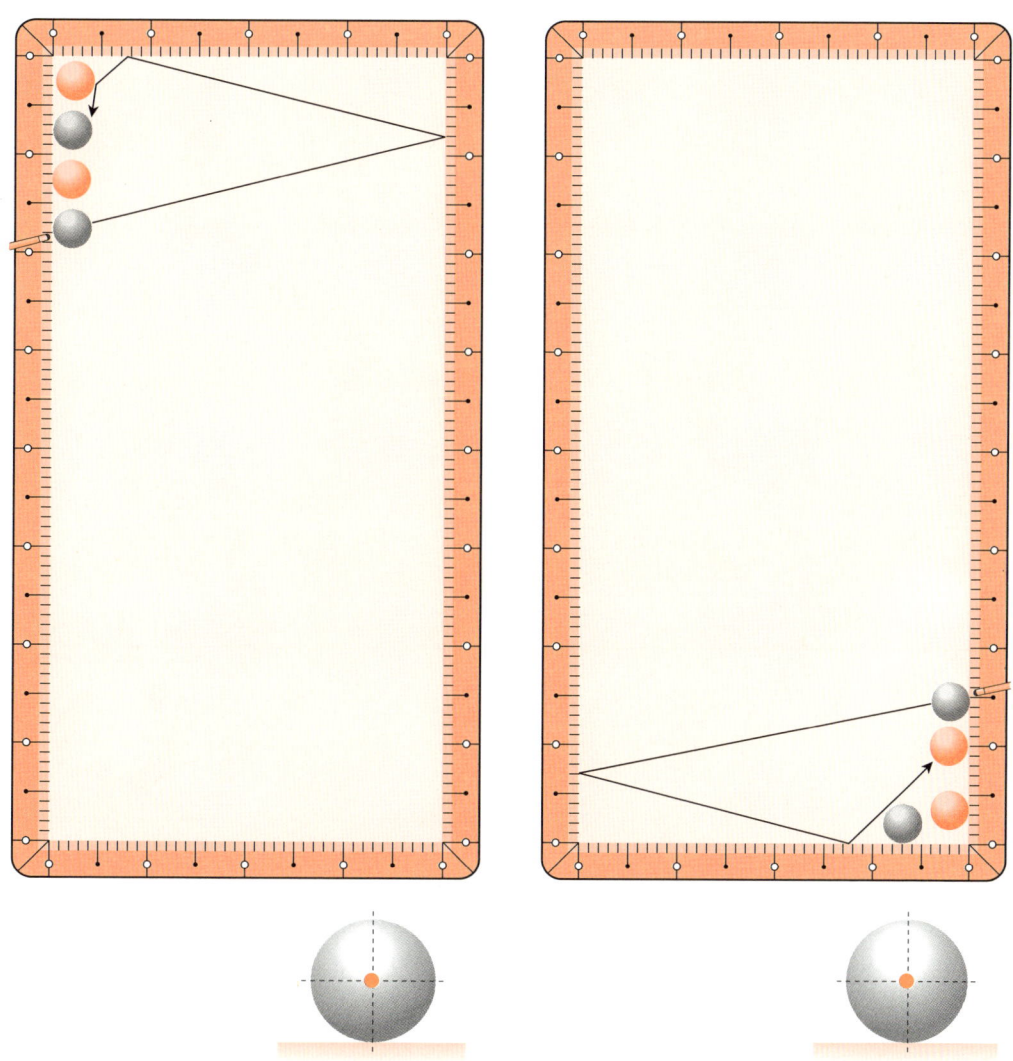

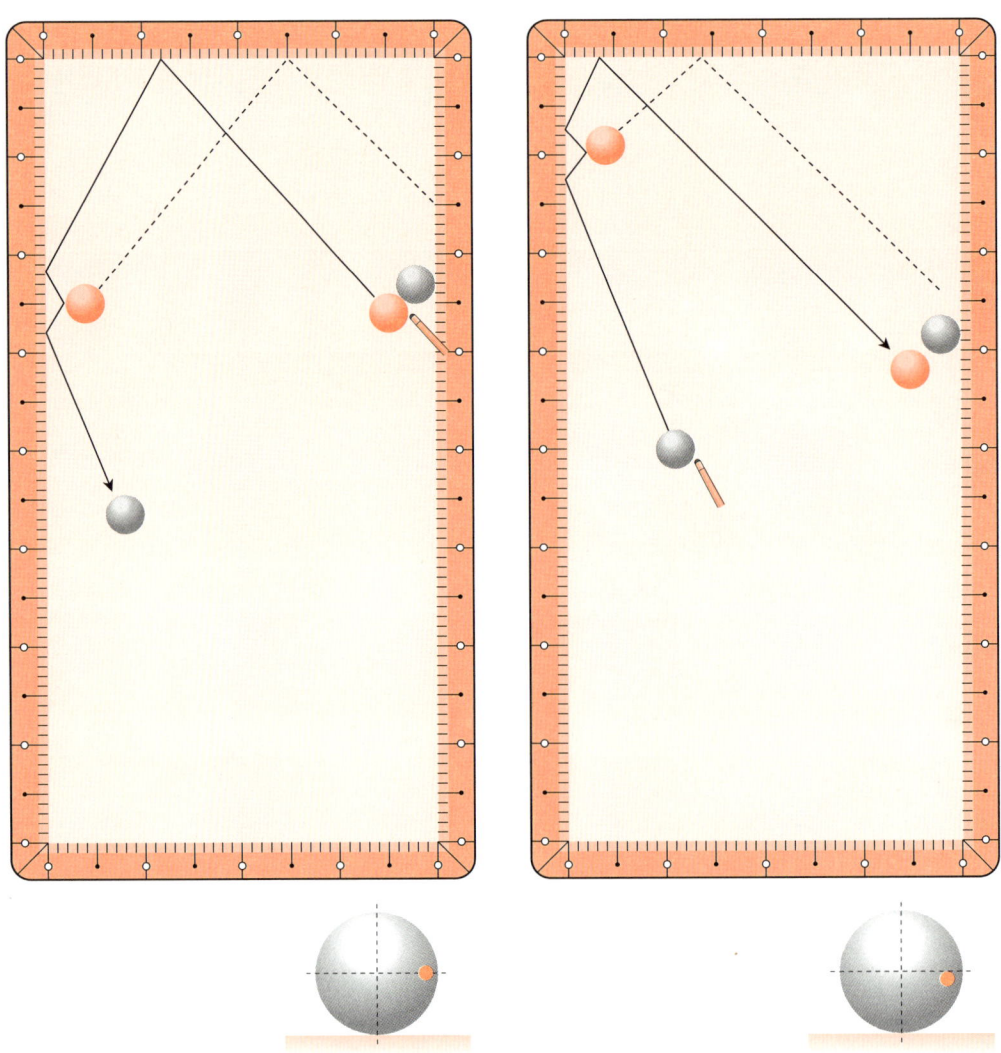

「빈쿠션」으로 잡는 요령은 전과 같으나 수구가 스리쿠션, 적구(的球)가 원쿠션으로 선구(先球) 부근에 다가옵니다. 당점은 수구의 우측 중심에 최대한의 비틀기를 겁니다.

수구의 우측 약간 아랫 부분을 타격합니다.「빈쿠션」으로 이것도 수구 스리쿠션, 적구(的球) 원쿠션으로 모읍니다.

얇게 치기

삼각구로서는 약간 흩어져 있습니다. 밀어치기로서도 잡을 수 있으나 밀어치면 공이 흩어지므로 가급적 얇게 치기로 칩니다. 수구의 중심 바로 밑을 당점으로 하여 큐의 방향을 잘 보고 타격하는 게 필요합니다.

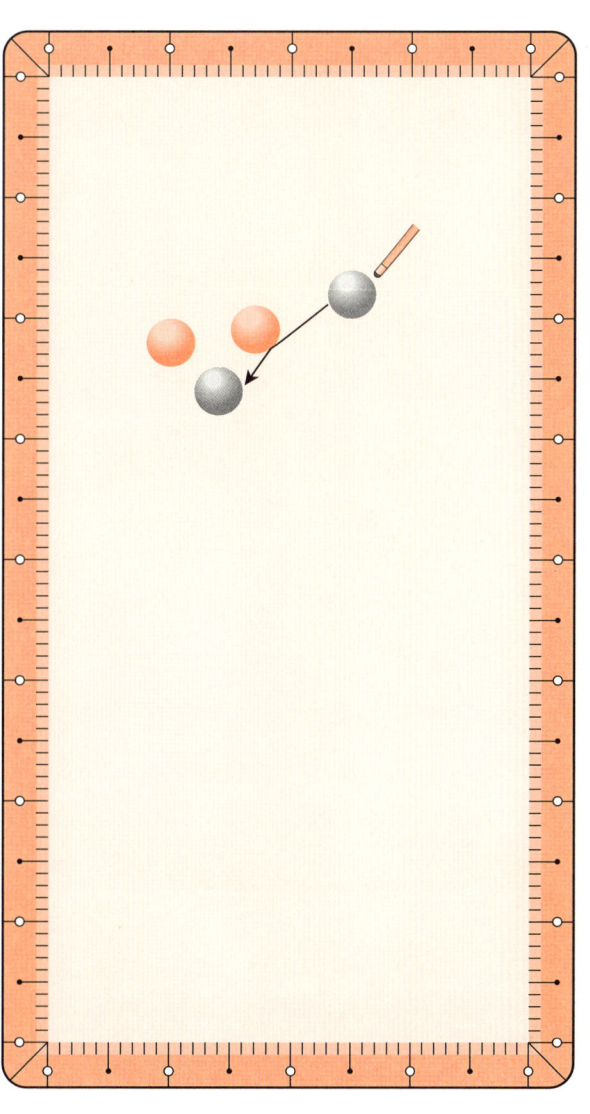

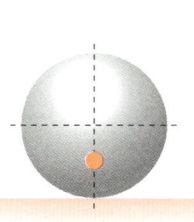

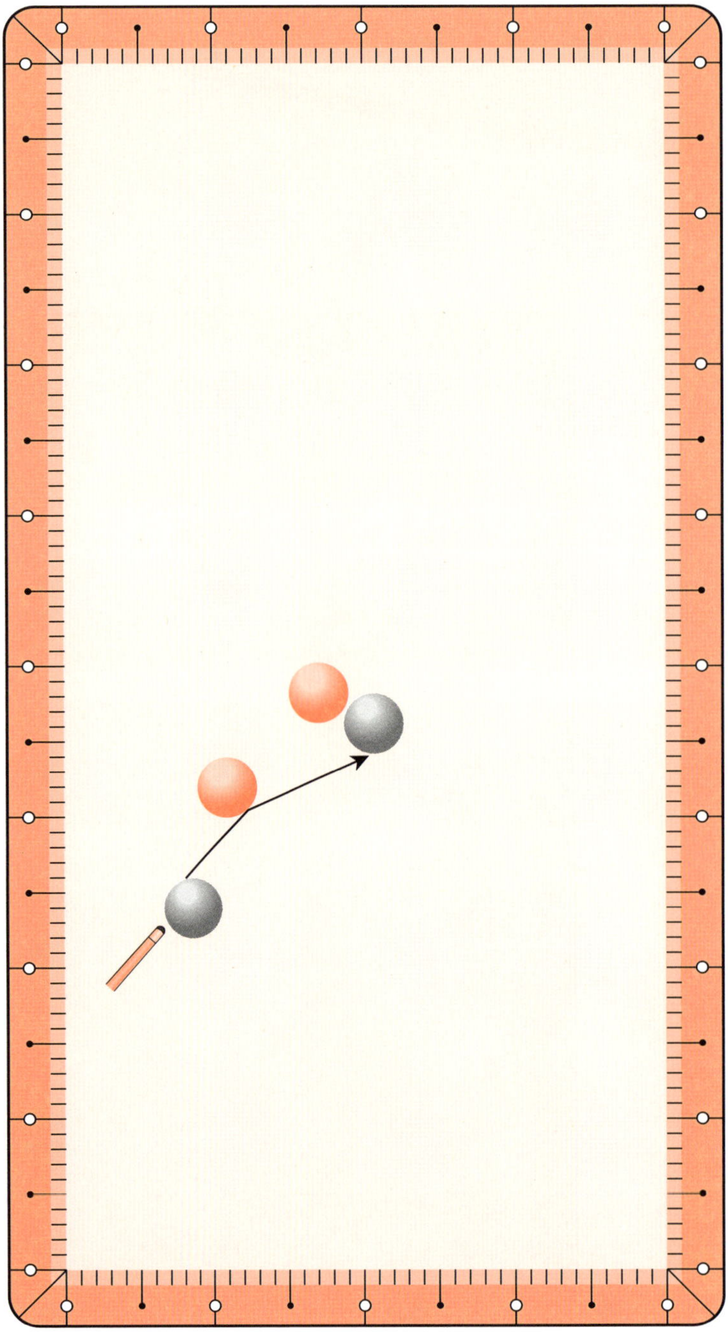

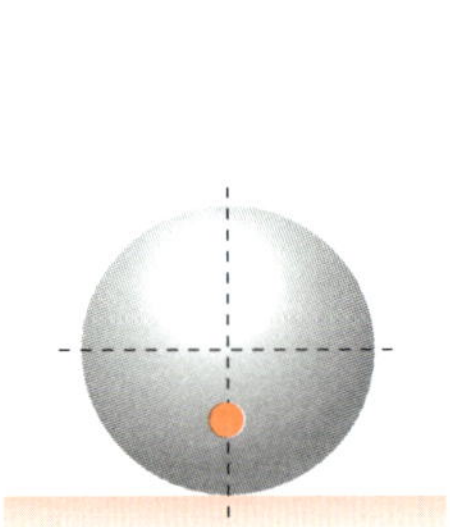

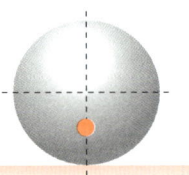

멀리 있는 얇게 치기

이 공은 멀리 떨어져 있는 얇게 치기이므로 자세를 낮게 하고 큐의 방향을 잘 보고 타격합니다. 당점은 공 중심 부분의 밑, 큐를 갈라치지 않도록 주의하여 가볍게 타격하지 않으면 실패하기 쉽습니다.

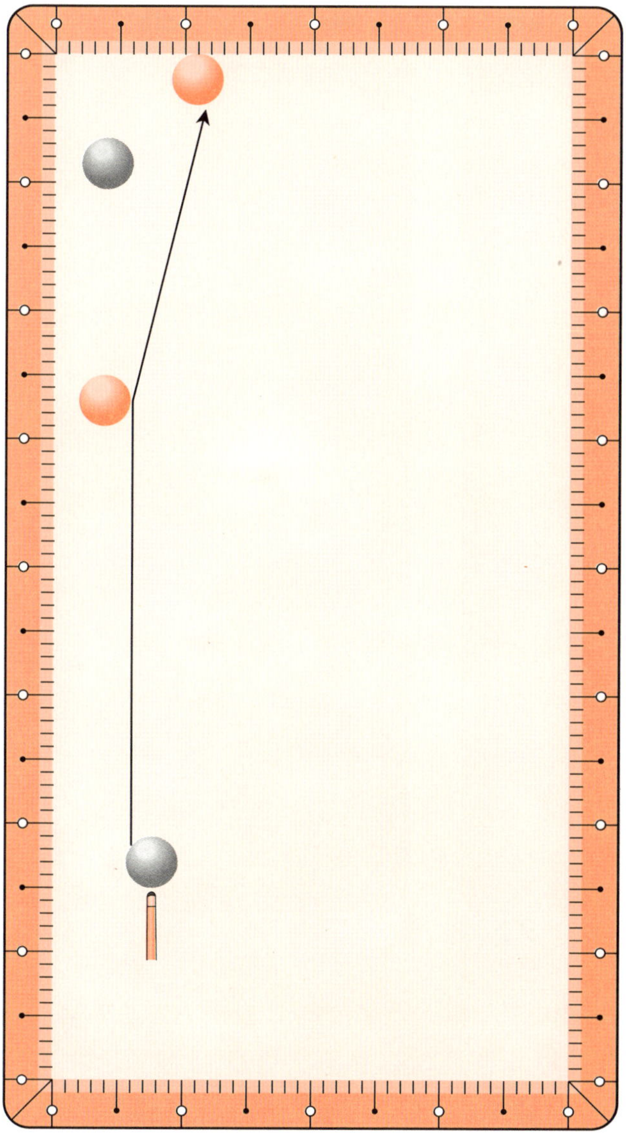

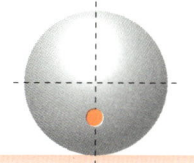

쿠션으로 치기

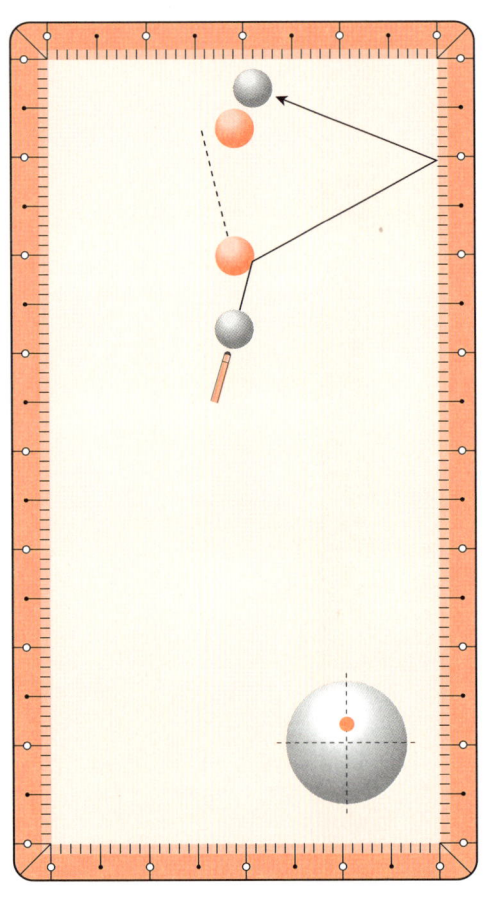
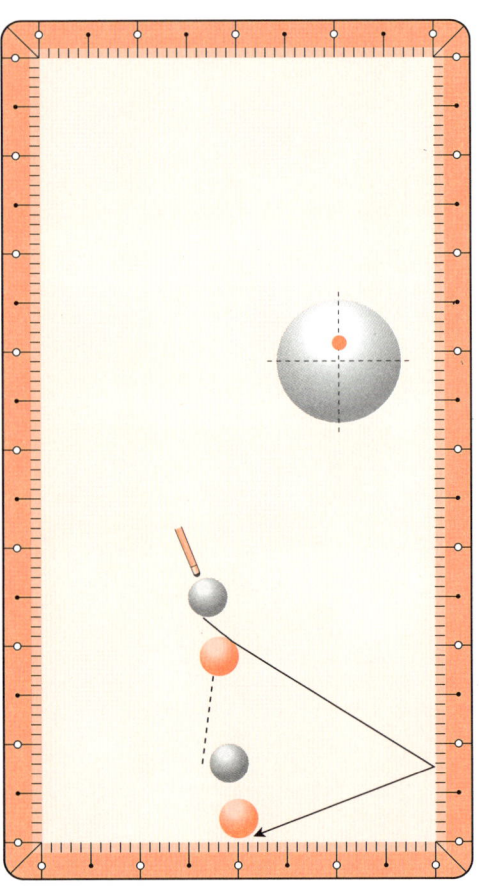

수구의 중심 상위 부분을 타격하여 적구(的球)의 우측에 두껍게 맞도록 겨냥하여 큐를 가볍게 내 보냅니다.

수구의 중심 상위 부분을 타격하여 적구(的球)의 좌측에 얇게 댑니다. 이때도 큐를 가볍게 내 보냅니다. 역시 쿠션 잡기입니다.

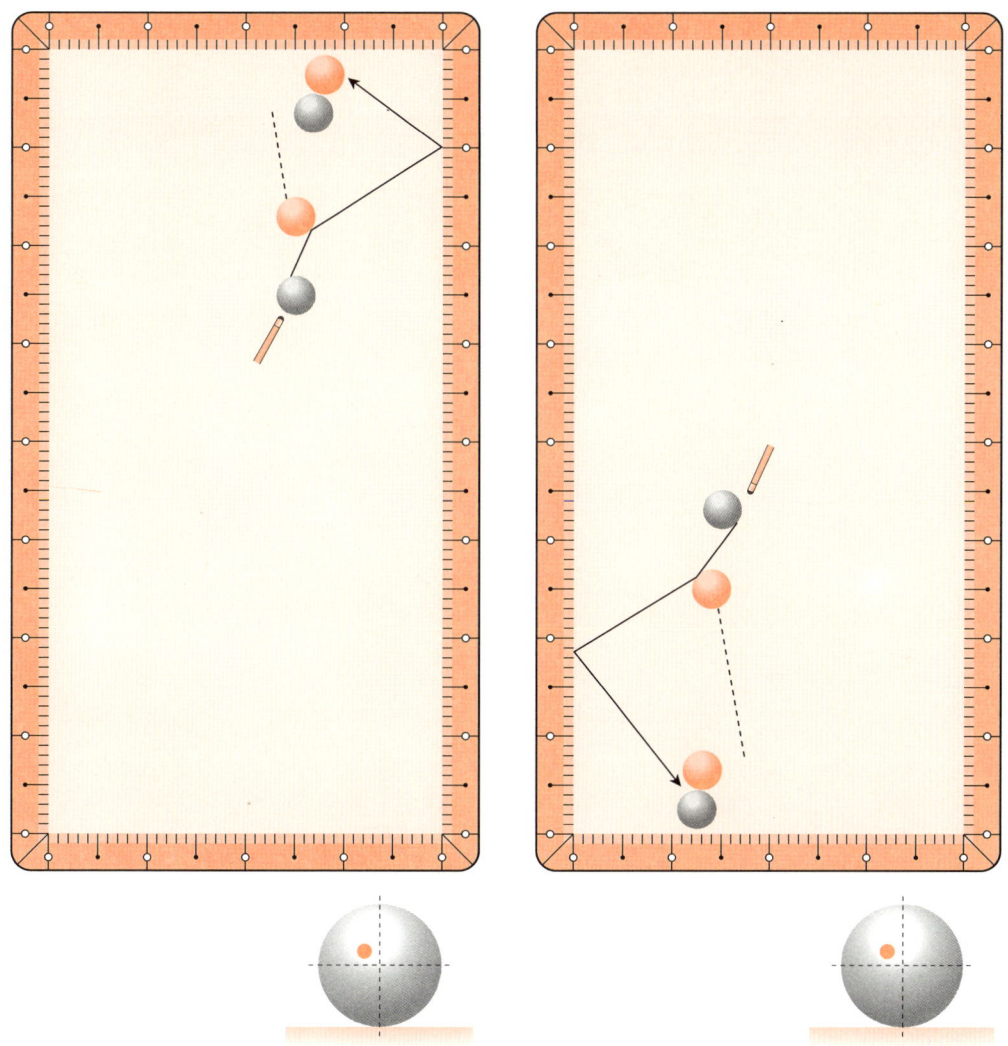

수구의 좌측 상위 부분을 타격해야 하며 적구(的球)의 우측에 두껍게 치고 수구 원쿠션으로 잡습니다.

수구의 중심 좌측을 당점으로 합니다. 적구(的球)의 우측을 얇게 치고 큐를 가볍게 내 보냅니다.

스리쿠션 치기

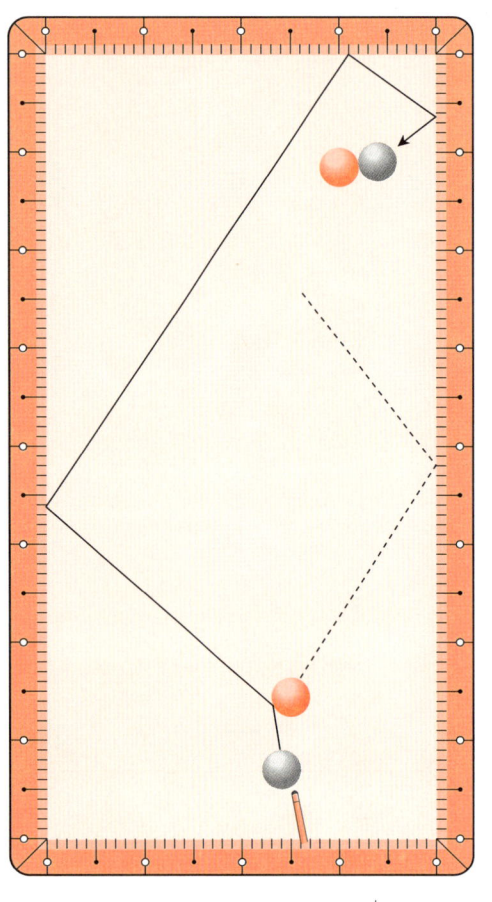
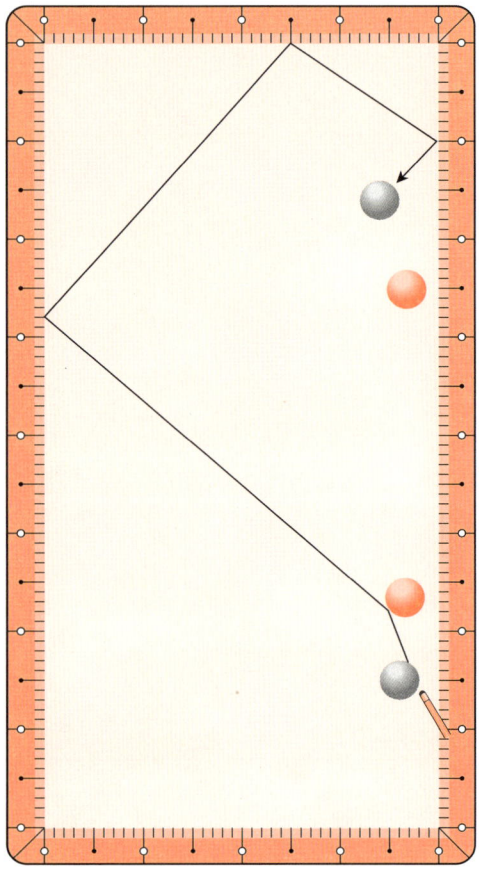

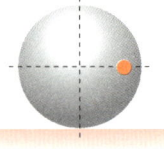

　이것은 앞의 두 그림과 거의 같은 요령입니다. 수구의 우측 중심을 큐의 앞끝 직경 정도의 우측으로 타격하고 적구(的球)의 좌측에 대고 스리쿠션으로 잡습니다. 적구는 원쿠션으로 모이게 합니다.

　수구의 중심을 큐의 앞끝 직경 정도의 우측을 타격합니다. 이때 적구의 좌측에 대고 스리쿠션으로 잡습니다. 역시 이런 경우에도 가볍게 큐를 내 보냅니다.

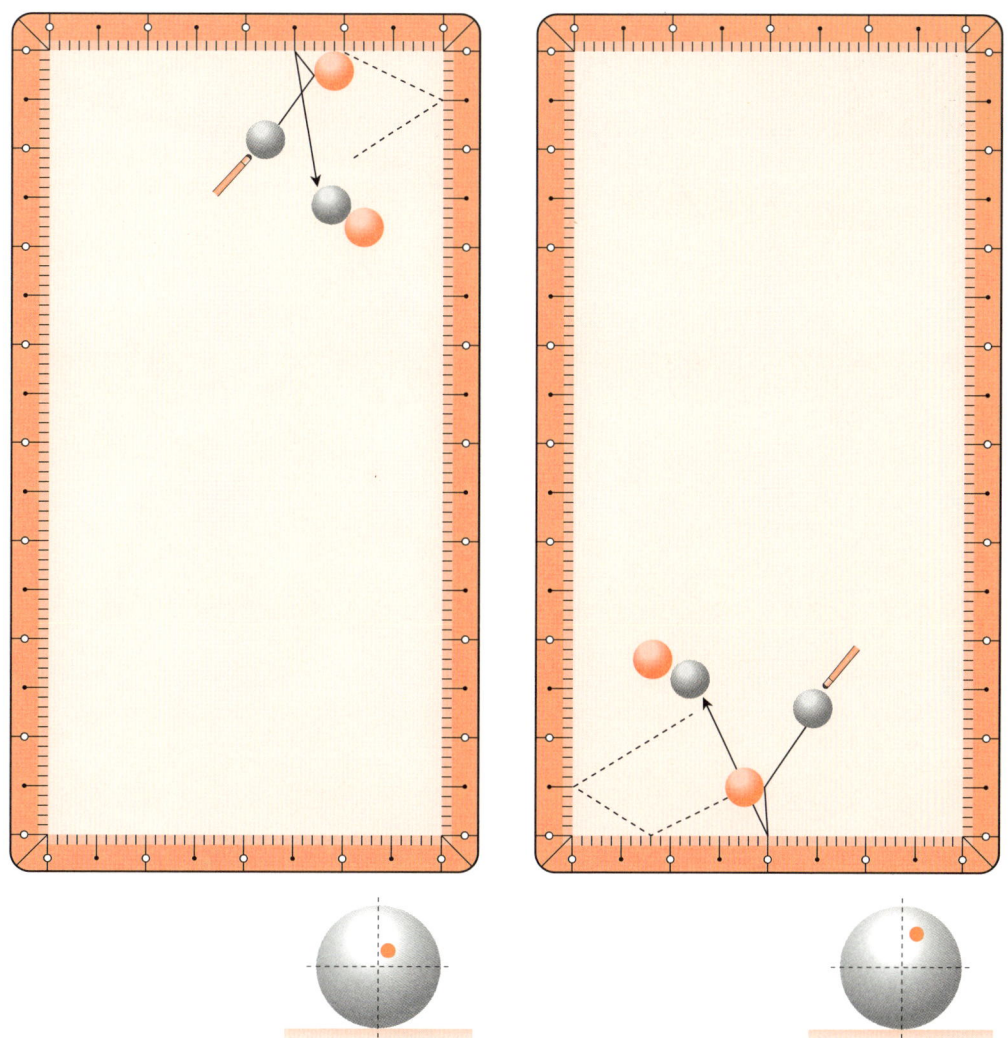

　수구의 중심 위 약각 우측을 당점으로 하여 적구의 좌측으로 약간 두껍게 원쿠션으로 잡습니다. 힘의 가감을 잘 계산하여 적구를 투쿠션으로 모으도록 합니다.

　수구의 우측 상위 부분을 타격하며 약간 얇게 원쿠션으로 잡습니다. 적구는 이것도 역시 투쿠션으로 모이게 합니다.

걸쳐 치기

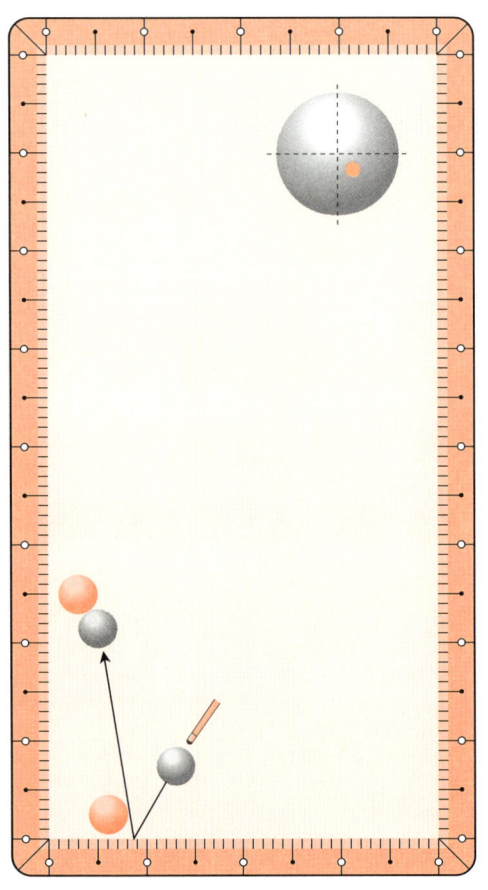
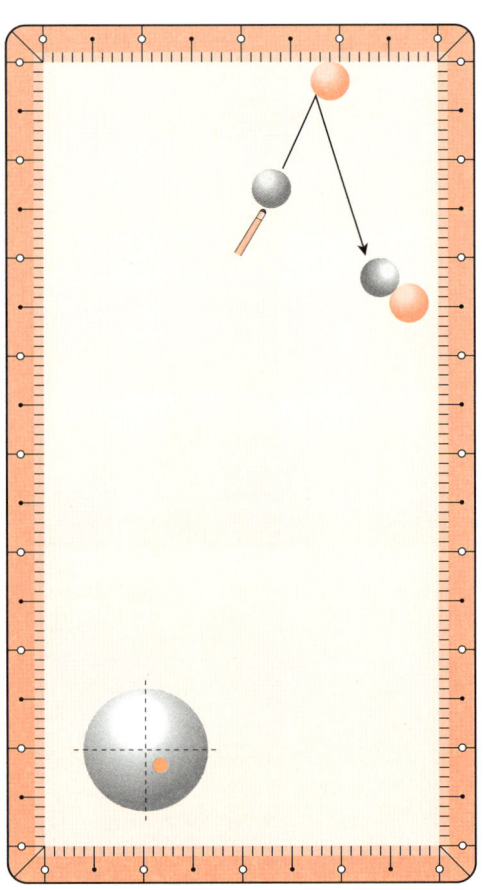

수구의 중심 우측 하위 부분을 타격하고 쿠션으로부터 먼저 적구(的球)에 끌어 당겨 선구(先球)에 맞힙니다.

당점은 같으나 이런 경우 끌어당길수는 없으므로 적구의 좌측에 얇게 대었다가 리바운드로 잡습니다.

당점은 같음. 언제나 쿠션에서 끌어당겨 잡습니다.

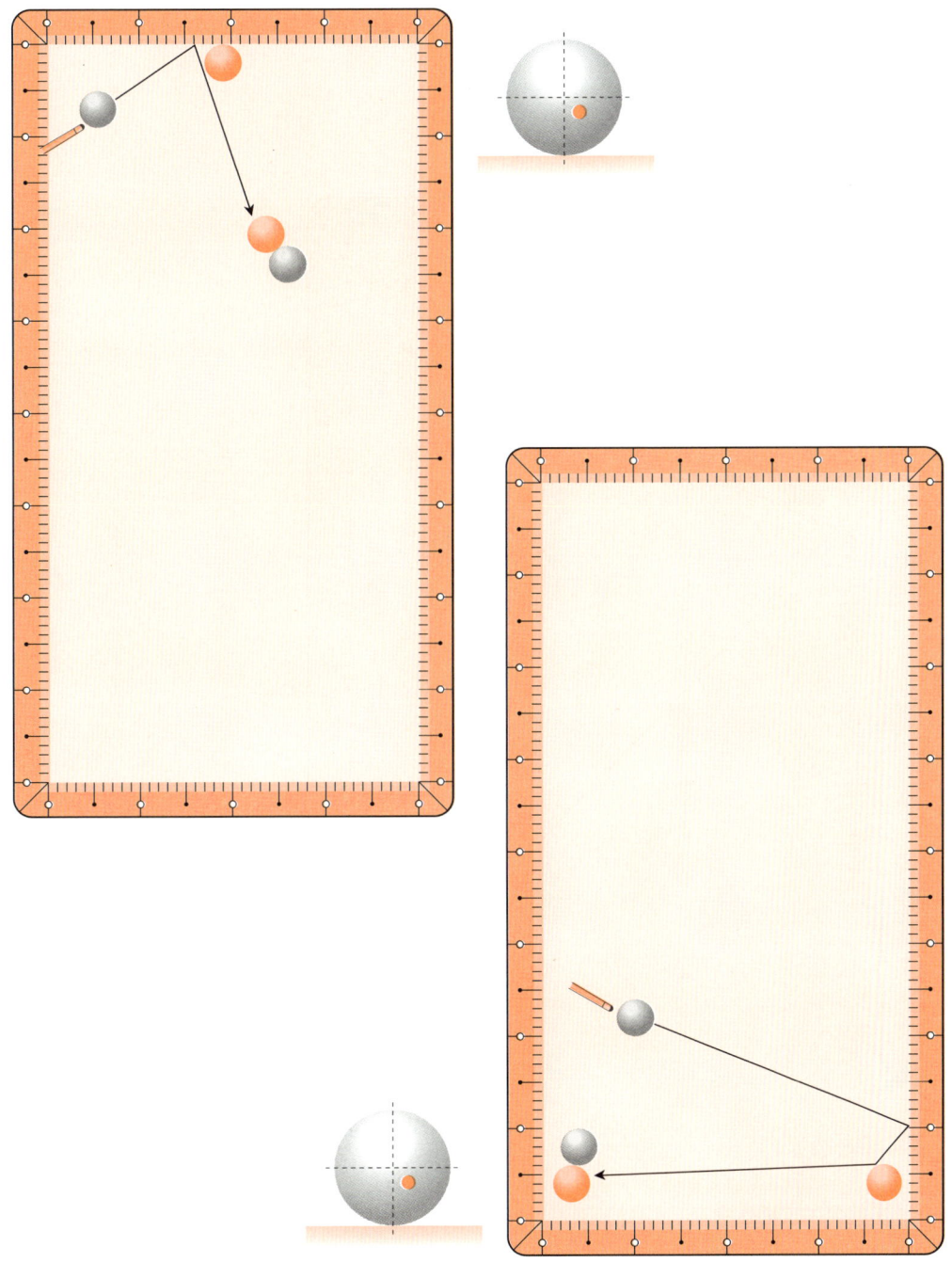

걸쳐치기로 잡는 4가지 보기. 수구의 중심 우측을 타격하여 쿠션에 넣고 끌어 당겨서 잡습니다. 그림과 같이 위치가 변했을 경우 당점은 순차적으로 수구의 하위 부분을 타격하여 가감(加減)합니다.

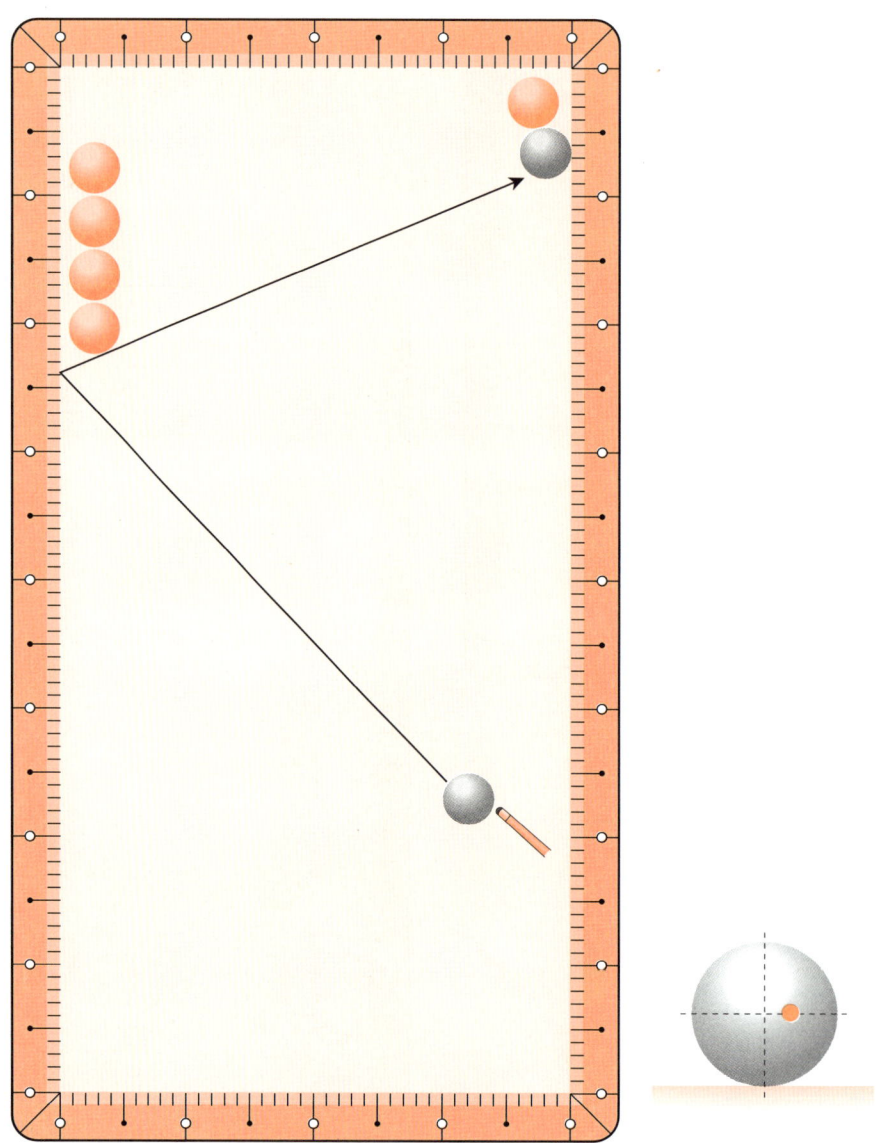

되받아 치기

이런 경우 일반적으로 마세로 타격하며 수구의 중심 우측을 타격하여 적구(的球)의 왼쪽에 얇고 가는 스트로크로 가볍게 타격하며 그림과 같이 반사구가 되어 맞게 됩니다.

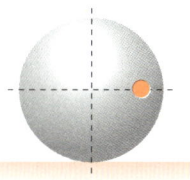

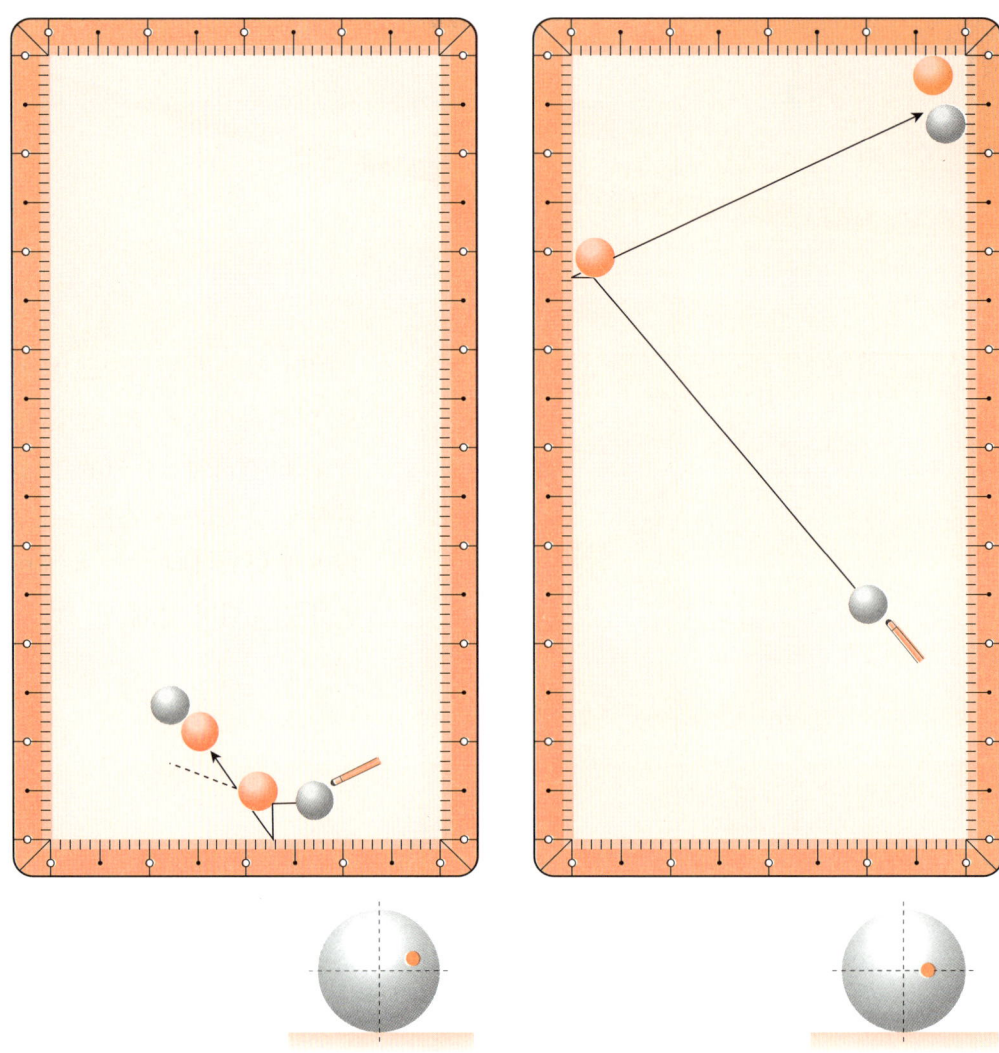

밀어치기로는 공이 지나치게 접근되어 있어 어려우므로 수구의 우측 상위 부분을 타격하여 적구(的球)의 좌측을 가벼운 스트로크로 두껍게 맞도록 하여 원쿠션으로 잡습니다. 연습을 많이 하면 콘트롤하기 용이한 공입니다.

이 공은 수구의 중심 우측을 타격하여 적구(的球)의 좌측에 엷게 대고 원쿠션 반사구(反射球)로 잡으면 좋습니다.

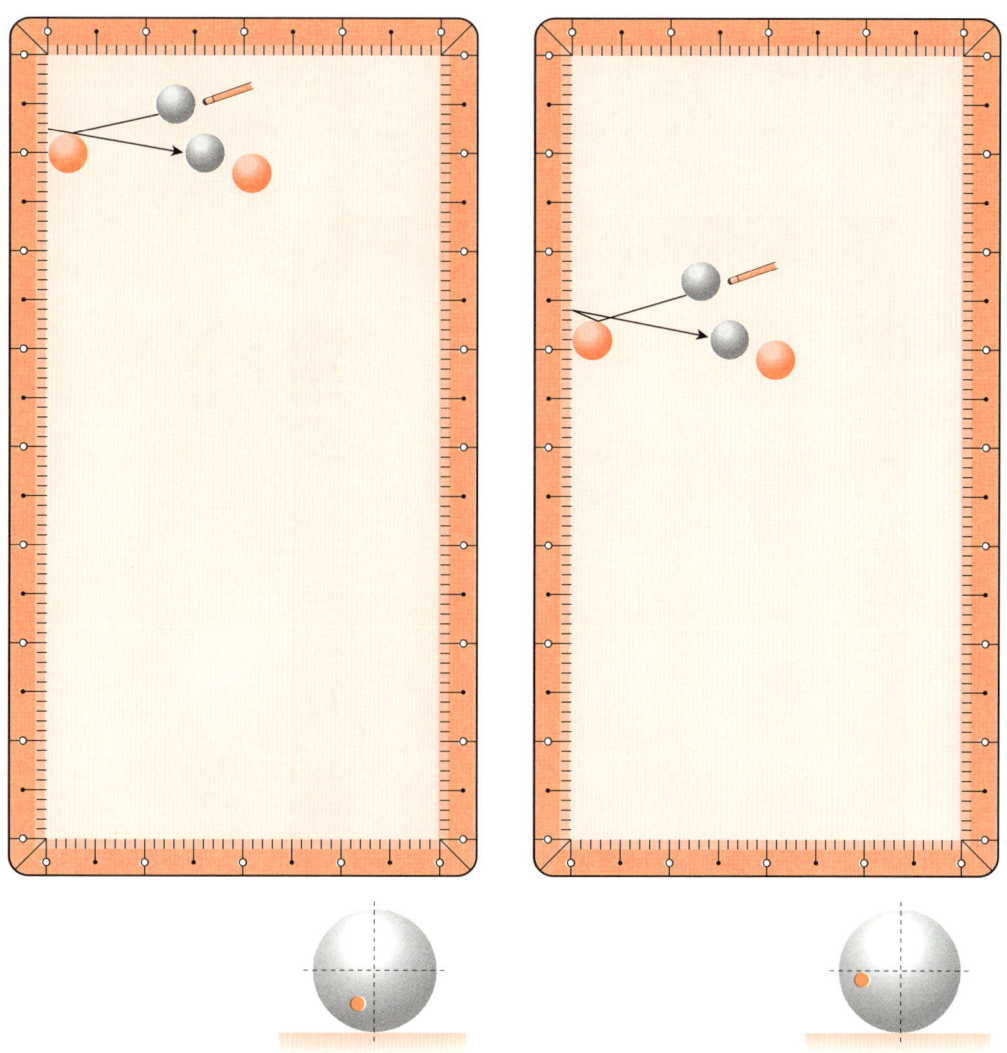

수구의 좌측 하위 부분을 타격하고 적구(的球)의 우측에 얇게 대었다가 반사구(反射球)로 잡습니다. 큐의 앞끝을 짧고 가늘게 스트로크합니다.

수구의 중심 좌측을 타격하고 적구(的球)의 우측을 얇게 대도록 합니다.

수구의 중심위를 타격하고 적구(的球)의 우측에 얇게 댑니다. 어느 것이고 가볍게 타격해야 합니다.

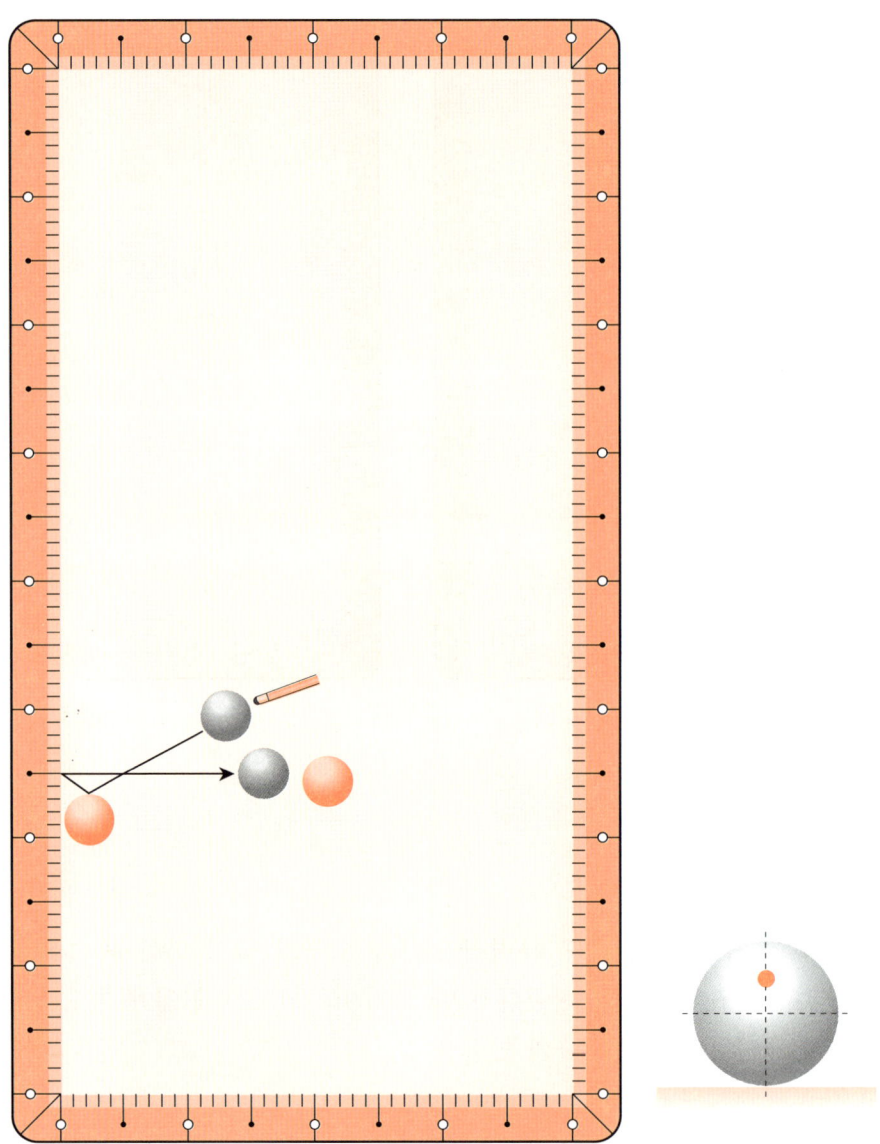

공 쿠션 치기

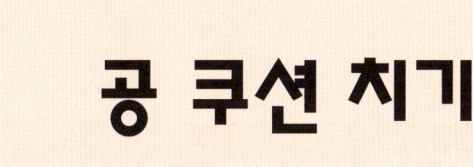

수구의 중심 하위 부분을 타격하여 적구(的球)의 중심을 맞게 되면 그대로 곧바로 되돌아와 선구(先球)에 맞습니다.

공이 쿠션에 어느 것이고 잇닿아 있을 경우에는 수구의 우측 하위 부분(반드시 쿠션의 옆)을 가볍게 적구(的球)의 중심에 부딪히게 하면 쿠션의 탄력에 의하여 되돌아가 선구(先球)에 맞게 됩니다.

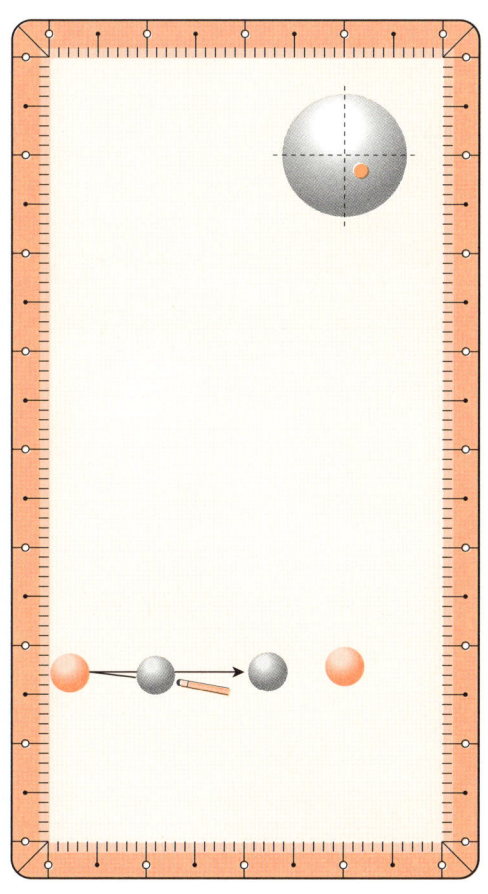

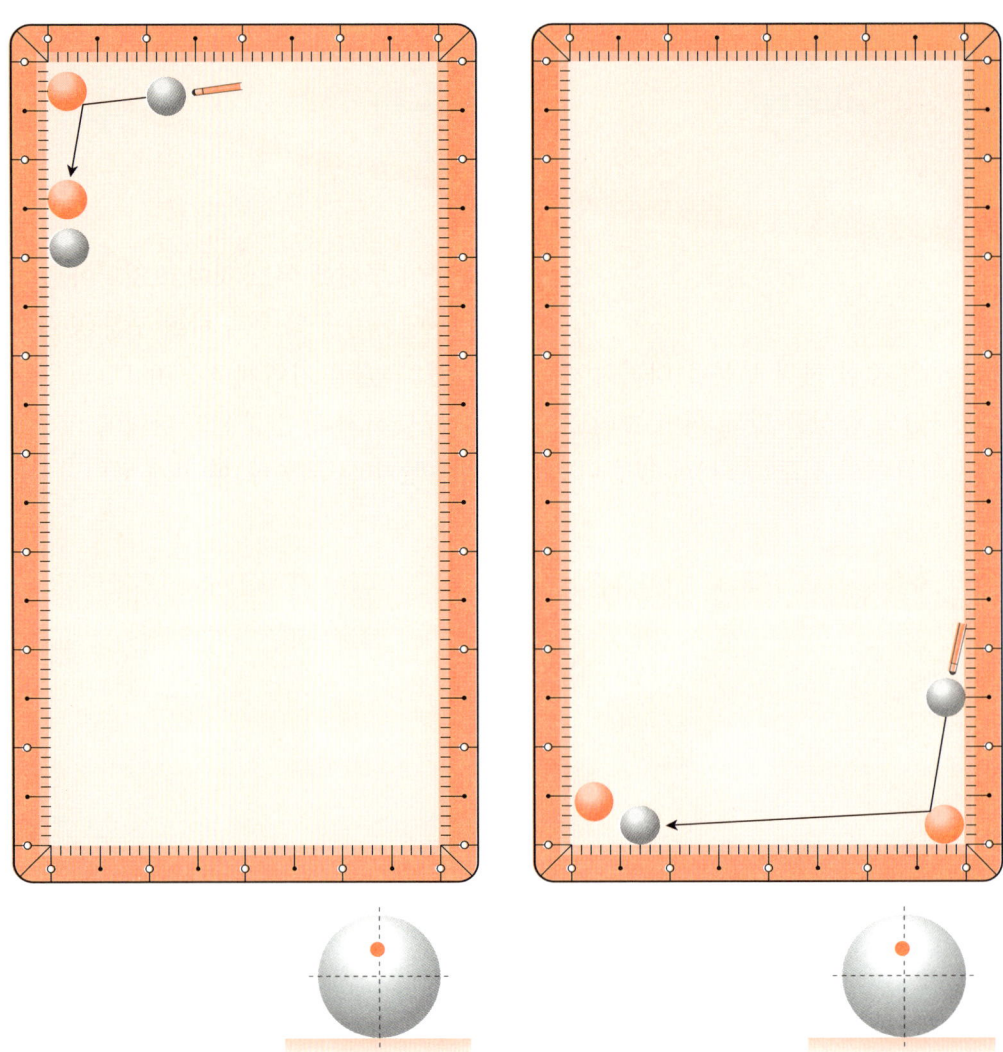

　수구의 중심 위를 타격하여 적구와 제1선구(先球)를 잇는 선과 수구와 적구(的球)를 이은 선(線)의 중심을 겨냥하여 가볍게 타격합니다. 이때 세게 타격하면 커브하여 실패하기 쉽습니다.

　앞의 것과 같은 겨냥인데, 다소 강하게(스트로크를 빨리) 타구할 필요가 있습니다.

공 쿠션 모아치기

다같이 수구와 적구(的球), 그리고 적구(的球)와 선구(先球)를 이은 적구(的球)의 중간을 겨냥합니다. 큐는 가볍게 보내도록 해야 합니다.

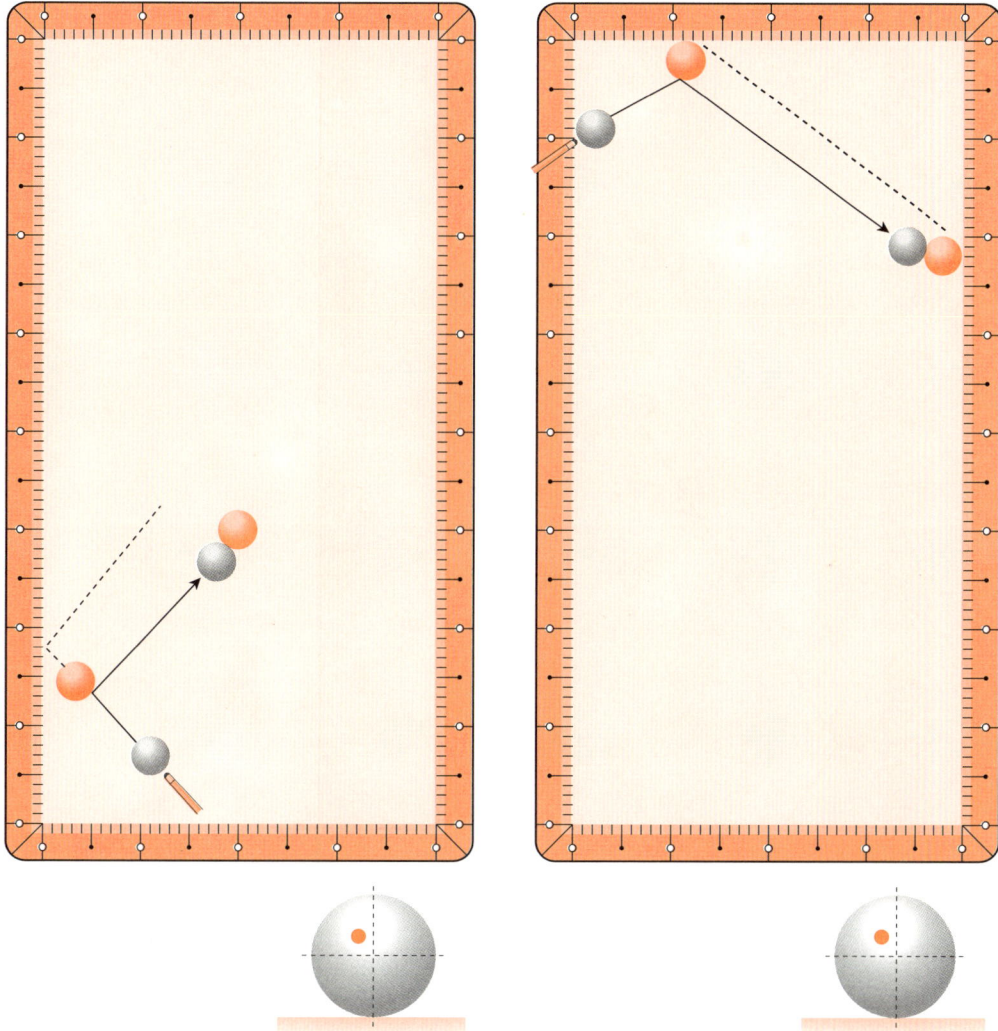

수구의 중심 보다 좌측 상위 부분을 당점으로 하여, 적구(的球)와 선구(先球)의 선을 이은 곳과 수구와 적구(的球)를 이은 선(線)의 중간에 수구를 댑니다. 결국 공 쿠션이 되어 코너에 몰리게 됩니다.

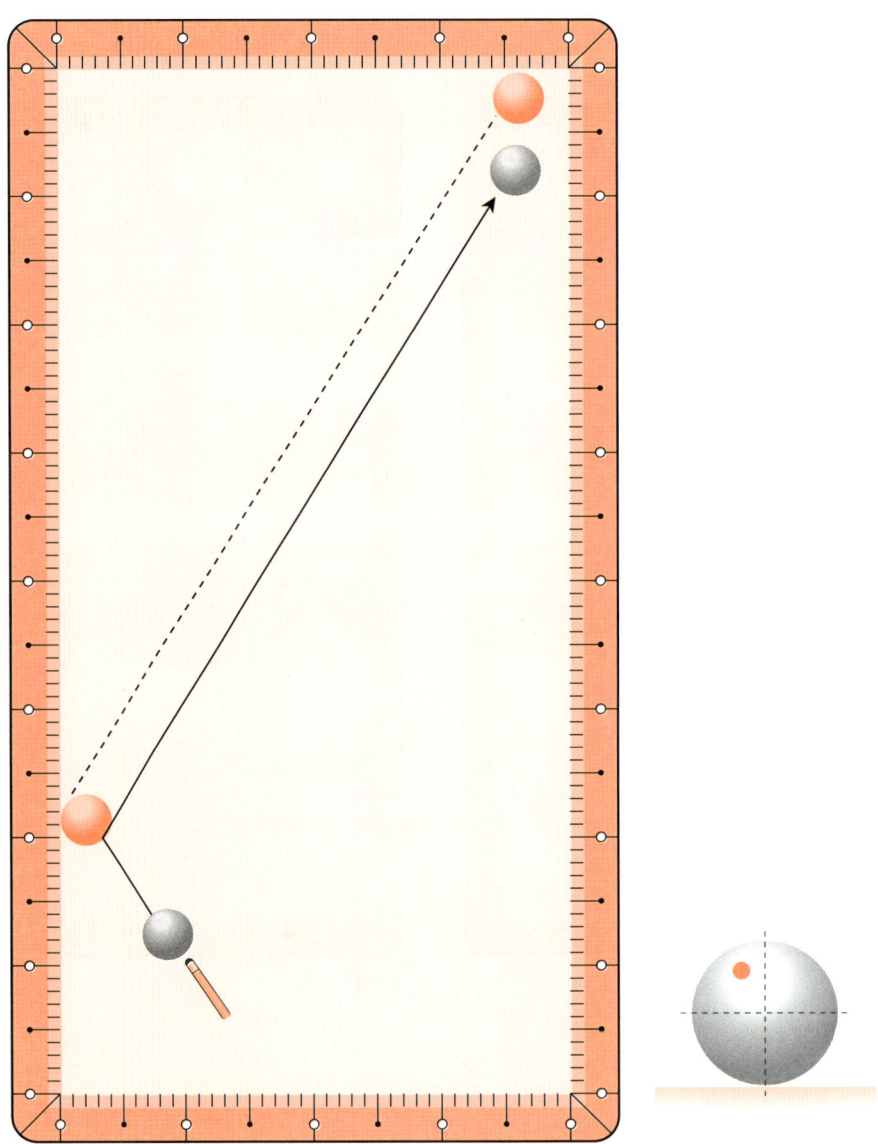

마중나오기 치기

그림과 같이 3개의 공이 일직선으로 나란히 위치했을 경우에는 「마중나오기」로 잡습니다. 수구의 당점에 따라 좌우측으로 마중나오기가 됩니다.

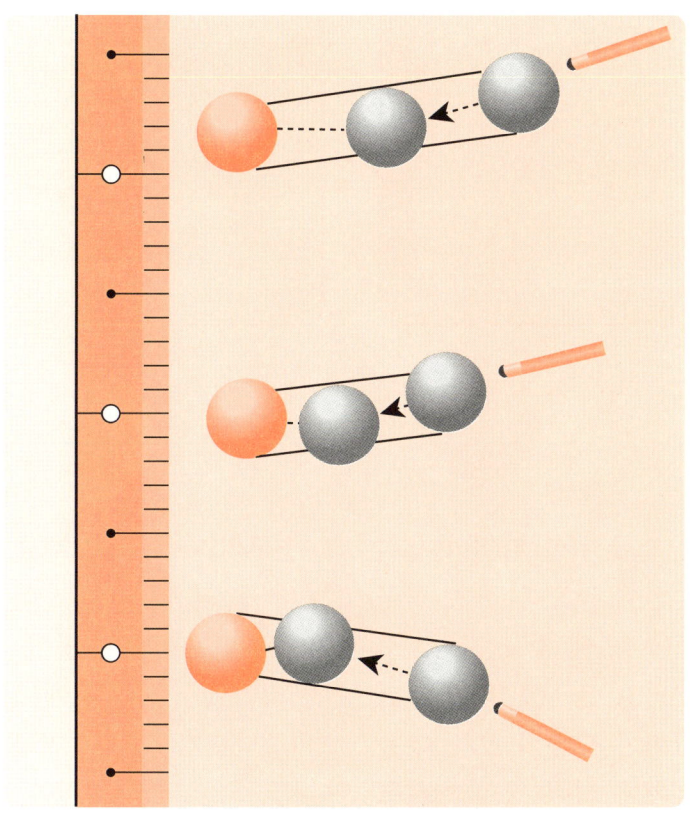

「마중나오기 치기」의 세가지 겨냥법

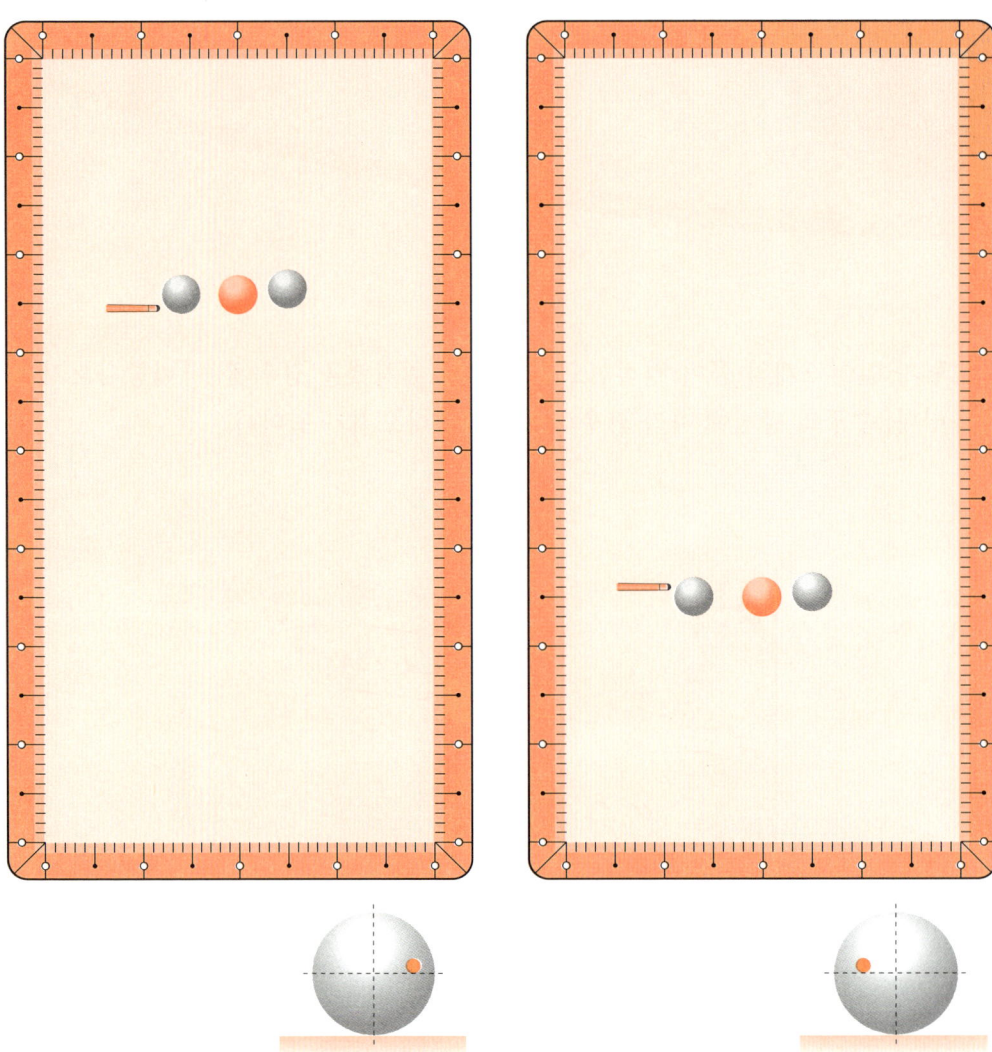

　수구의 우측 조금 위를 타격하여 적구(的球)의 중심에 닿도록 하면 적구(的球)는 선구(先球)에 맞고 좌측으로 벗어납니다. 그리고 선구(先球)가 일단 쿠션에 들어갔다가 되돌아 오는 것을 수구는 밀어치기가 되어 있기 때문에 만나게 되는 겁니다.

　수구의 좌측 약간 위를 타격하여 적구(的球)의 정면에 맞도록 보내면, 적구(的球)가 우측으로 벗어나 선구(先球)와 좌측에서 마주치게 됩니다. (그림 「마중나오기 치기」의 겨냥을 참조)

전의 마주치는 것과 같은 요령. 타격된 수구와 적구(的球)의 움직임을 표시한 것입니다.

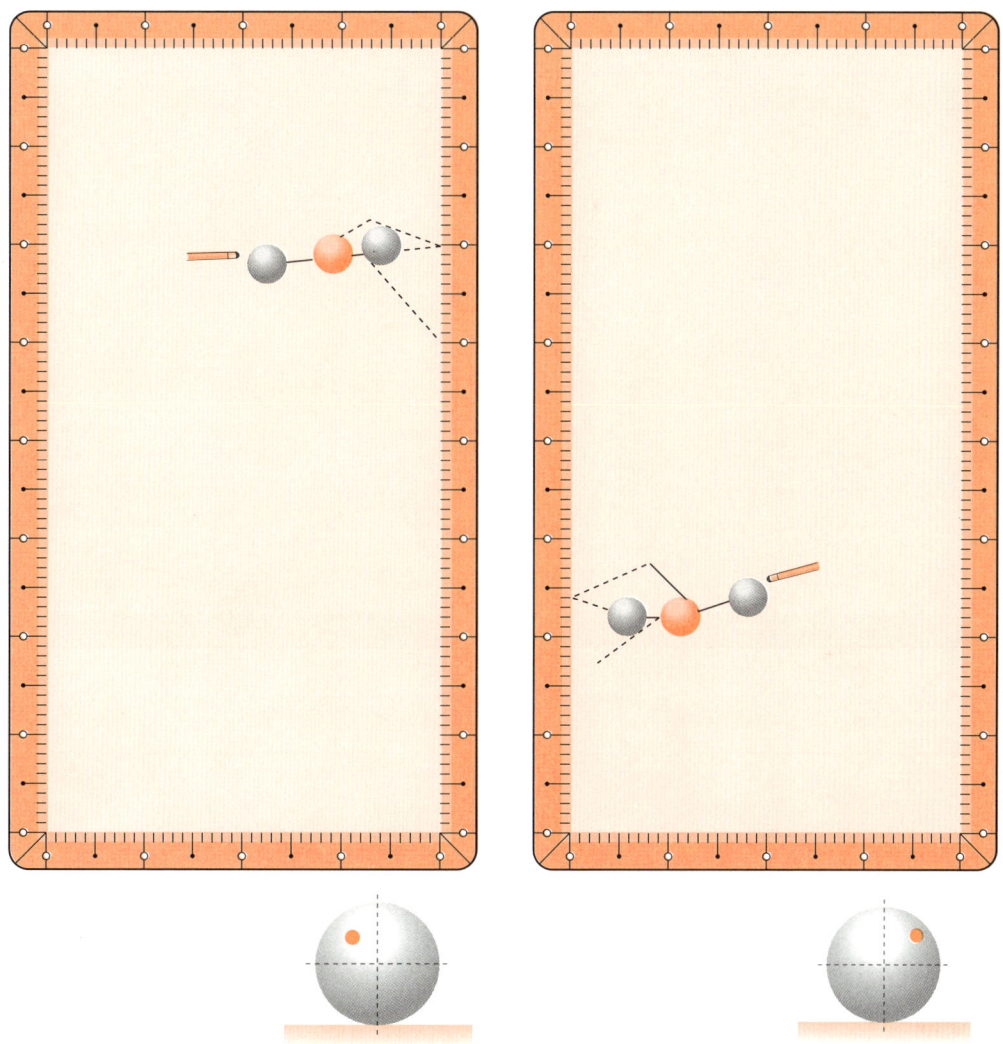

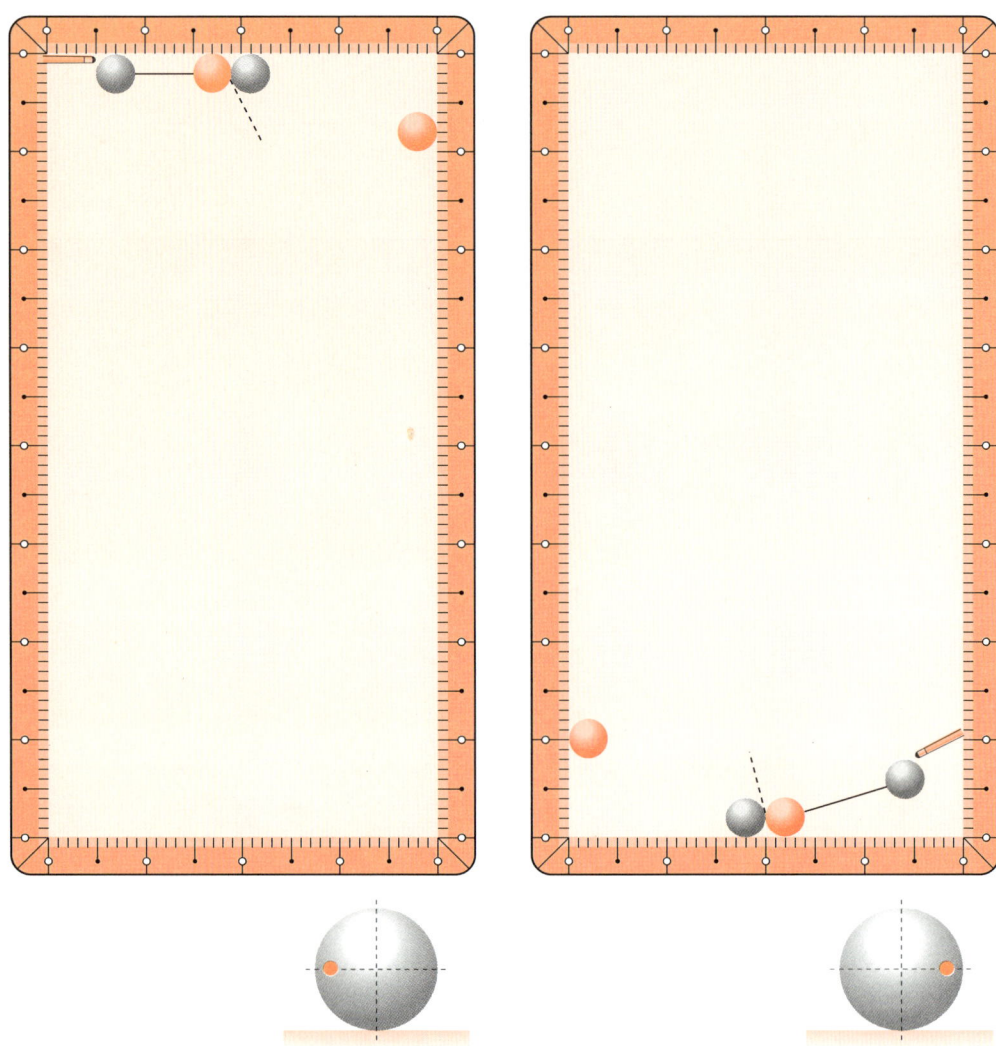

당점은 수구의 중심 좌측의 부분을 최대로 타격하여 적구(的球)의 정면을 대면 그 힘과 비틀기로 적구(的球)가 우측으로 벗어나게 되고 선구(先球)가 되돌아와 서로 마주칩니다.

당점은 수구의 우측을 최대로 비틀어 적구(的球)의 정면을 겨냥하여 타격합니다. 중심을 타격하기 때문에 수구는 그 힘이 적구(的球)에 옮겨져 정지하게 되며, 선구(先球)는 쿠션으로부터 되돌아 옵니다.

선구(先球) 원쿠션으로 마중나오기

적구(的球)와 선구(先球)가 밀착하여 있을 경우, 수구의 우측 상위 부분을 최대한 비틀어 타격하면 선구(先球)는 원쿠션으로 들어갔다가 수구와 마주치게 됩니다.

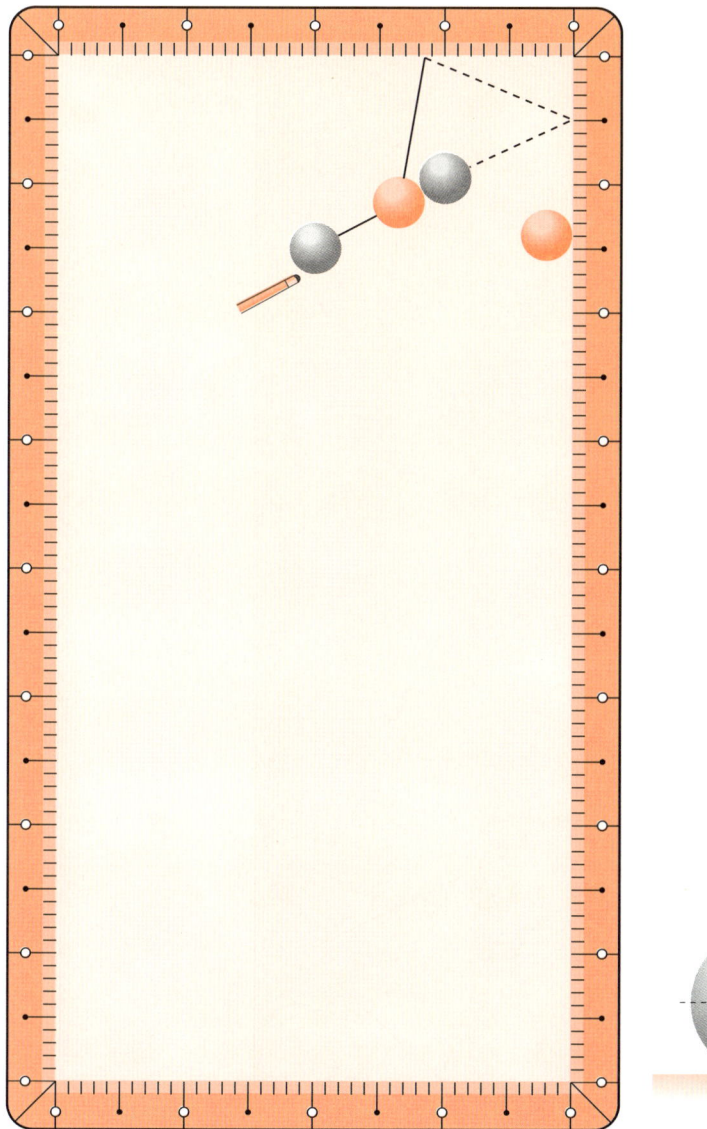

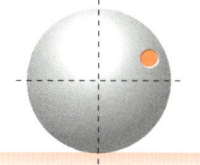

수구(手球) 원쿠션으로 마중나오기

적구(的球)와 선구(先球)가 역시 밀착되었을 경우 이것을 빈(空)쿠션으로 잡으려면 실패율이 많으므로, 이런 경우에는 수구의 우측을 최대한으로 비틀어 적구(的球)의 좌측에 엷게 댄다면 수구는 원쿠션으로 들어가 선구(先球)와 마주치게 됩니다.

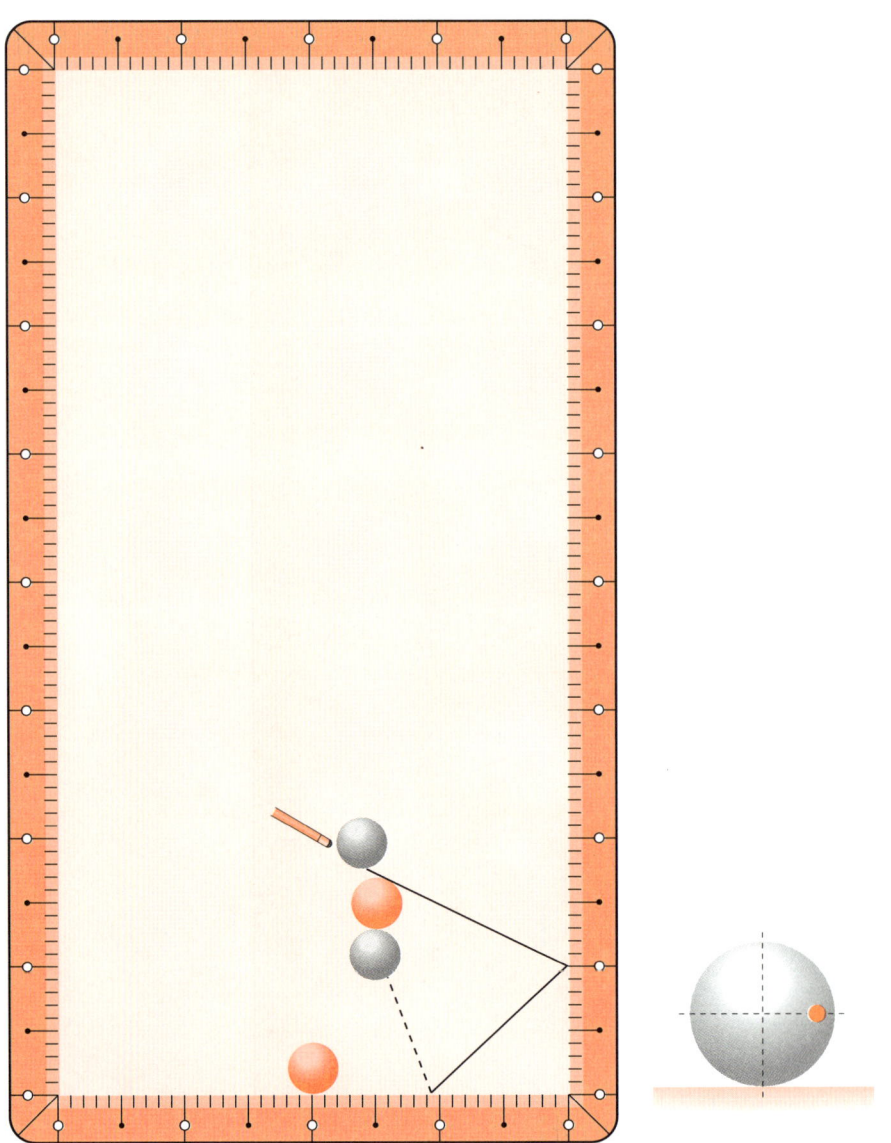

선구(先球) 투쿠션으로 마중나오기

수구의 우측 중심 보다 하위 부분을 타격하며, 적구(的球)의 우측에 두껍게 대면 선구(先球)가 투쿠션이 되어 마주치게 됩니다.

Biliards Guide Book
50-500

B. 상급편

B-1 테크닉을 필요로 하는 공

어떤 운동이건 그것을 연마하는 데는 열의와 연구가 없으면 기술 향상이란 사실상 어렵습니다. 당구도 예외일 수는 없습니다. 특히 당구는 불과 7센티 밖에 되지 않는 공, 이공을 큐의 첨단(尖端)으로 타격하는 것입니다. 그 타격하는 부분과 적구(的球)에 맞는 부분, 또 힘의 가감에 따라 수구(手球) 적구(的球) 선구(先球)의 회전운동이 달라집니다. 또 여기에 여러 가지 미묘한 기술이 요구되기 때문에 더욱 흥미가 높아집니다. 초급편에서는 당구의 일반적인 것을 기술했습니다 마는 이 고급편에서는 보다 향상된 기술이 요구되므로 이에 대해서 기술하겠습니다. 「얇게치기」,「쿠션치기」,「끌어치기」,「반사구」,「공쿠션」,「마중나오기」,「모아치기」 또는 「마세 타구(打球)」등 이 모든 것은 고급 기술에 속한 것으로 그야 말로 치밀한 기술이 요구됩니다. 이러한 것을 경기에 다소나마 응용할 수 있을 정도이면 상당히 기술이 향상된 것이므로 연습과 연구를 거듭하여 어떠한 공이라도 확신을 가지고 콘트롤할 수 있도록 정진할 것을 권유하는 바입니다.

죽여치기

　죽여치기의 목적은 수구를 적구(的球)에 맞게 하여 그 위치에서 지나치게 회전하지 않도록, 즉 적구(的球)에 수구의 힘을 옮겨 주어 선구(先球)에 맞은 다음 그 위치에 정지되게 하는 타구법(打球法)으로 모아치기를 칠 때는 특히 필요한 기술입니다.

　당구 기술은 최후까지 큐의 뛰어난 솜씨가 요구되는 것이지만 때로는 큐를 죽이는 것도 필요하게 됩니다. 어느 수준까지 당구를 하게 되면 이 죽여치기의 연습을 게을리 해서는 안 됩니다.

　가까이 모여 있는 공을 흩어지지 않게 하면서 연속적으로 타격하여 득점을 하는 것이라든가, 차례로 타격할 공의 위치를 변경하는 것도 역시 고급 기술입니다.
　이토록 많은 득점을 계속 이루려면 깊은 연구와 연습이 필요한 것은 새삼스러운 얘기가 아닙니다.

　죽여치기를 하려면 수구의 중심 부분을 당점으로 해야 하며 밀어치기와 같이 큐를 길게 내보내어 샷하는 게 아니고, 또 끌어치기와 같이 스냅을 살리지도 않습니다.
　적구(的球)의 중심을 겨냥하여 타격하면 수구의 힘이 적구(的球)에 옮겨져 약간의 차이는 있으나 거의 그 위치에 정지함은 이미 밝힌바 있습니다마는 이것을 이용하여 적구(的球)로부터 좌측, 또는 우측에 접근해 있는 선구(先球)에 가볍게 댑니다.

　적구(的球)는 수구로부터 옮겨 받은 회전전진력(回轉前進力)에 의하여 쿠션에 맞은 다음 수구와 선구 부근으로 되돌아 옵니다. 이리하여 다음에는 타격하기 쉬운 삼각구(三角球)를 만드는 것입니다.

결국 수구의 회전전진력(回轉前進力)을 제거하기 때문에 죽여치기라고 부르고 있습니다.

　연습에 있어서 주의해야 할 것은 선구(先球)에 맞는 것을 염두(念頭)에 두지 말고, 몇 번이라도 계속하여 연습을 하게 되면 이에 따라 공의 각도와 거리에 의한 당점도 죽여치기시에 잡아당기거나 앞으로 내미는 힘의 가감(加減)에 대해서도 자연 체득할 수 있게 됩니다.

모아치기

큐를 잡는 사람은 누구든지 공을 빗 맞추는 일이 없도록 노력해야 합니다. 이것은 당구 경기의 근본이며 공을 정확히 타격하므로써 기술 향상이 따르게 마련이며, 즐거움, 흥미 등이 생겨나게 마련입니다.

공을 정확히 치는 자세로 연습을 거듭함에 따라 조금이라도 기술이 향상되어 자신이 지니는 지점(持點)이 많아지고 이렇게 됨으로써 보다 기술을 향상하여 많은 지점(持點)을 갖고 싶어 하는 건 당연한 심정입니다. 처음에는 흩어져 있는 공 밖에 겨냥할 수 없었던 사람이 다소의 요령도 알게 되고 공의 움직임, 또 쿠션의 관계도 알게 되었으면 그 다음에는 모아치는 법을 연마해야 합니다.

4개의 공을 한쪽 코너에 모으기란 여간 어려운 것이 아닙니다. 또 한쪽 코너에 모여진 4개의 공을 사방으로 흩어지지 않도록 타구하는 것도 상당히 어렵습니다.

모아치기를 효과적으로 콘트롤할 수 있어야 보다 많은 득점을 이룰 수 있는 것입니다. 모아치기란 다음에 타격할 공의 위치를 타격하기 쉽도록 또 그 다음의 공도 타격하기 쉽도록 몇 번이고 이것을 반복하여 많은 점수를 잡는 것인데, 그러자면 공의 움직임, 당점, 힘의 가감, 정확한 샷 이외에도 여러 가지 기술이 요구됩니다. 공을 타격한 후 그 타격된 공이 변화하는 위치 같은 것도 신중히 생각하여 타격해야 하며, 또 한 가지 중요한 것은 타격하는 순서가 중요하다는 사실을 잊지 않아야 한다는 것입니다.

모아치기는 바둑이나 장기에서 일컫는 정석과 같으며, 야구라면 연속적인 히트로 득점을 잡는 것과 같습니다. 그러나 자신 없는 모아치기를 했을 때, 그것이 빗나가서 모아놓을 공을 상대방에 남겨 놓는다는 것은 치명상과 같은 손실이므로 확실한 계산하에 치지 않으면 안 됩니다.

모아치기를 효과적으로 콘트롤하려면 상당한 경력이 필요하겠지만 그렇다고 해서 언제나 흩어져 있는 공만을 타격해서는 높은 기술을 체득하기가 어렵습니다. 그러므로 연습과 연구를 쌓아 확신을 갖고 공을 콘트롤할 수 있도록 노력하기 바랍니다.

흩어져 있는 공을 한 곳으로 모으는데도 수구가 멀리 떨어져 있고 보면 미완성일 수 밖에 없습니다. 경기 도중 자주 공을 모으게 되는 경우가 있는데, 이런 경우는 실로 우연한 일이며 가까이 집결한 공에 자신이 없으면 그 공은 바로 흩어지고 맙니다. 다시 말하면 집결된 공을 효과적으로 타격하여 연속 득점을 올려야 할 터인데, 모아치기에 대한 콘트롤 기술이 미약하면 연속 득점으로 연결하기 보다는 공이 흩어져 뜻을 이루지 못하게 됩니다.

그러므로 자신의 실력으로 콘트롤할 수 없을 때에는 무리하는 것도 삼가해야 하겠으나 그렇다고 해서 안전한 것만을 택하여 모험을 하지 않는다면 기술향상은 기대할 수 없을 것입니다. 그렇기 때문에 때로는 모험도 해보는 것이 기술 향상을 위한 지름길이란 말도 있습니다. 프로 선수가 몇천, 몇만과 같이 제한 없이 연속으로 득점을 하는 것도 결국은 이 모아치기나 인접공의 타격을 효과적으로 응용한 때문이며 아무리 잘 치는 사람이라도 흩어진 공으로는 그렇게 많이 칠 수는 없습니다.

모아치기를 완전히 응용할 수 있을 정도로 기술이 향상되었다면 보크라인 경기나 스리쿠션 경기와 같은 고급 기술이 요구되는 경기도 해 보고, 또 4구대에서 3구 경기를 시도하는 것도 기술 향상을 이룬 다음에 행해질 수 있는 것입니다. 그러나 이런 영역에 들어가는 것도 당구 기술의 오묘함을 체득한 연후에야 가능한 것이므로, 우선 4구(四球)의 진수를 체득하는 데 있어서도 이 모아치기를 연구하여 숙련하는 것이 무엇보다도 중요한 요소라 하겠습니다. 그러면 이 모아치기를 콘트롤하려면 어떻게 해야 하는가에 대하여 자세한 설명을 하겠습니다.

순서가 중요하다

모아치기에 대하여 주의해야 할 것을 대체적으로 기술했습니다만 다시 상세한 설명을 부가한다면 모아치기에는 한 번에 공을 가까이 모으기란 어려운 것이므로 그 목적을 이루기에는 몇회의 순서가 필요합니다. 그러자면 수구(手球), 적구(的球), 선구(先球)의 진로, 회전 속도, 쿠션의 반사 각도 같은 것을 머리 속에 넣어 신중하게 샷을 해야만 합니다.

수구와 적구(的球)의 회전진로(回轉進路)에 대해서는 특히 모아치기의 경우 이러한 문제는 더욱 관심이 요구되는 것이기 때문에 이것을 알지 못하면 타격 목적을 이룰 수가 없게 됩니다. 또 보통으로 타격했는데도 공이 가가이 집결하여 모아치기가 되는 예도 없지 않으나 이런 경우는 지극히 우연의 일치에 지나지 않습니다. 그러나 이 모여 있는 공을 깨뜨리지 않고 계속 타구하여 득점을 가산할 수 있다면 숙련된 플레이어이겠으나 그렇지 못한 플레이어라면 계속 득점은 사실상 어렵습니다. 요는 그 순서가 중요한 것입니다. 수구와 적구(的球)의 움직임 같은 것을 확실히 알고 있지 않으면 실패할 공산이 많습니다. 또 힘의 가감도 중요하며, 그것도 삼각구에 가까운 것이라면 초보자라도 공을 깨뜨리지 않고 계속해서 득점을 할 수 있게 타격할 수 있으나, 공의 위치에 따라 힘의 가감도 다르다는 것에는 변함이 없습니다.

적구(的球)를 긴 쿠션에 넣었다가 가까이 되게 하려면 수구의 중심 위를 타격하여 적구의 중심을 겨냥하면 좋습니다. 이렇게 콘트롤할 수 있으려면 얇게치기, 밀어치기, 끌어치기, 빈쿠션 등의 기술이 이용됩니다.

몇회라도 연속적으로 타격할 수 있게 하려면 짧은 쿠션의 코너에 집결되어 있어 확실히 연속적으로 타격할 수 있는 절호의 태세가 갖추어져 있어야 합니다. 여기에서 주의해야할 것은 수구를 가까이 집결된 공으로부터 가능한 한 근거리의 위치에 있도록 하지 않으면 안 됩니다. 이것은 타격하기 용이하게 하기 위한 제일의 조건입니다. 숙달되지 않은 플레이어들은 스트로크를 너무 지나치게 세게 하여 수구를 필요 이상으로 떨어지게 하는 예가 자주 있습니다.

그런 결과, 가까스로 집결된 공을 활용하지 못하고 때로는 흐트러지게 하는 경우가 있습니다. 더구나 힘의 가감 등은 숙련이 요구되는 것이며 또 수구는 쿠션에 밀착시키지 않는다는 것도 중요한 포인트의 하나입니다. 또 수구는 될 수 있는 한 근거리에서 가까이 다가온 공의 외측 즉 당구대의 중앙에서 타격하기 쉽도록 합니다.

공을 쿠션에 밀착시키면 타격하려 해도 큐가 들어가지 않습니다. 처음 모아치기를 할 때 중앙에 있는 공이 한번에 모이지 않을 경우에는 적구(的球)나 선구(先球)만을 우선 목적한 코너로 보내고, 다음에 다른 공을 가까이 접근토록 하지 않으면 안 됩니다.

처음부터 한번에 공을 모이게 하려면 실패하기 쉽습니다. 또한 공을 가까이 모이게 하는 사이에 밀어치기나 얇게치기와 같은 힘의 가감에 의하여 공들이 일렬로 되어 타구할 수 없게 되는 경우도 있습니다.

이러한 경우는 힘의 가감만 주의하면 피할 수 있습니다. 모아치기가 이루어졌을 때는 공의 자체가 회전하는 진로를 깊이 머리속에 넣어 타격하지 않으면 안된다는 것은 새삼스럽게 말할 필요가 없겠습니다.

그리고 수구는 어느 위치로 되돌아오며, 선구(先球)의 위치는 어떻게 될 것인가의 판단을 정확히 한다면 설사 상대방의 기술이 자신과 견주어 볼 때 비슷하다 하더라도 이러한 판단력만으로도 우열의 차이는 있게 마련입니다. 확신이 있는 계획과 타격하는 방법이 확고하다면 공을 흐트러지지 않게 하면서 계속 타구하여 득점을 잡을 수 있습니다. 특히 주의해야 할 것은 왼손으로도 공을 타격할 수 있도록 연습을 게을리 하지 않아야 하며, 이렇게 왼손을 활용할 수 있는 능력을 길러 두면 비록 모아치기뿐 아니라 경기 중 왼손의 활용이 필요한 경우가 많으므로 상당히 이롭습니다.

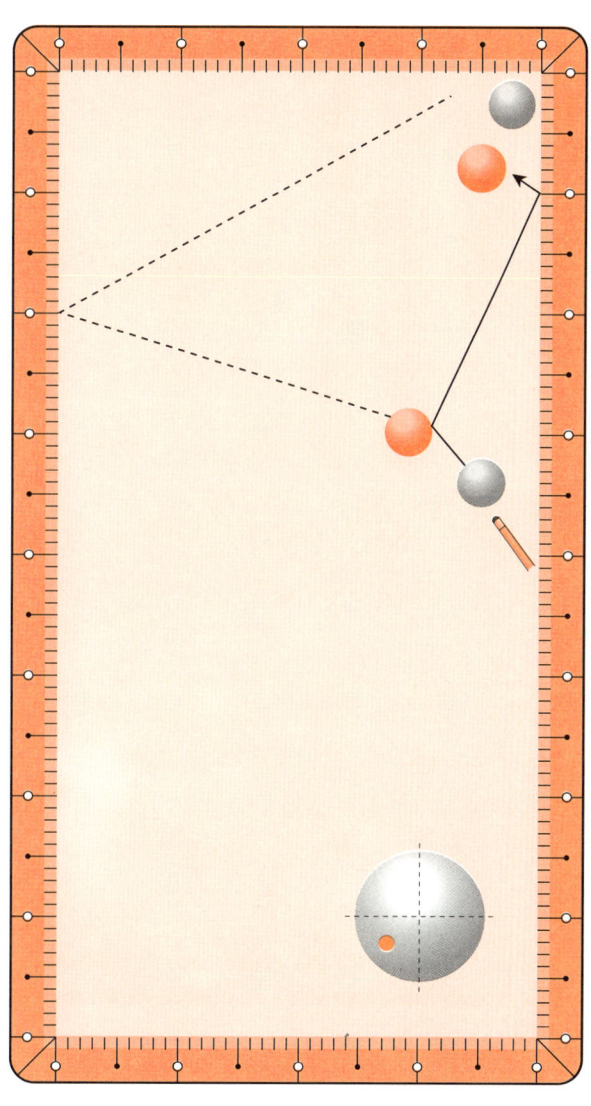

모아치기

수구의 좌측 아래를 타격하여 적구(的球)의 우측에 두껍게 대고 원쿠션으로 잡아끌어 당깁니다.

수구의 우측 위를 당점으로 하여 적구(的球)의 좌측에 얇게 대고 원쿠션으로 가까이 위치하게 합니다.

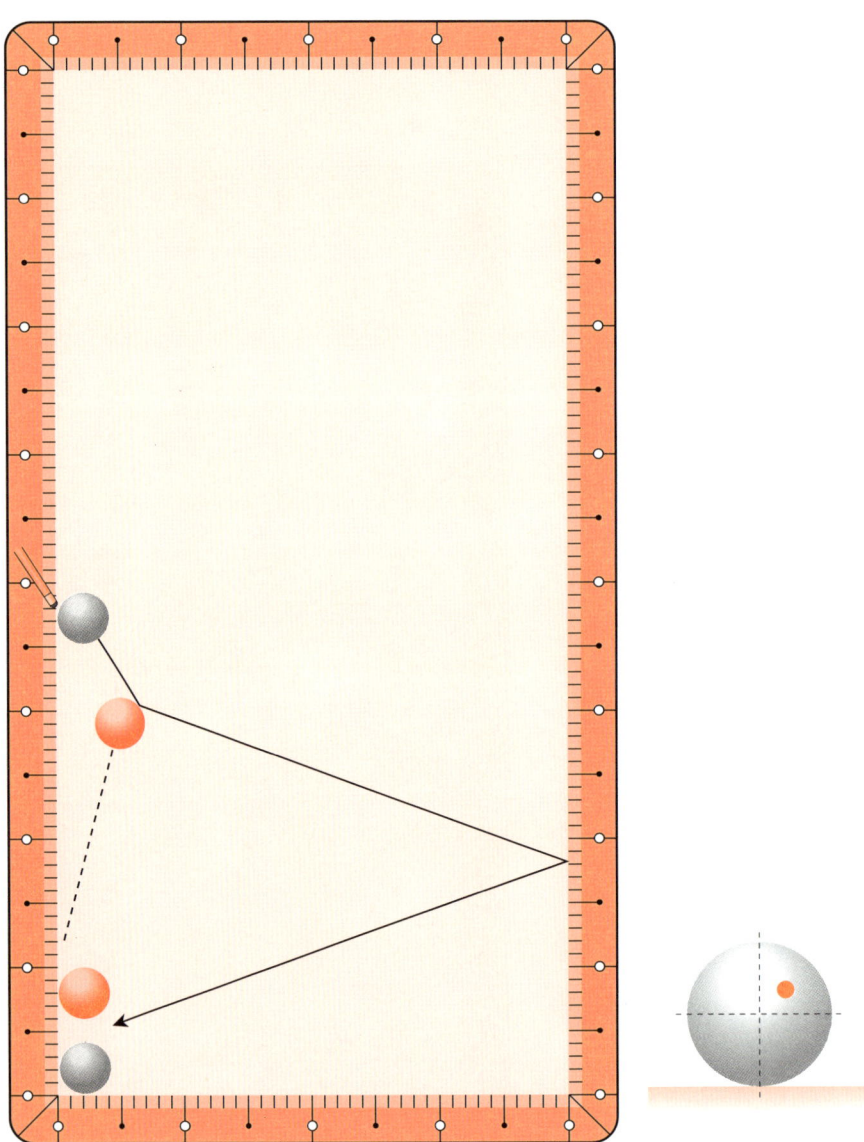

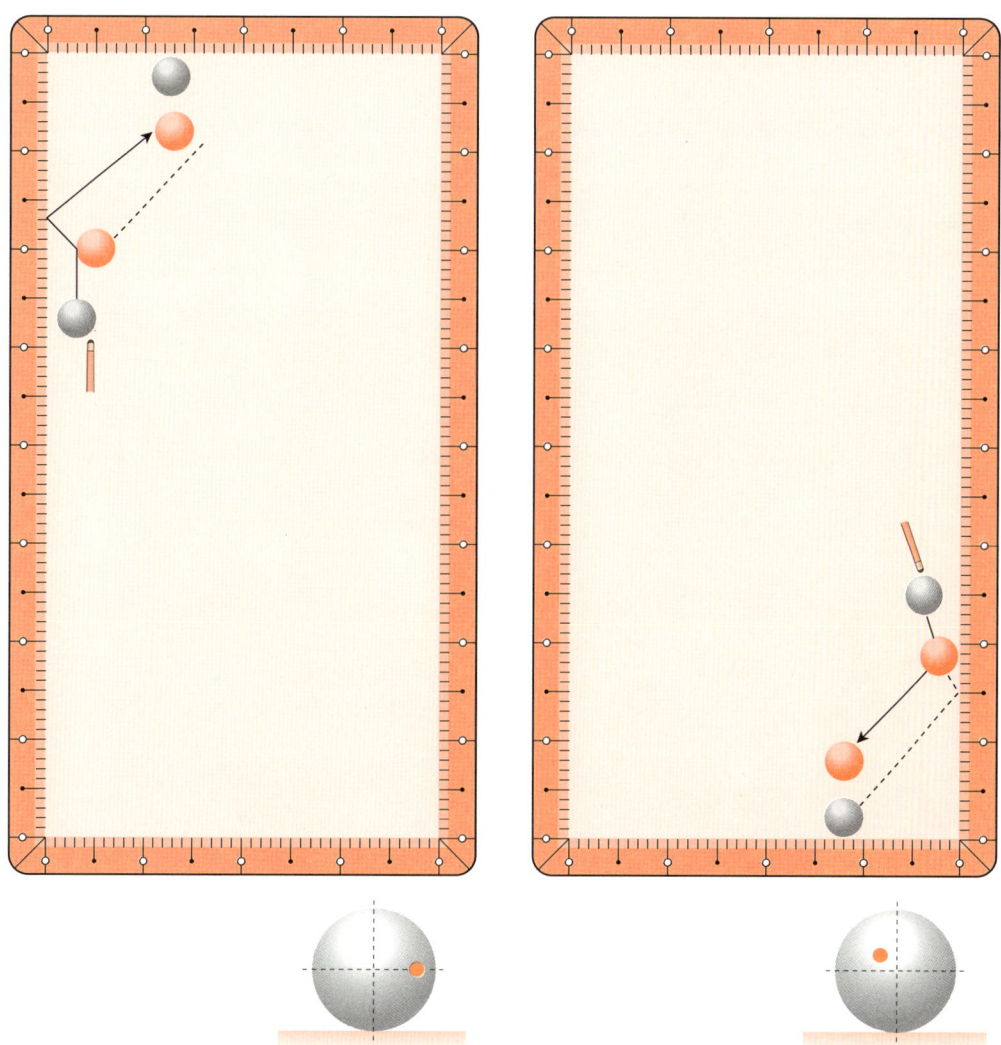

　수구의 중심 우측을 타격하여 적구(的球)의 좌측에 두껍게 대고 원쿠션으로 잡습니다. 이런 경우 얇게 대면 적구가 선구 가까이 다가가지 않습니다.

　이 공도 얇게 대면 적구(的球)가 가까이 다가오지 않습니다. 수구의 좌측 상위 부분을 타격하여 반정도로 밀어 잡습니다.

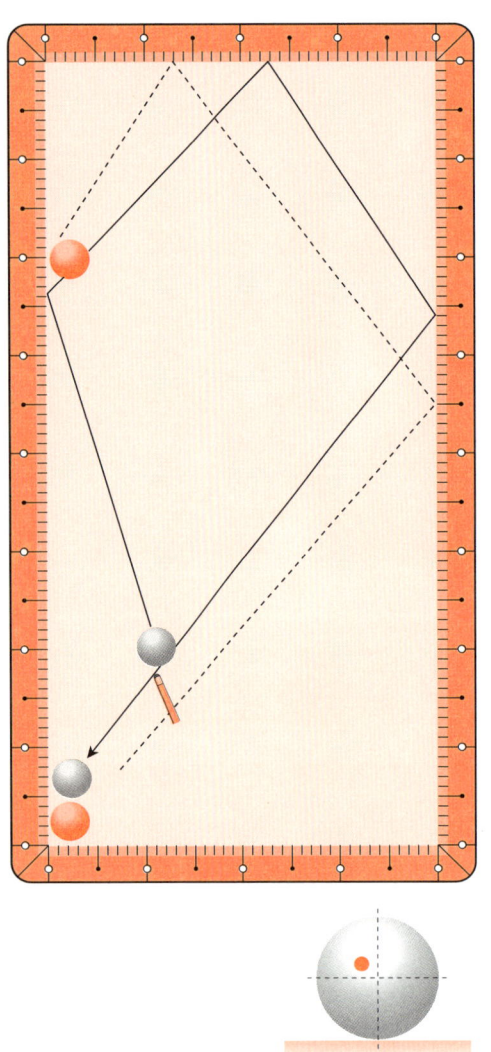

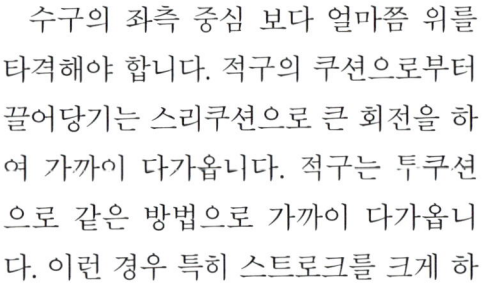

수구의 좌측 중심 보다 얼마쯤 위를 타격해야 합니다. 적구의 쿠션으로부터 끌어당기는 쓰리쿠션으로 큰 회전을 하여 가까이 다가옵니다. 적구는 투쿠션으로 같은 방법으로 가까이 다가옵니다. 이런 경우 특히 스트로크를 크게 하지 않으면 안 됩니다.

수구의 당점은 좌측 아래 부분이며, 가볍게 잡아끌어 원쿠션으로 잡으며, 적구에 가까이 이르도록 합니다.

역 타격 원쿠션 모아치기

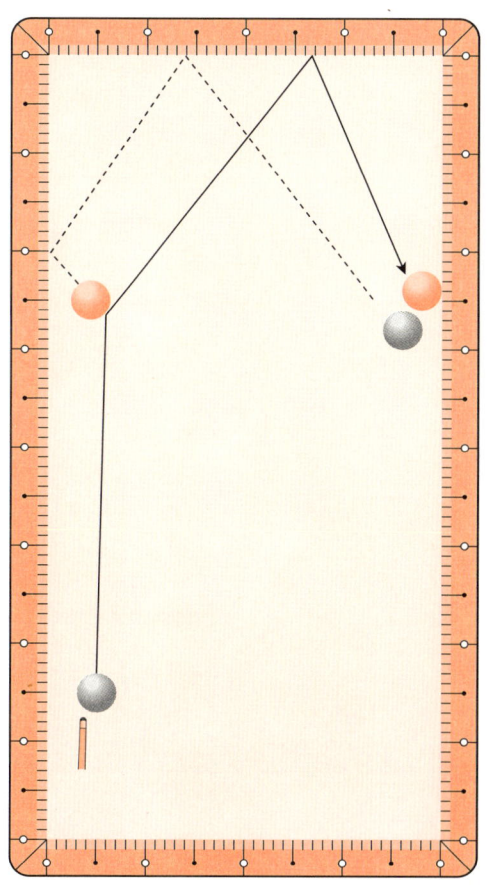

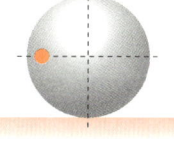

수구의 중심 좌측을 최대한으로 비틀어 적구(的球)의 우측에 반정도 밀어 타격합니다. 수구는 원쿠션에 들어가 선구(先球)에 맞으며, 적구(的球)도 이와 유사한 운동을 일으키며 가까이옵니다.

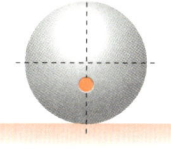

수구의 중심 아래를 타격합니다. 적구(的球)에 두껍게 대고 코너의 선구(先球)를 겨냥합니다. 큐를 잘라 치지 않고 가볍게 타격하여 적구(的球)를 가까이 이르도록 합니다.

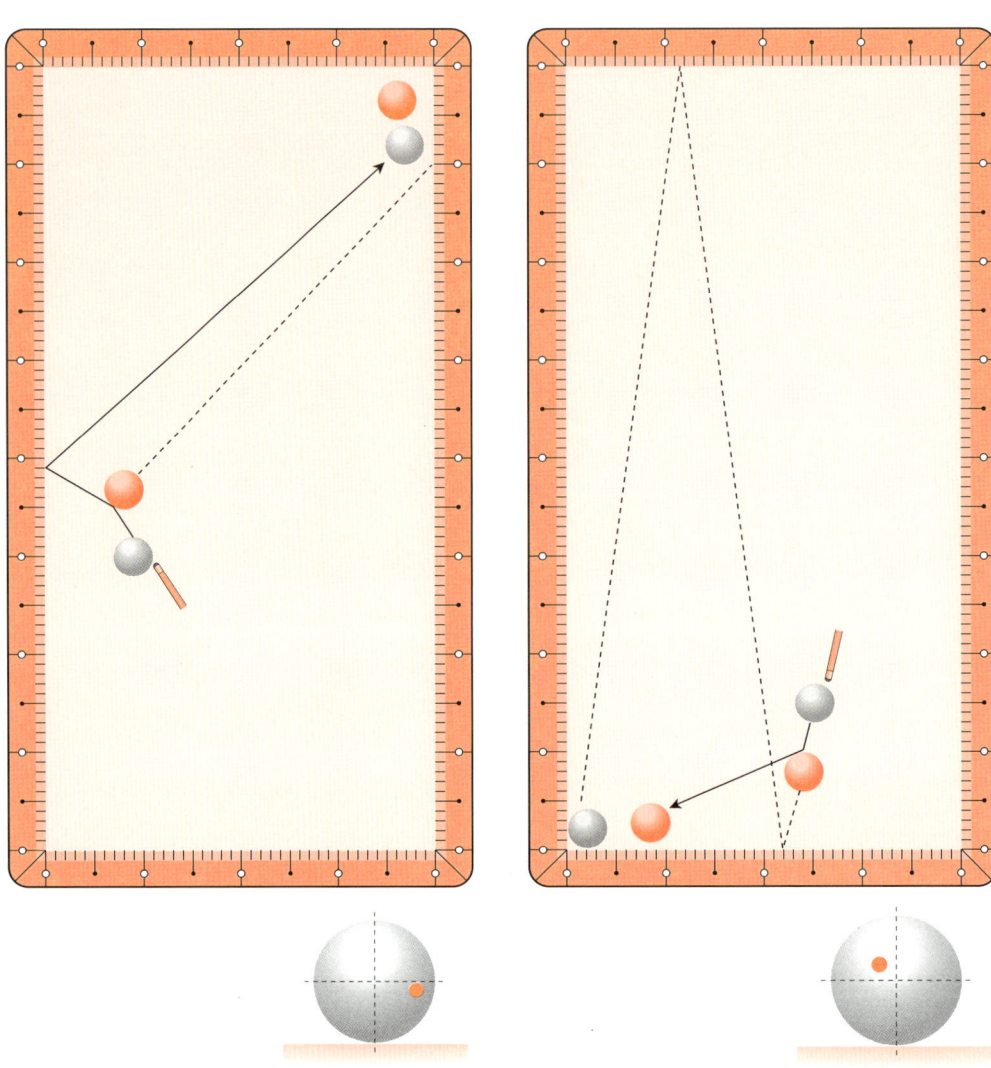

적구(的球)의 뒤로부터 원쿠션으로 가까이 이르도록 합니다. 수구의 중심 우측을 타격하여 적구(的球)의 좌측에 두껍게 내고 코너의 선구(先球)까지 몰고 갑니다. 이런 경우 주의할 것은 큐를 가볍게 치도록 하는 것을 잊어서는 안됩니다.

수구의 중심으로부터 좌측 약간 위를 타격하여 적구(的球)에 반정도 밀어서 더블쿠션으로 가까이 이르도록 합니다.

삼각구로 집결되는 타격법

이 공은 보통 얇고 콘트롤하기 쉽게 삼각구로 잡는 경우가 많은데 적구(的球)에 반쯤 밀어 넣으면 적구는 원쿠션으로 가까이 다가옵니다. 당점은 수구의 좌측 위, 힘의 가감에 주의합니다.

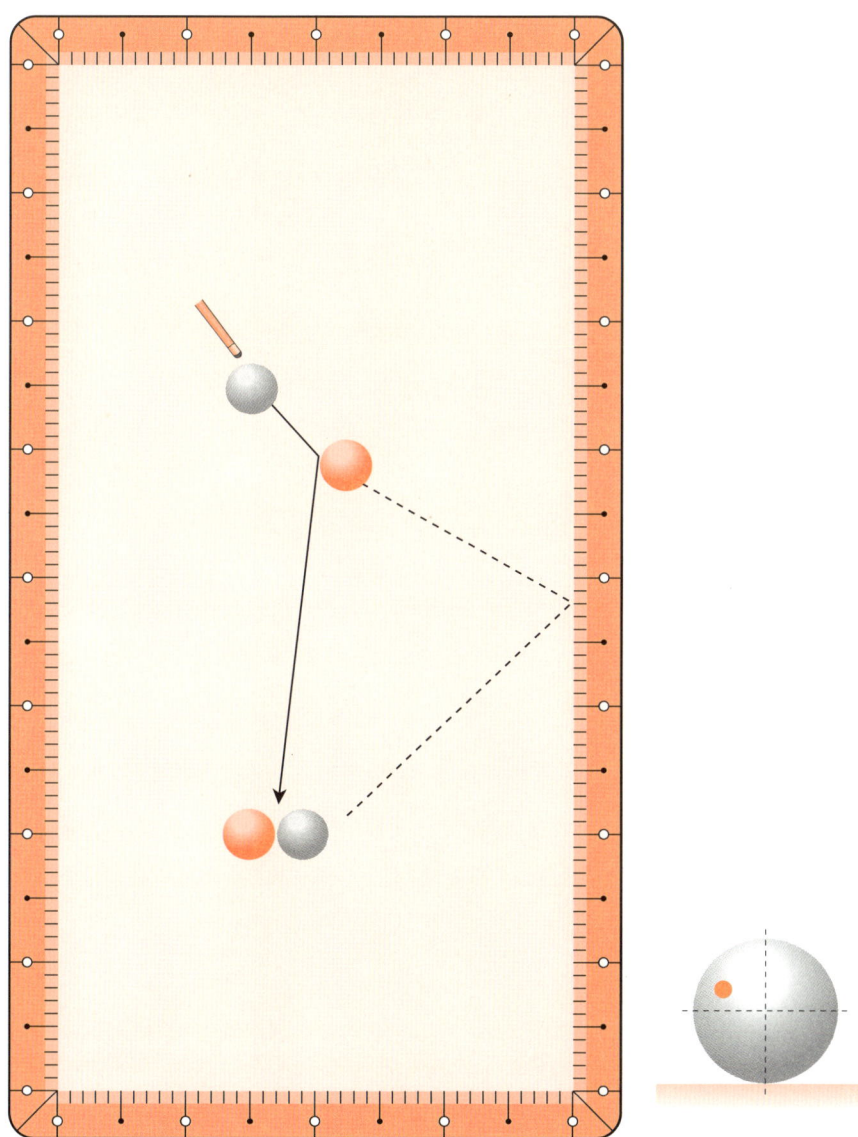

밀어 빼는 모아치기

수구의 좌측 상위 부분을 당점으로 하여 적구(的球)는 더블쿠션, 수구는 원쿠션으로 선구(先球)에 대도록 합니다.

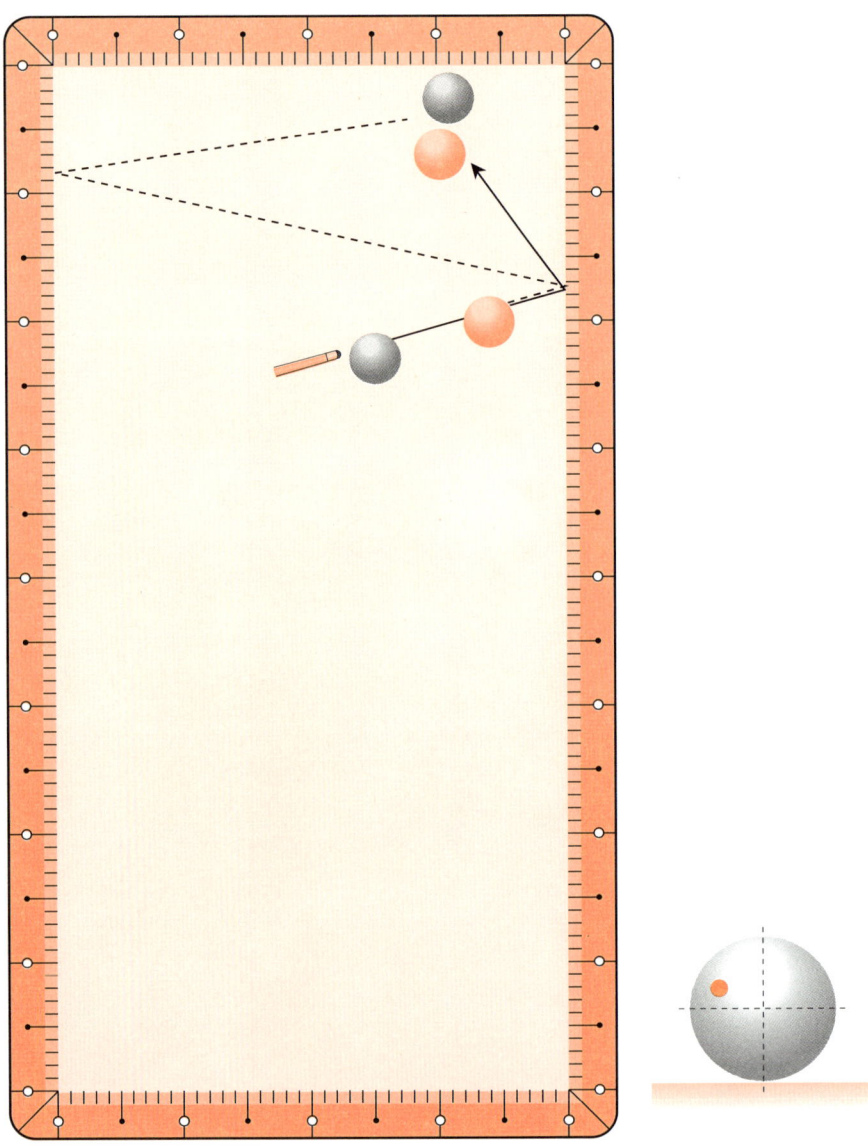

밀어치는 4쿠션 모아치기

수구의 중심 보다 위를 당점으로 하여 밀어치기, 적구(的球)는 4쿠션으로 가까이 끌어 들입니다.

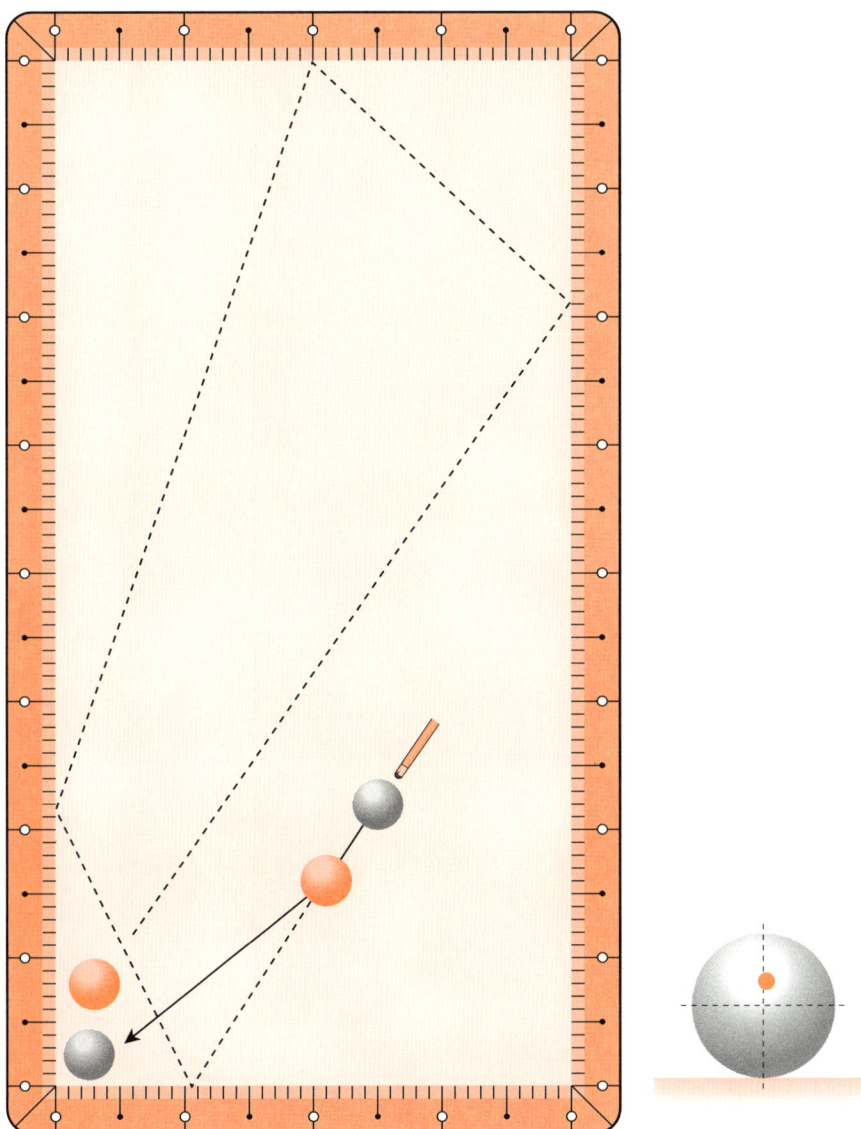

반 정도 밀어치는 원쿠션 모아치기

수구의 중심 좌측을 최대한의 당점으로 하여 적구(的球)의 우측에 두껍게 댑니다. 수구는 적구(的球)에 맞아 원쿠션으로 선구(先球)에 맞으며, 적구(的球)는 투쿠션으로 가까이 다가듭니다. 큐를 자르듯 치지 말고 완만하고 조용히 타격합니다.

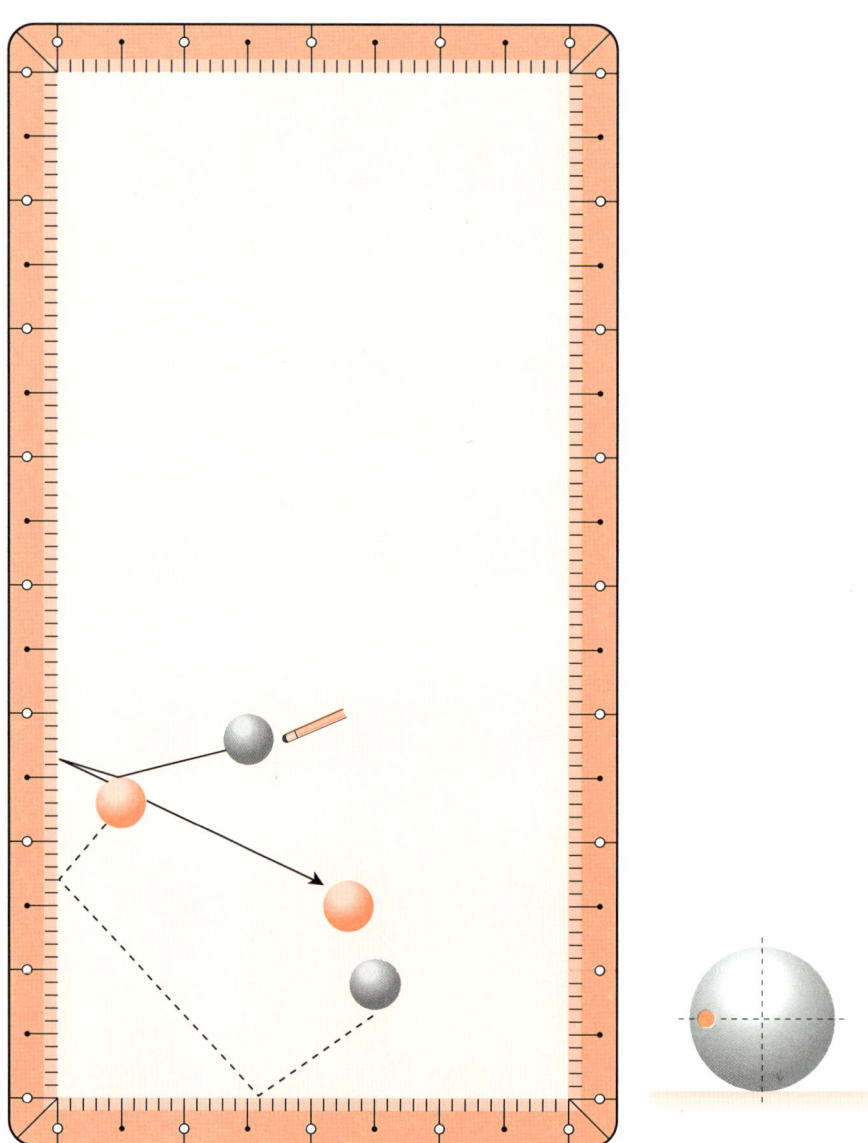

반 정도로 미는 투쿠션의 모아치기

공이 이와 같은 위치에 있을 때는 얇게 치더라도 콘트롤이 어려우므로 원쿠션의 역(逆)으로 잡아 당겨도, 또 보통의 원쿠션으로도 잡을 수 있습니다. 수구의 중심 우측 아래를 타격하여 적구(的球)의 우측에 두껍게 대고 긴 쿠션을 써서 투쿠션으로 잡으면 가까이 다가듭니다. 비틀기를 많이 하면 스리쿠션이 됩니다.

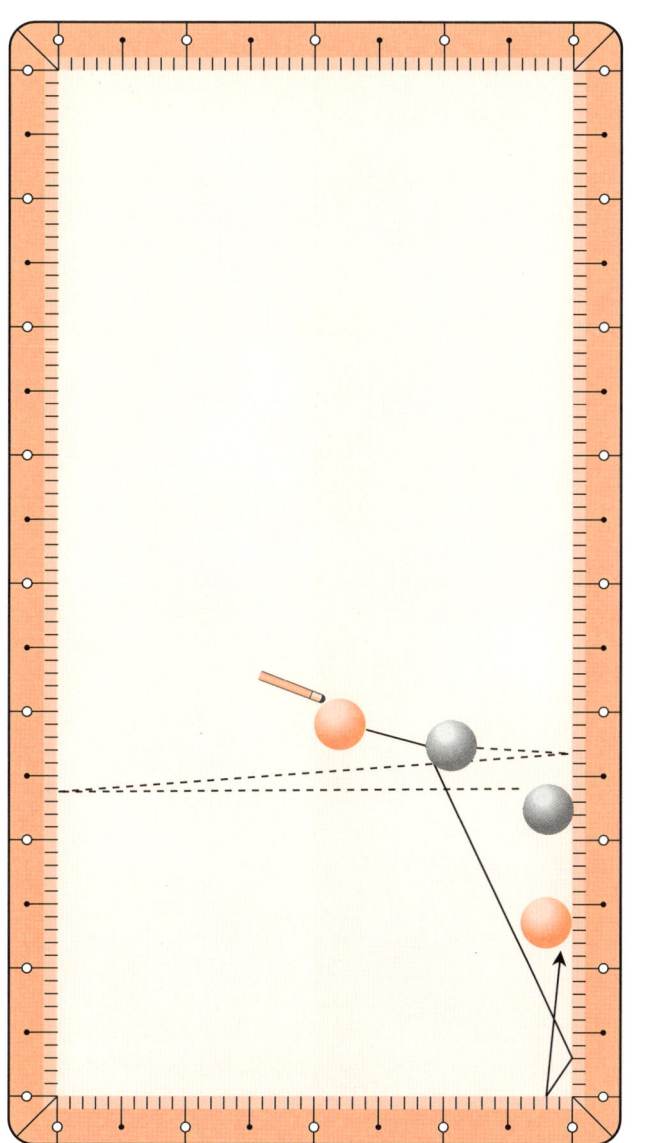
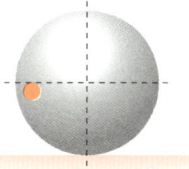

눌러치는 모아치기

수구의 우측 상위 부분을 당점으로 하여 적구(的球)의 중심 보다 얼마쯤 우측을 겨냥합니다. 샷을 할 경우 큐를 크게 스트로크합니다. 수구는 커브하여 쿠션에 옮겨지며, 적구는 원쿠션으로 가까이 다가듭니다.

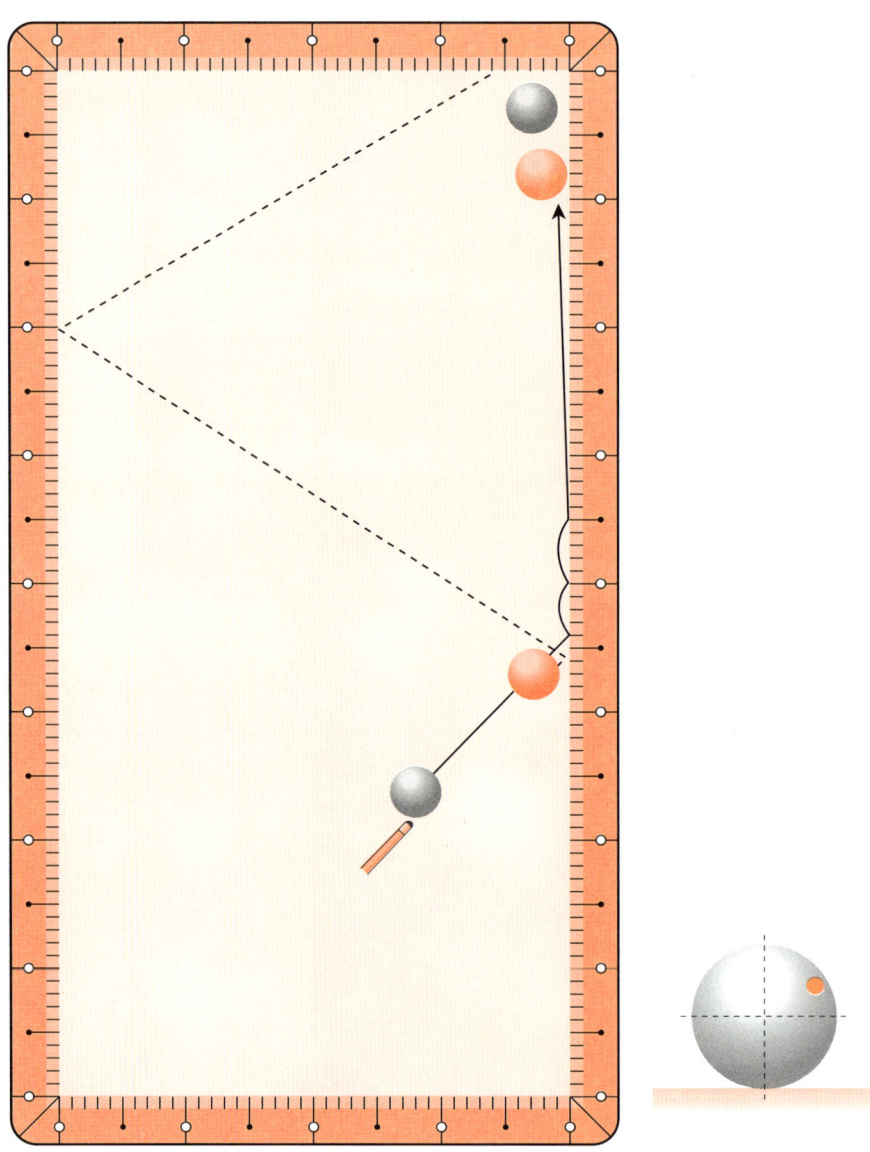

원쿠션 모아치기

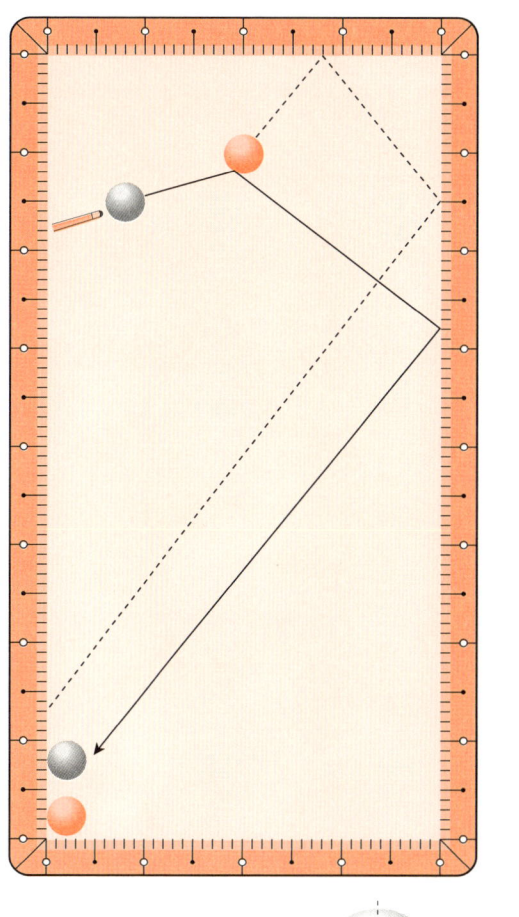
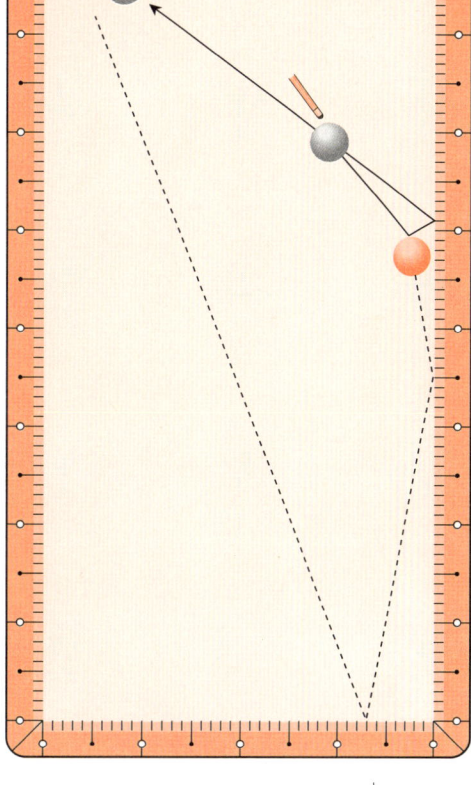
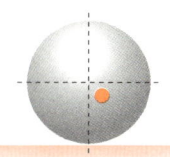
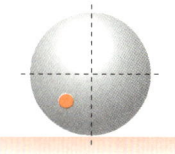

수구의 우측 옆에서 얼마쯤 하위 부분을 타격하여 적구(的球)에 두껍게 대고 원쿠션으로 선구(先球)에 마칩니다. 적구(的球)는 투쿠션으로 다가옵니다.

이런 경우, 수구의 좌측 옆 하위 부분을 타격하고 적구(的球)에 어느 정도 두껍게 댄 다음 조절하여 타격합니다. 비틀기만 충분하면 콘트롤하기에 용이한 공입니다.

끌어쳐서 모아치기

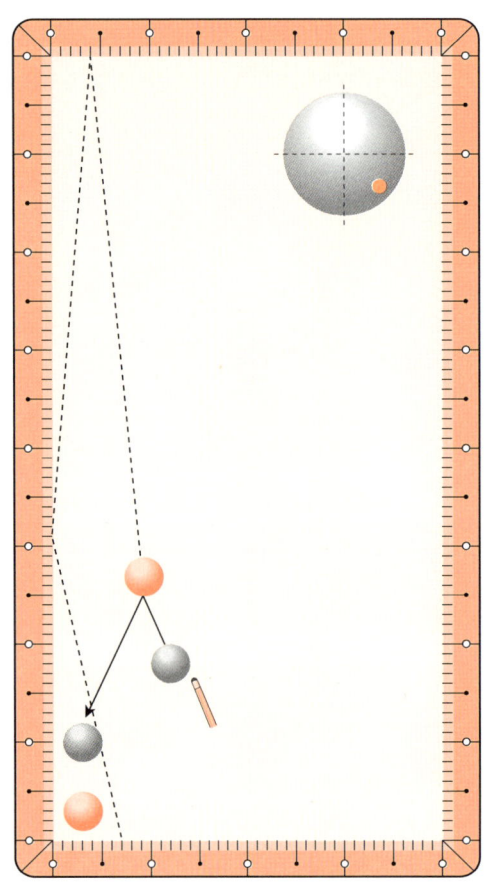 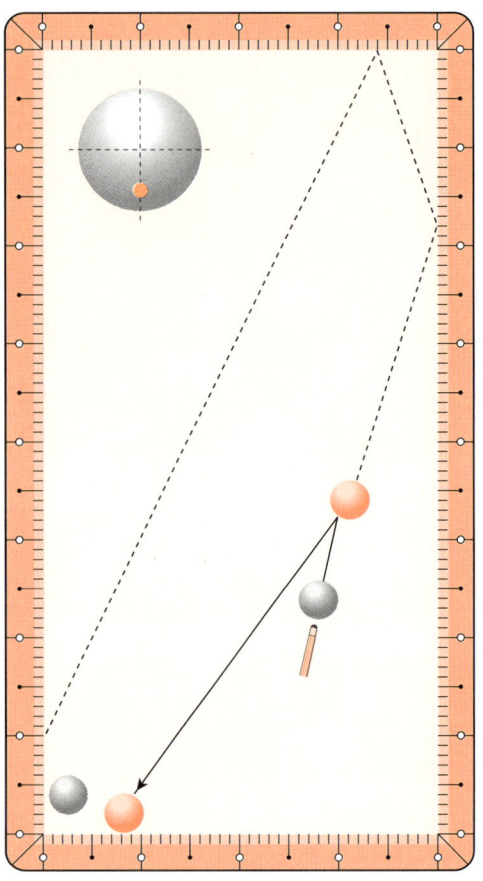

이와 같이 공의 위치가 배치되었을 경우, 공을 집결할 목적으로 수구의 좌측을 타격하는 사람도 없지 않은데 이렇게 하면 적구(的球)가 똑바로 되돌아와 수구의 한 복판으로 들어가는 경우가 있습니다. 그러므로 이런 때는 수구의 우측 하위 부분을 타격하여 잡아끌면, 적구는 투쿠션으로 다가들게 됩니다.

수구의 중심 하위 부분을 타격하는데, 적구로부터 그림과 같이 잡아당깁니다. 적구는 투쿠션으로 되어 코너에 다가듭니다.

끌어쳐서 원쿠션 모아치기

이 공은 대회전도 되지 않습니다. 직접 끌어 쳐도 적구는 코너에 접근하지 않으므로 수구의 우측을 타격하여 적구(的球)의 우측에 어느 정도 두껍게 댄다면 원쿠션으로 잡아끌 수 있습니다. 이렇게 하면 적구는 원쿠션이 되어 가까이 접근하게 됩니다.

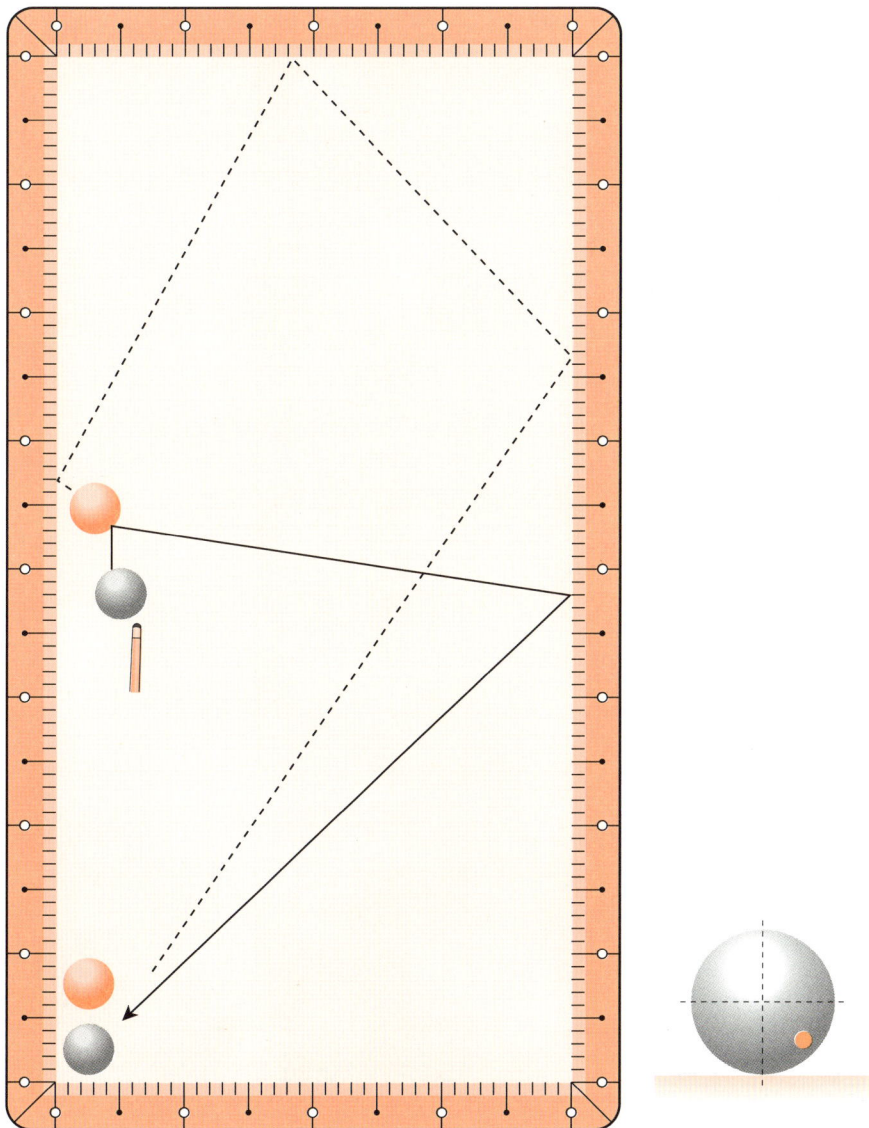

공쿠션 모아치기

수구의 좌측 상위 부분을 타격해야 하며, 공쿠션을 이용해 잡으면 모아치기의 형이 됩니다.

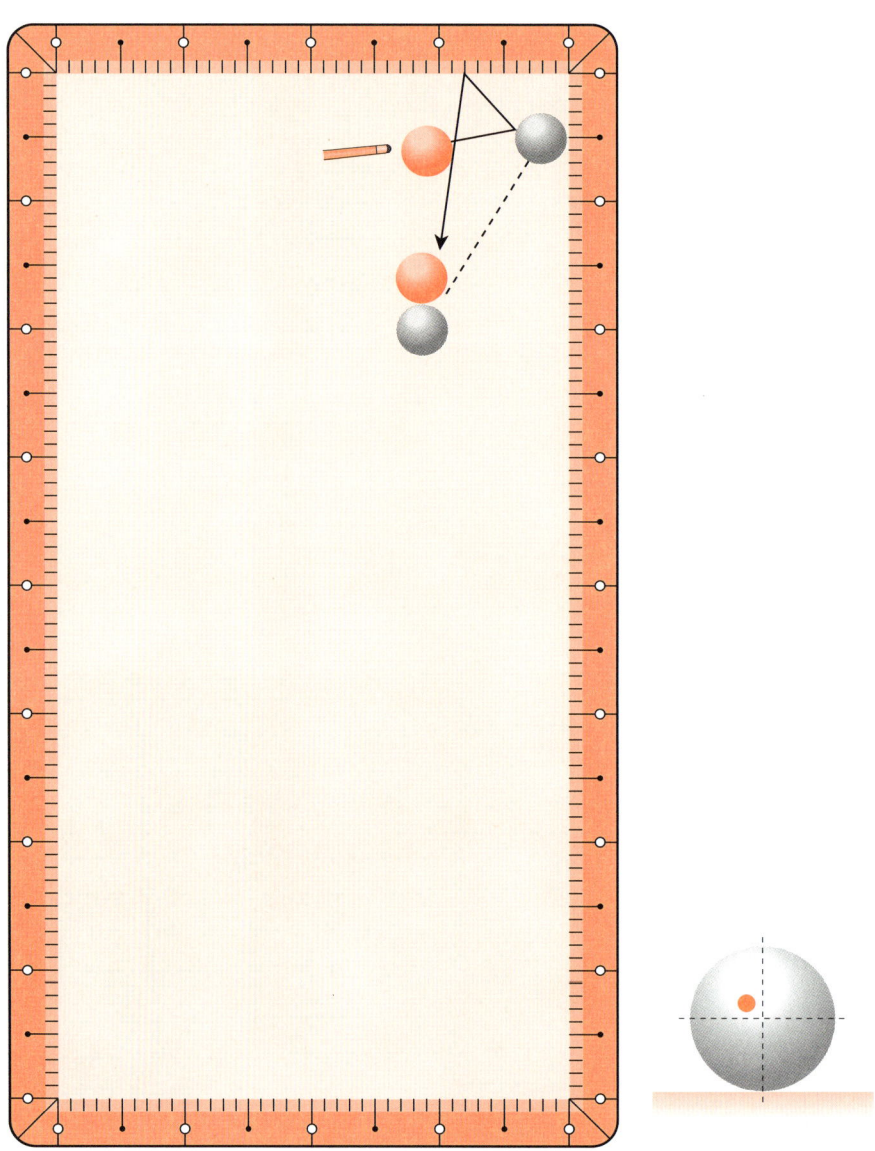

대회전 모아치기

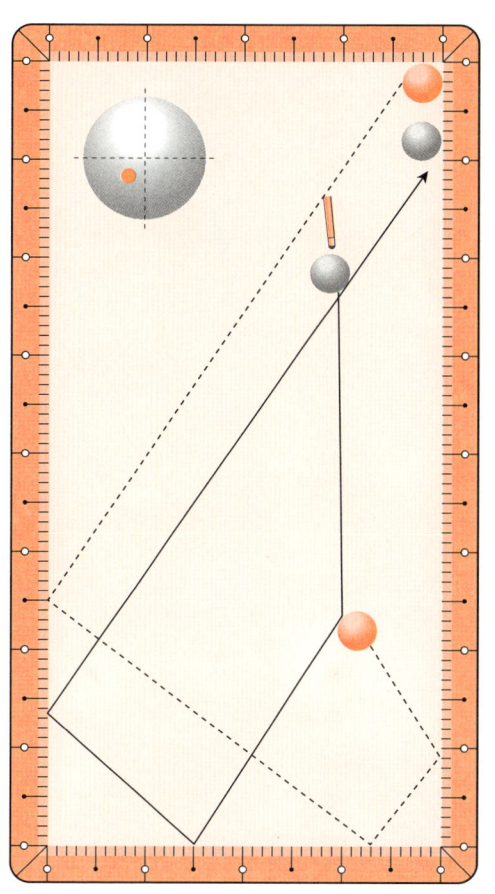 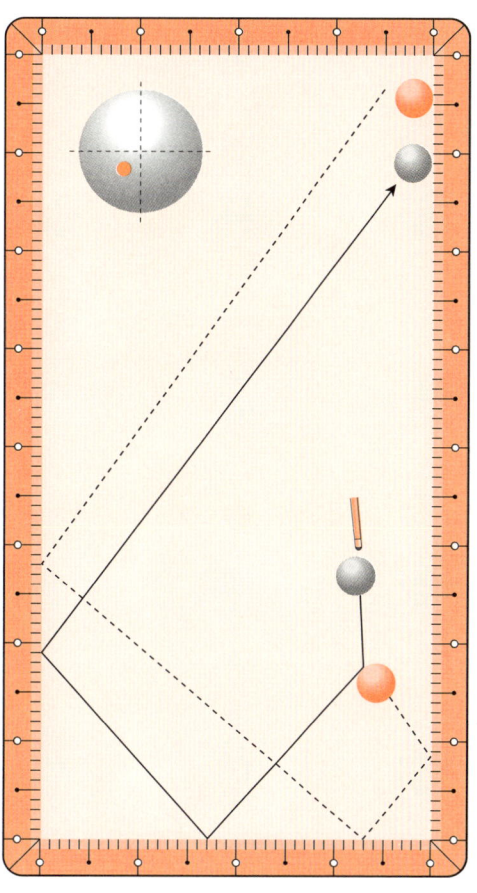

수구의 상단 우측을 타격하며 적구(的球)의 우측을 두껍게 대고 투쿠션으로 선구(先球)에 맞추며 적구는 스리쿠션으로 똑같은 방법으로 접근하게 합니다.

이 대회전도 좌측 그림과 거의 같습니다. 수구의 우측 중심 위를 타격하여 적구(的球)의 우측에 두껍게 맞도록 합니다. 이렇게 하면 수구는 투쿠션, 적구는 스리쿠션으로 선구(先球)에 접근하게 됩니다. 스트로크를 가늘게 하고 겨냥을 정확히 하여 가볍게 타격합니다.

뒤로 치는 대회전 모아치기

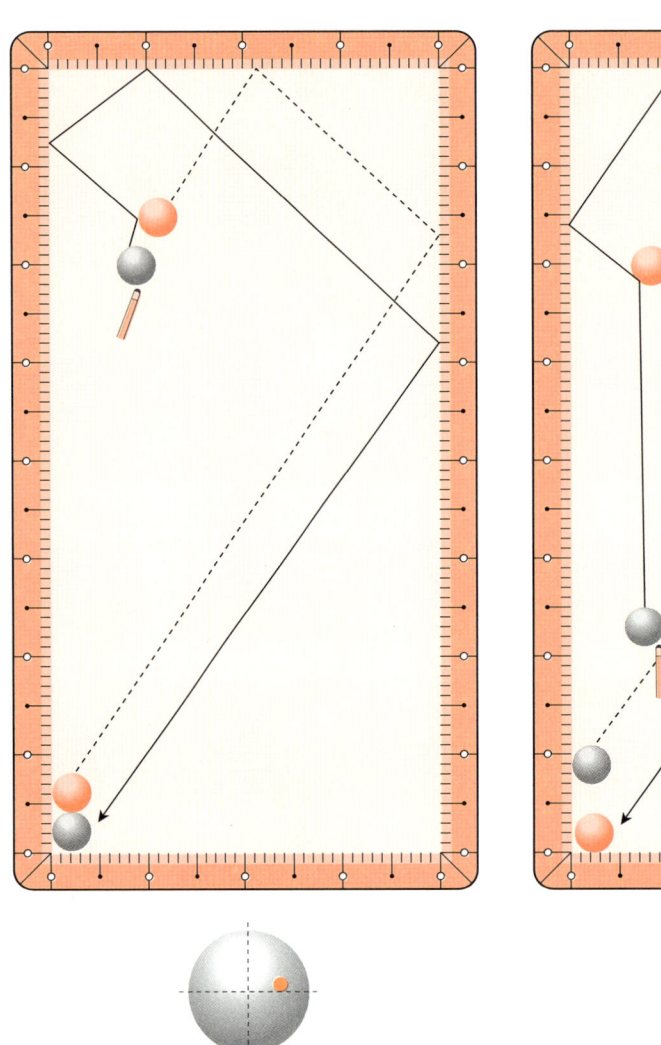
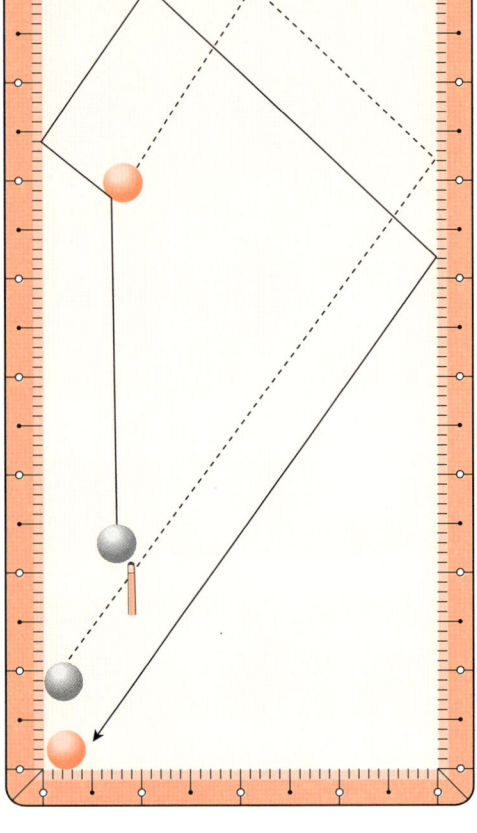

수구의 중심 우측을 타격하며 이런 경우, 적구(的球)의 좌측에 두껍게 대어 스리쿠션으로 잡습니다. 또 적구는 투쿠션으로 접근하게 합니다. 스트로크를 가늘고 빨리 타격합니다.

수구의 우측 약간 위를 당점으로 하여 적구(的球)의 좌측에 두껍게 대고 스리쿠션으로 잡습니다. 적구는 투쿠션으로 모아치기가 됩니다.

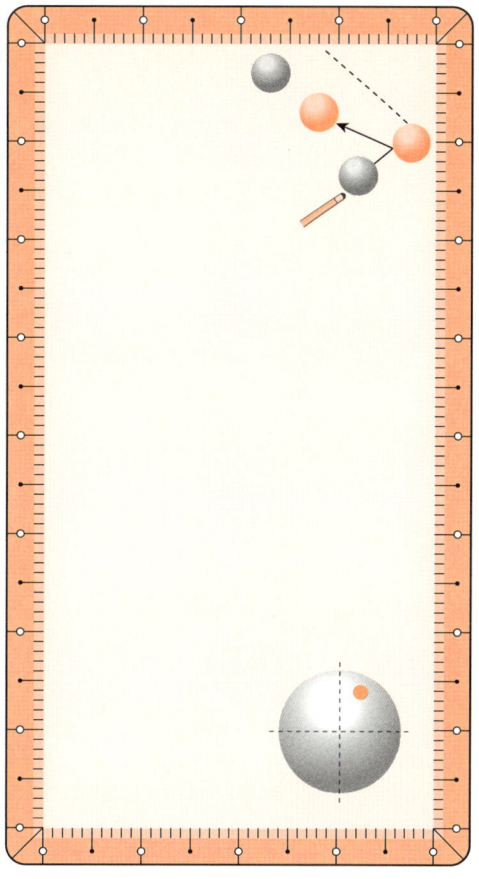

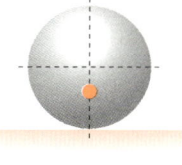

적구(的球)가 쿠션으로부터 약간 떨어져 있을 경우, 수구의 약간 아래 부분의 좌측을 보통 끌어치기의 겨냥보다 조금 더 두껍게 타격하면 적구에 한번 키스한 다음 선구(先球)에 맞습니다.

이런 경우에는 적구(的球)가 쿠션에 붙어 있으므로 수구의 하단을 타격하면 수구는 배진회전(背進回轉)에 걸려 공 쿠션의 끌어치기가 되기 때문에 가볍게 타격하지 않으면 안 됩니다. 그러나 수구의 위를 조금 강하게 치면 전진회전(前進回轉)하여 적구(的球)에 맞아 힘이 감소되며 적구를 선구(先球) 가까이 끌고 갑니다.

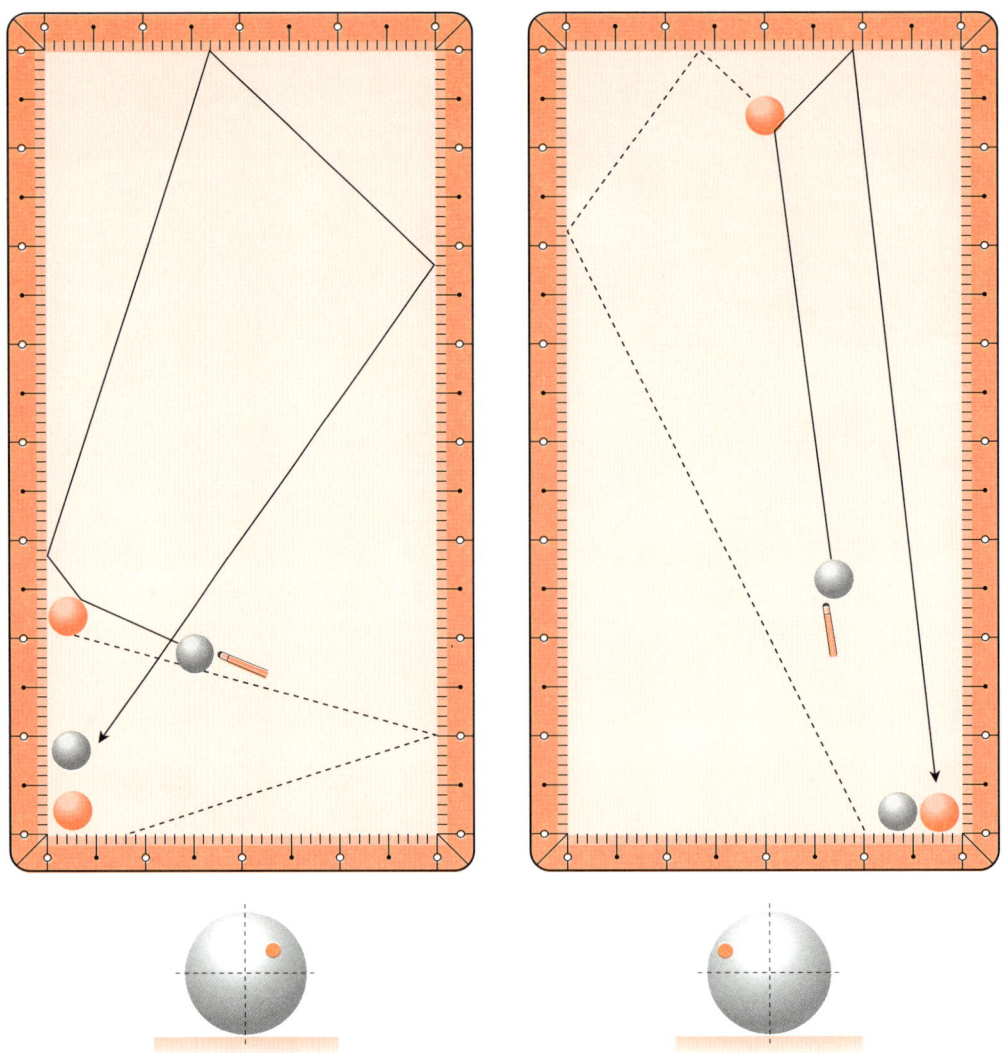

　수구 스리쿠션의 모아치기. 수구의 우측 중심보다 약간 위를 타격하여 적구(的球)의 우측에 지나치게 두껍게 맞지 않도록 대고 큐를 자르듯 타격합니다. 이것도 절호의 모아치기가 됩니다.

　원쿠션의 모아치기입니다. 수구의 중심보다 약간 위의 좌측을 최대한으로 비틀어 적구(的球)에 두껍게 대면 자기 앞의 선구(先球)로 되돌아옵니다. 그러나 적구는 반대로 투쿠션이 되어 접근해 옵니다.

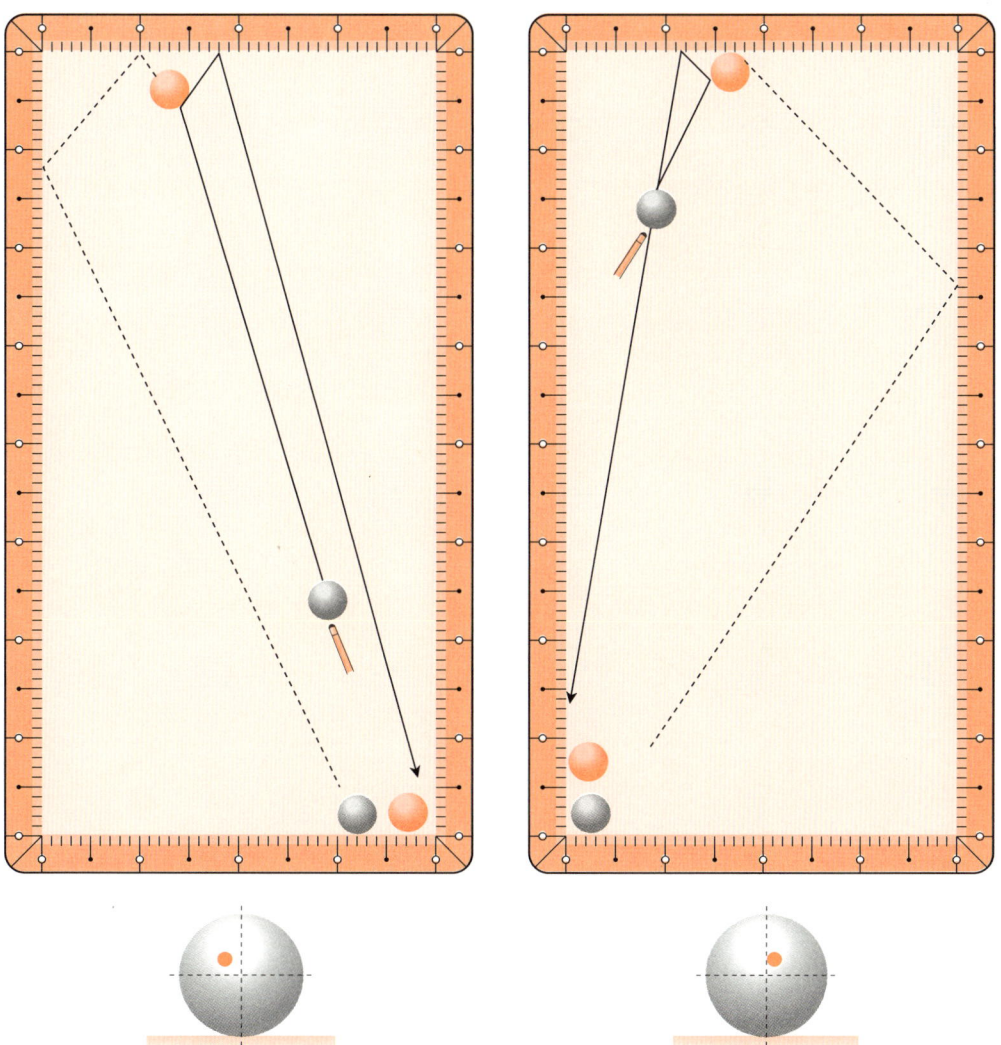

앞의 그림과 비슷합니다. 수구의 위, 약간 좌측을 타격하여 적구(的球)에 두껍게 맞도록 하면 수구는 원쿠션, 적구는 투쿠션으로 접근해 옵니다.

수구를 적구(的球)의 좌측에 대고 원쿠션으로 접근하게 합니다. 적구는 역시 원쿠션으로 되돌아옵니다. 당점은 중심보다 약간 위를 쳐서 적구에 두껍게 댑니다.

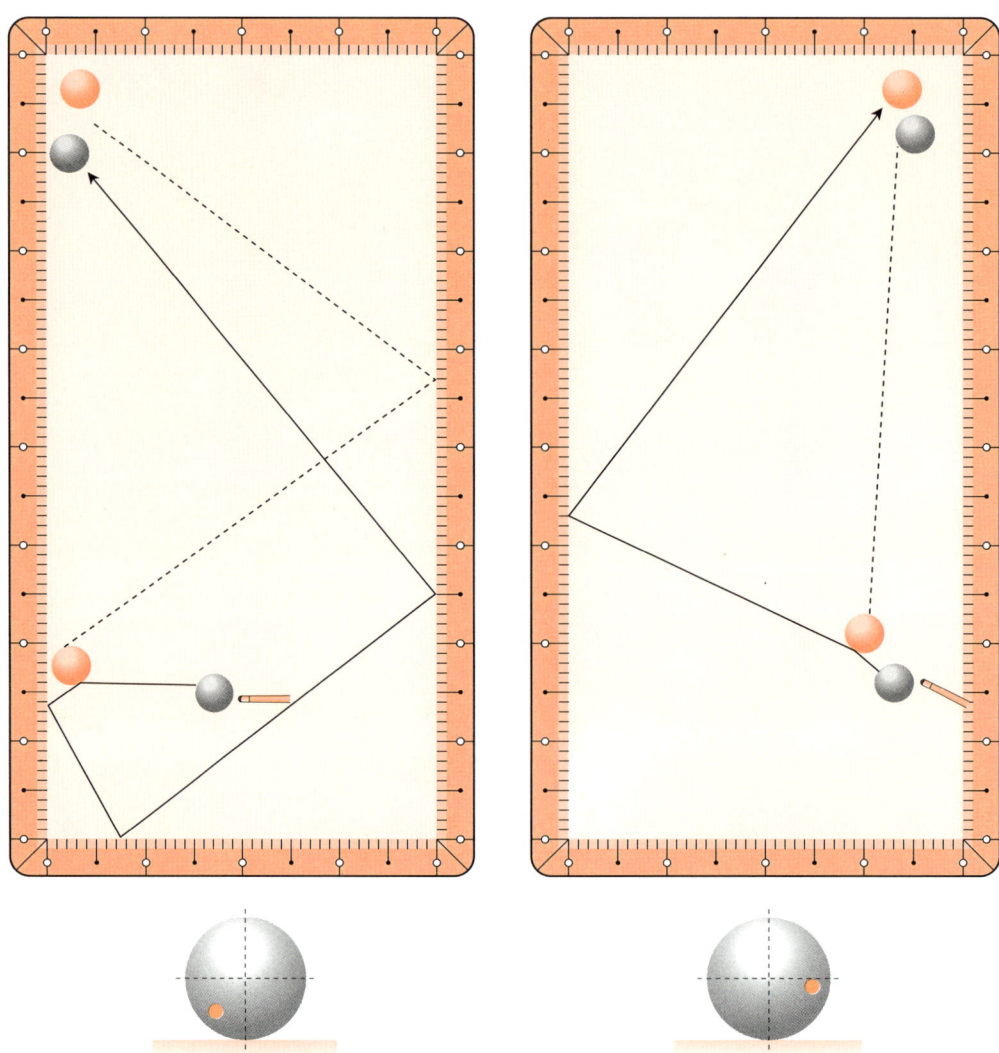

이것은 스리쿠션으로 접근하게 하는 모아치기 입니다. 수구의 좌측 아래를 타격하여 적구(的球)의 좌측에 얇게 대고 잡아끄는 기분으로 타격합니다. 적구는 원쿠션으로 접근하게 됩니다.

그림과 같이 공이 배치되어 있을 때 큐를 조금만 세워 수구의 우측 중심에서 조금만 아래 부분을 당점으로 하여, 적구(的球)의 좌측에 얇게 댑니다. 적구는 선구(先球)가 있는 코너 부근으로 진로를 잡게 됩니다. 이때, 짧은 스트로크로 타격하도록 유의해야 합니다.

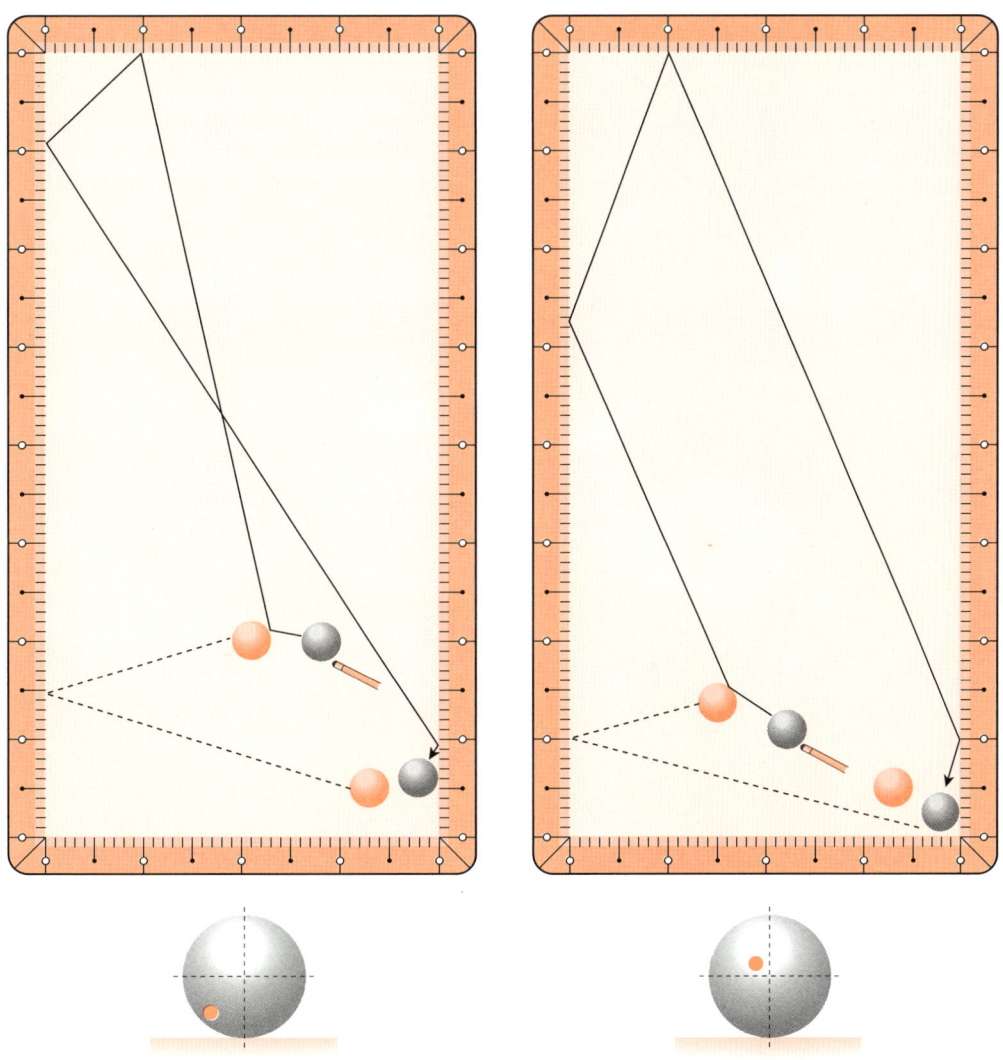

수구의 좌측 아래 부분을 당점으로 하여 적구(的球)의 우측에 얇게 대고 짧은 쿠션으로 끕니다. 수구는 쿠션에 맞아 비틀기의 작용으로 긴 쿠션으로 들어가 스리쿠션이 되며 코너에 다가옵니다.

이것도 앞의 그림과 같게 배치되어 있습니다. 이것은 수구의 좌측 상위 부분을 타격하며, 수구의 반 정도를 적구(的球)의 우측에 맞도록 겨냥합니다. 수구는 스리쿠션으로 되어 맞게 됩니다.

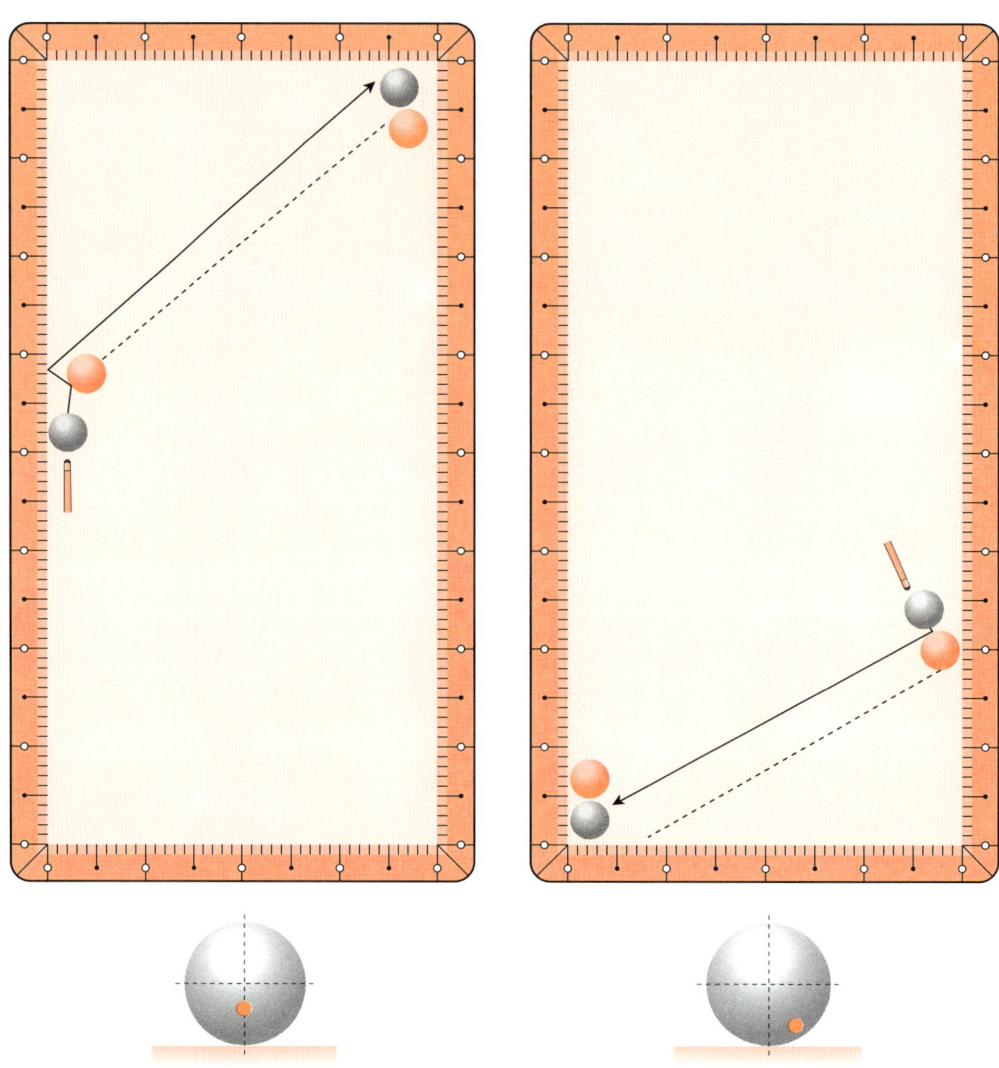

수구의 중심 하위 부분을 타격하여 적구(的球)의 좌측에 얇게 대고 짧은 스트로크로 신속히 찔러 넣듯이 타격해야 합니다.

수구의 우측 하위 부분을 타격하는데, 적구(的球)에 얇게 댑니다. 이런 경우 짧은 스트로크로 빨리 타격합니다.

당점이나 요령이 대체로 앞페이지 왼쪽 그림과 같습니다.

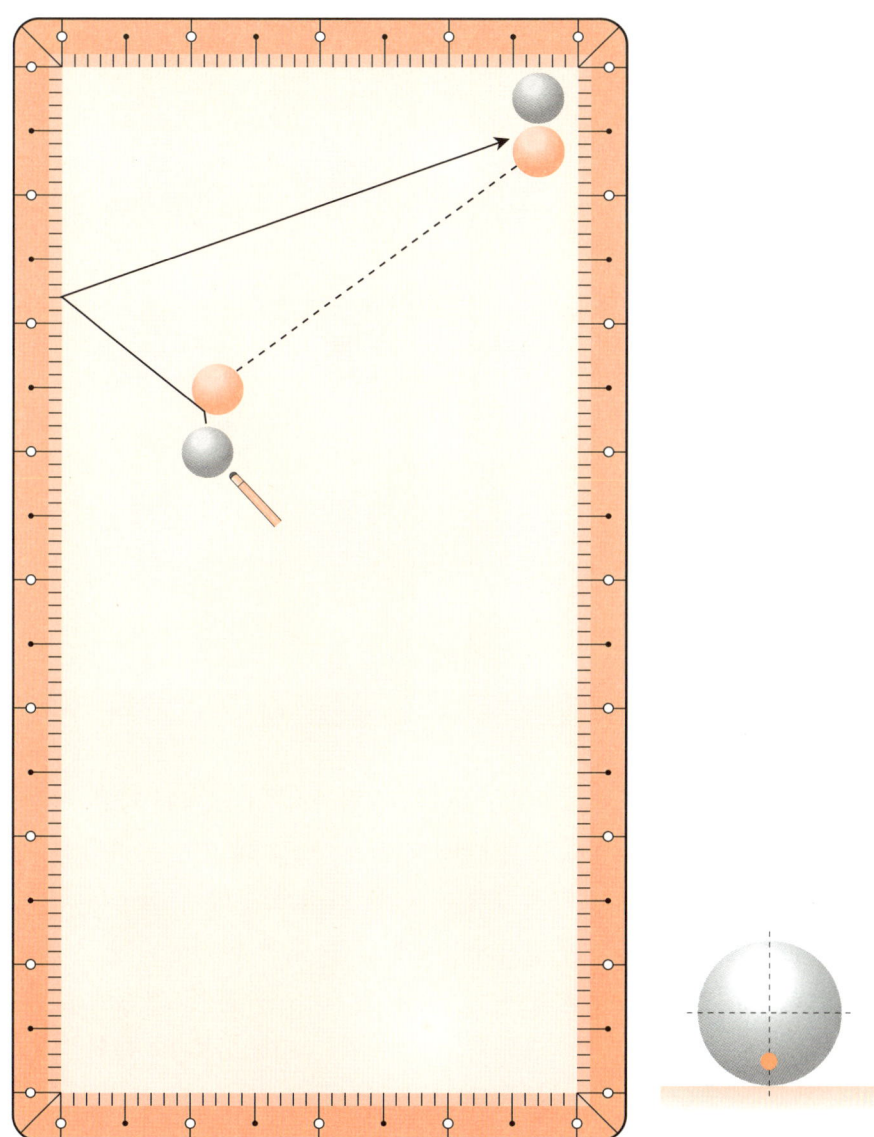

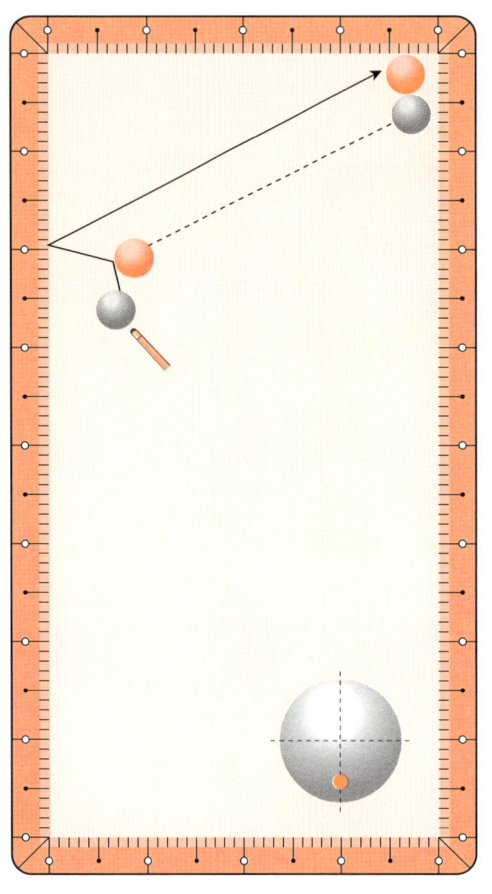 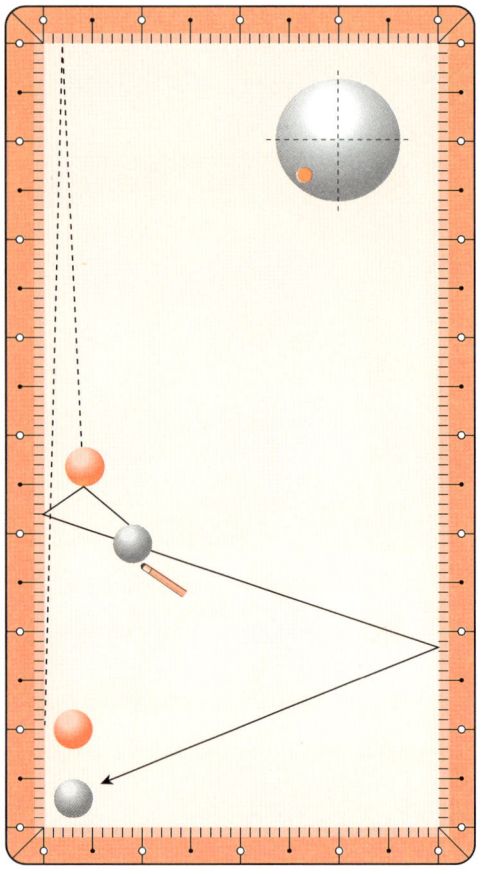

이런 종류의 공은 잘 옵니다. 적구(的球)가 쿠션에서 약간 떨어져 있기 때문에 수구의 중심 하위 부분을 타격하여 적구의 좌측에 얇게 대고 원쿠션으로 선구(先球)의 코너에 접근토록 합니다. 큐의 앞부분을 짧게 하여, 짧은 스트로크로 가볍게 돌진해 들어가는 기분으로 타격합니다.

그림과 같이 배치된 공은 잡아끌어도 접근해 오지 않습니다. 수구의 좌측 하단을 당점으로 하여 적구(的球)의 좌측에 얇게 대어 타격합니다. 큐의 앞부분을 짧게 잡고 짧은 스트로크로 돌진해 들어가는 기분으로 타격하면 수구는 더블쿠션으로 되어 적구도 되돌아옵니다.

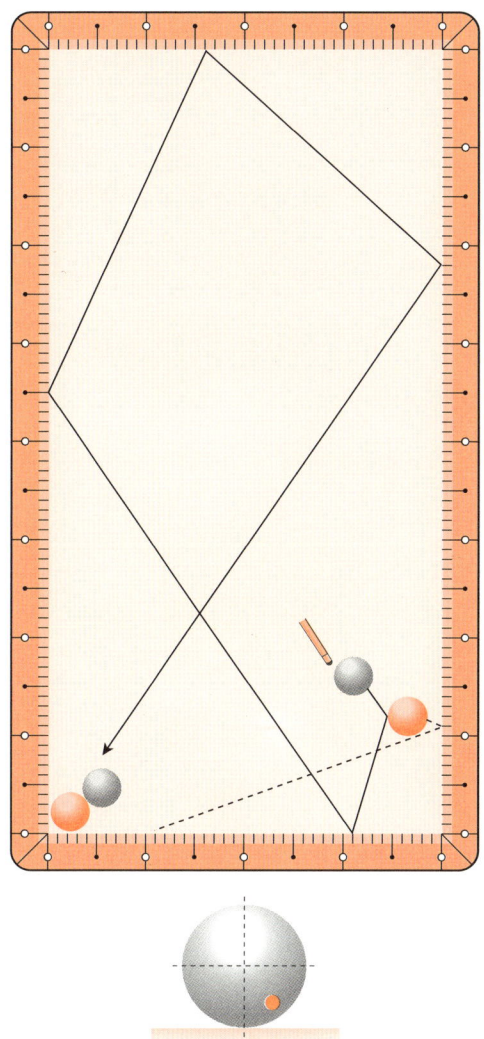
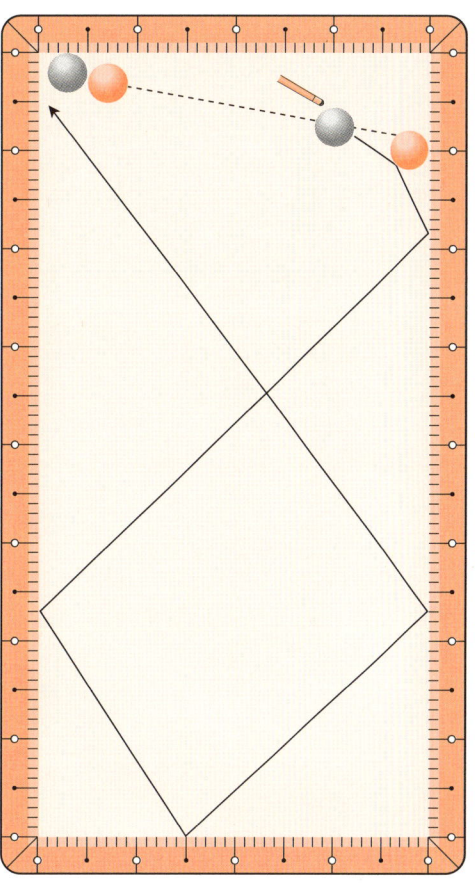

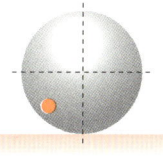

수구의 우측 하위 부분을 적구(的球)의 좌측에 얇게 대고 잡아끄는듯한 기분으로 타격하면 4쿠션의 대회전이 되어 적구와 함께 접근됩니다.

적구(的球)가 쿠션에 접촉되어 있을 경우, 보통 공쿠션으로 잡을 수 있으나 이런 각도에서는 적구가 선구(先球)가 있는 코너에 몰리지 않게 됩니다. 이런 경우 적구 우측에 얇게 대고 수구의 좌측 하위 부분을 최대한으로 타격하여 4쿠션으로 잡으면 그림과 같이 접근해 옵니다. 큐를 내 보내는 방법은 짧은 스트로크로 잘라 타격합니다.

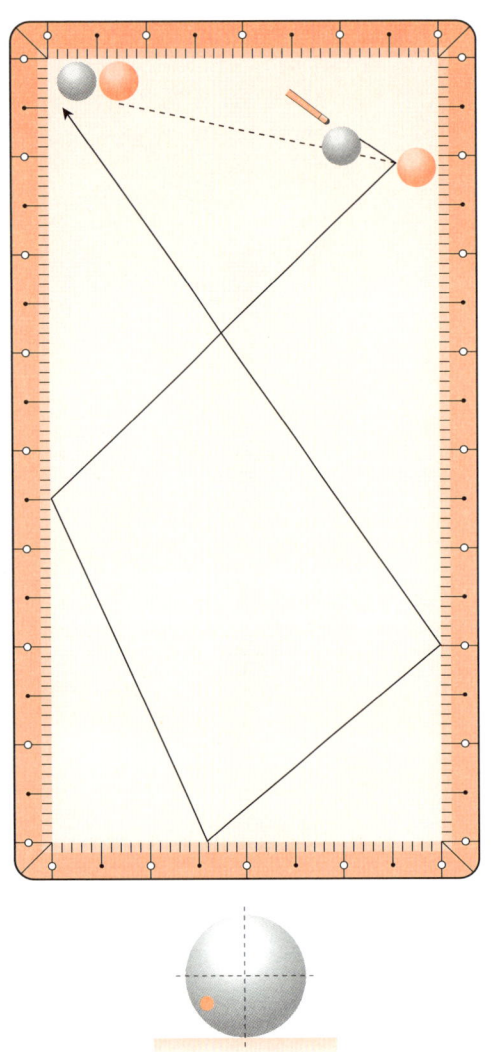

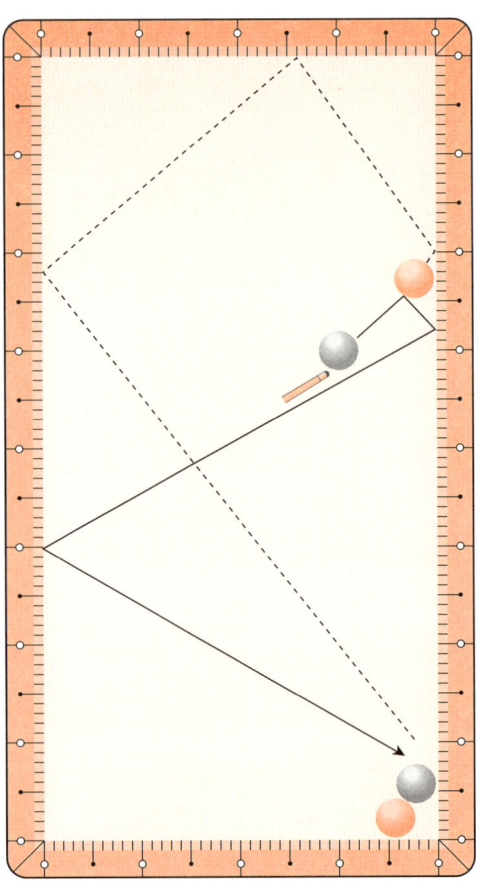

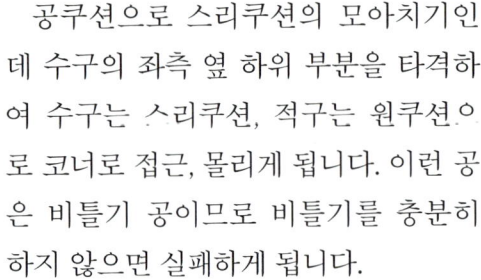

공쿠션으로 스리쿠션의 모아치기인 데 수구의 좌측 옆 하위 부분을 타격하여 수구는 스리쿠션, 적구는 원쿠션으로 코너로 접근, 몰리게 됩니다. 이런 공은 비틀기 공이므로 비틀기를 충분히 하지 않으면 실패하게 됩니다.

수구의 우측 하위 부분을 타격하여 적구(的球)의 우측에 두껍게 대면 더블쿠션이 되어 접근됩니다. 적구는 스리쿠션이 되어 이 공도 접근되어 옵니다. 이런 모아치기는 특히 힘의 가감이 중요하다는 것을 잊어서는 안되겠습니다. 상당히 어려운 것 같으나 연습을 쌓게 되면 예상외로 쉬운 공임을 알 수 있을 것입니다.

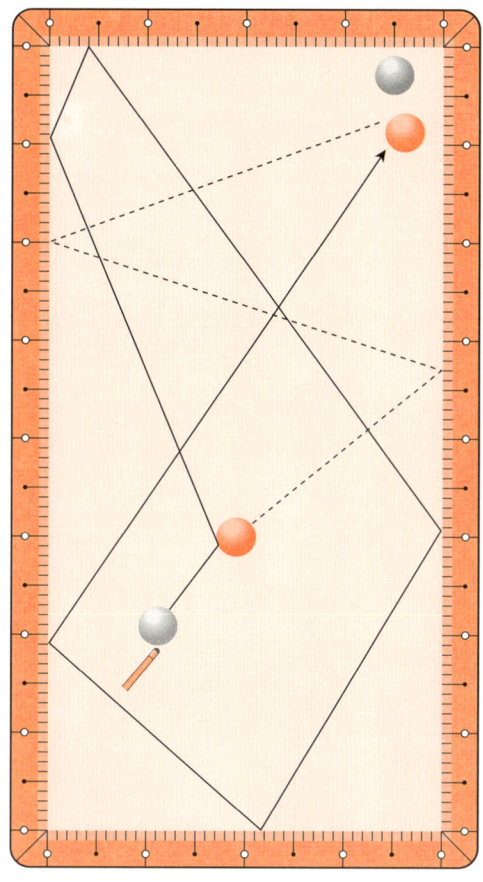
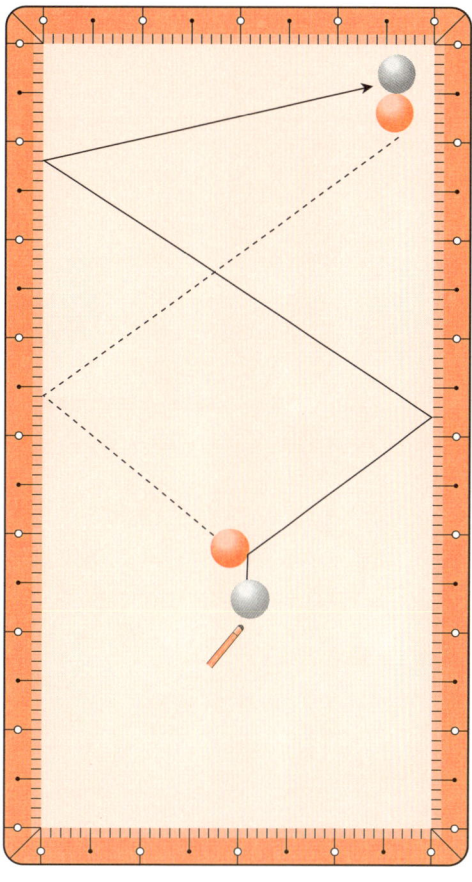

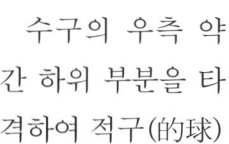
수구의 우측 약간 하위 부분을 타격하여 적구(的球)의 좌측에 수구의 반 정도를 대면 다섯 개의 쿠션을 경유하여 선구(先球)가 있는 코너로 진행하고, 적구는 더블쿠션이 되어 목적한 곳에 접근합니다. 이런 경우 큐의 앞부분을 길게 하여 큰 스트로크로 수구의 우측을 최대한 비틀어 타격합니다.

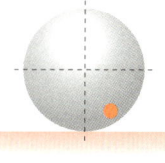
수구의 중심 약간 우측 아래를 당점으로 하여, 적구(的球)의 우측에 얇게 대고 더블쿠션으로 접근하게 합니다. 이렇게 하면 적구는 원쿠션으로 다가옵니다. 짧은 스트로크로 과감하게 잘라 돌진하듯 타격해야 하며, 이것은 아주 멋있는 모아치기로 어느 정도 큐를 콘트롤할 수 있는 사람이라면 용이하게 칠 수 있는 공입니다.

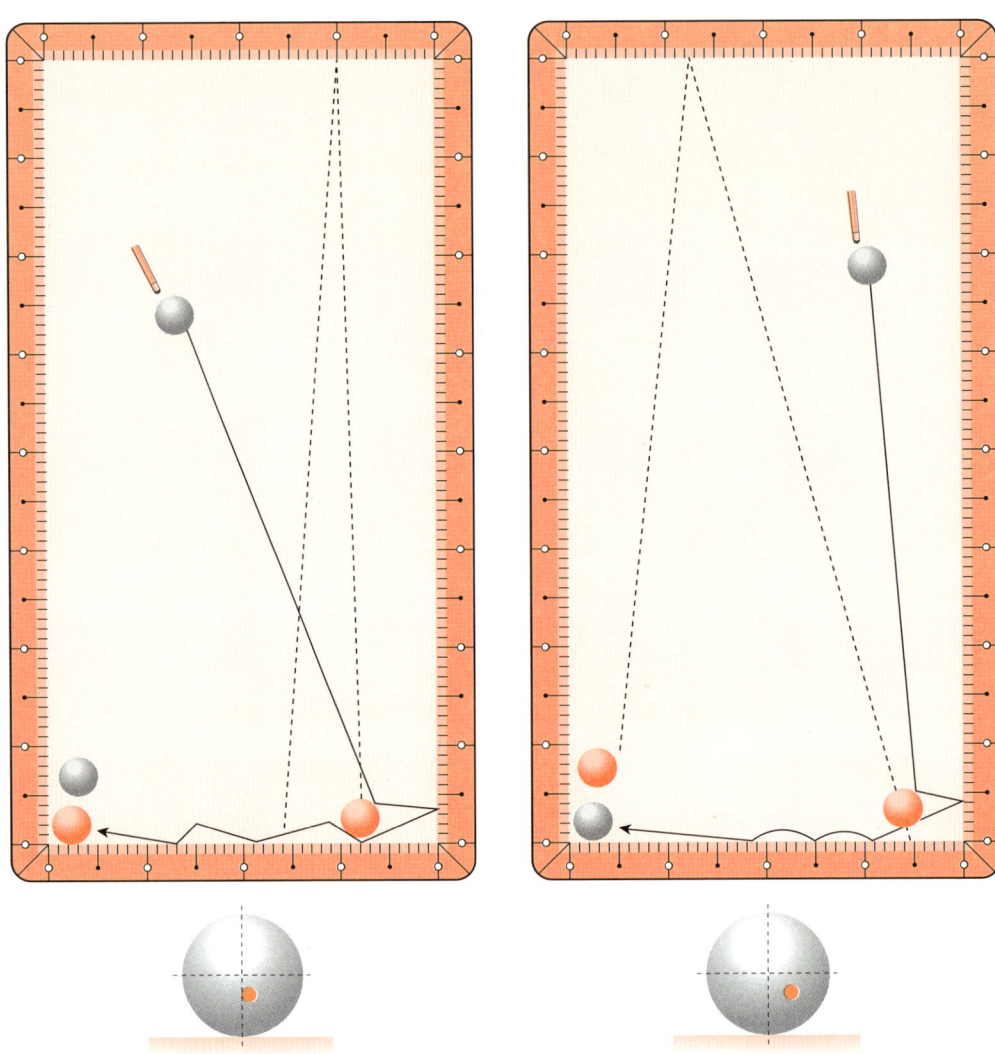

　　수구가 멀리 떨어져 있어, 적구(的球)가 선구(先球)와 반대의 코너에 있을 경우인데 이런 공의 위치는 타구하기가 무척 어렵습니다. 그러므로 수구의 좌측 위를 타격하여, 적구의 좌측을 두껍게 맞도록 겨냥하여 스트로크를 크고 재빨리 쳐 넣듯 타격합니다.

　　이것도 앞의 그림과 별로 다르지 않습니다. 다만 적구(的球)가 어느 정도 쿠션으로부터 떨어져 있을 뿐입니다. 수구의 중심 약간 좌측 상단을 타격하여 적구의 좌측을 두껍게 대는데 특히 스트로크는 크고 빠르게 타격해야 합니다.

마세의 타구법

　마세는 보통 평면 타격으로는 잡히지 않는 공을 콘트롤하기 위해 큐를 세워 스트로크하므로써 득점을 이루는 타구법입니다.

　처음 이런 타격 방법이 창안되었을 때는 다만 큐를 세워 타구하기 어려운 공만을 콘트롤하는 것이었으며 후구(後球) 같은 것은 생각지도 않았습니다. 그렇게 하다가 차츰 이 타격 방법이 여러 가지로 개선 또는 연구되어 현재와 같은 고도의 기술로 진보했습니다.

　또한 이 마세의 타구법은 인접 타격 등으로 공의 위치를 교정하는 경우 등 중요한 당구 기술의 한 가지로 활용하게 된 것입니다. 이 마세를 정확히 행하려면 보다 올바른 자세와 브리지는 물론 스트로크에 있어서도 큐를 세우는 것 등이 중요하므로 대체적으로 이런 것에 대하여 기술해 보겠습니다.

자세

　마세를 행하려면 양발을 적당히 벌려야 하며, 앞으로 굽히듯 얼굴을 큐보다 전방으로 내보냅니다. 체중은 좌측(브리지의 쪽)에 두며, 팔꿈치로부터 윗 부분은 겨드랑이 아래 부분에 접근시킵니다.

　팔꿈치로부터 그 앞을 똑바로 뻗쳐 브리지를 만들며, 오른손은 최대한으로 편안하게 합니다. 수구가 멀리 있으면 브리지도 따라서 멀리 위치하게 되므로 콘트롤하기 어려우나 신체를 가급적 당구대에 접근시켜 스트로크해야 합니다.

브리지

3개의 손가락을 사진기의 다리와 같이 스트로크할 때, 왼팔이 동요되지 않도록 지탱합니다. 팔목을 굽혀 손바닥이 수구쪽을 향하도록 하며, 검지는 큐에 닿지 않도록 제 2구 관절부터 굽힙니다.

왼손바닥이 수구에 향하도록 손목을 굽히면 큐는 오른손으로 잡되 힘이 들어가지 않게 쥐어야 합니다. 큐를 잡는 이 같은 방법이 정확하다면 손목도 자유스럽게 움직이며, 또한 유효한 스트로크가 됩니다.

스트로크

마세의 스트로크는 예리하며 날카롭게 공을 타격하는 것은 금물(禁物)입니다. 큐의 각도는 수구에 가하려는 커브의 크기에 따라 틀립니다. 보통 70도 정도로 큐를 세우는 것이 표준이라 하겠습니다.

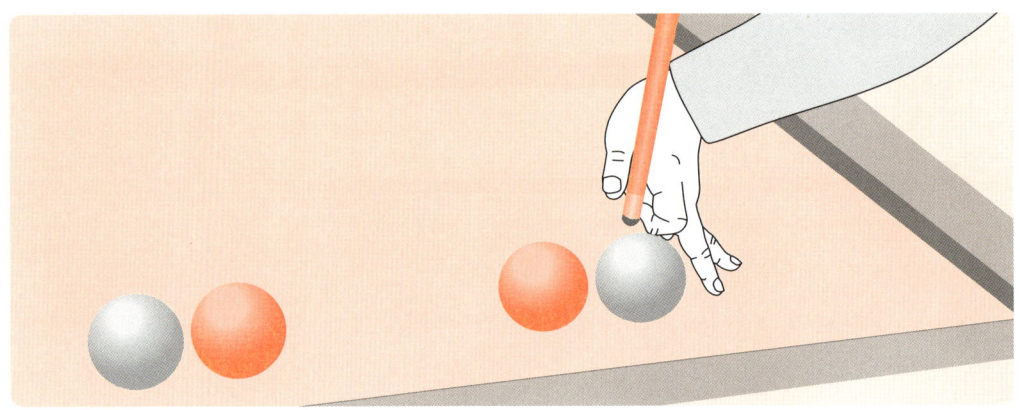

마세브리지의 모양 사진과 같이 공이 배치되었을 때에는 비틀기로도 들어가지 않습니다. 이런 경우에는 마세 타격법을 응용하는데 사진은 이런 때의 브리지 모양입니다.

날카로운 커브를 내야 할 경우에는 큐를 가늘게 쥐어 훑는 기분으로 빨리 타격하면 좋을 것입니다. 그러나 각도에 따라 예외의 경우도 있으므로 완만한 커브로 수구를 어느 거리 까지 전진시켜야 할 때는 큐를 그 정도로 세우지 않습니다. 즉 큐가 얼마쯤 비스듬히 되는데 그때 큐의 끝으로 나사를 파손시키지 않도록 주의하지 않으면 안 됩니다.

이런 경우 수구의 당점은 어디냐 하면 다음과 같습니다. 가령 공을 넷으로 잘랐다고 할 때, 수구의 겨냥선에 따라 종(縱)으로 자르며, 다시 그것을 직각으로 잘라 넷으로 나눕니다. 여기에서 좌측으로 커브 시키려 하면 자기 앞 좌측 부분의 한 복판을 타격해야 하며, 우측으로 커브 시키려면 우측 부분의 한 복판을 타격하면 됩니다. 이때 중요한 것은 최초로 공을 넣는 종(縱)의 선(線)이며 이것이 겨냥선에 따라 있지 않으면 맞지 않습니다.

큐를 세우는 방법과 큐를 쳐 넣는 것에 따라 여러 가지 타격점이 있게 마련이지만 여기서는 간단한 설명으로 끝내겠습니다.

큐의 방향

큐는 수구가 당구대와 접촉되어 있는 점을 지향하고 있지 않으면 안 됩니다. 이것은 대단히 중요한 것입니다. 수구의 커브는 단순히 큐의 각도를 변경하는 것만으로도 자유로이 조정할 수 있으며, 수구의 어느 부분을 타격해야 할 것인가를 확실히 알았으면 그 뒤에는 큐의 방향만 바르다면 샷은 잘 되게 마련입니다. 큐의 각도가 변경되거나 겨냥의 선이 변경될 때마다 공의 중심도 변화된다는 사실을 잊지 말아야 합니다.

흔히 틀린 타격을 하고 있는 것을 보게 되는데, 수구의 너무 끝 부분을 타격하거나 앞을 타격하면 실패하기 쉽습니다.

이렇게 타구하면 비록 스트로크가 잘 되었다고 해도 샷이 올바르게 이루어 지지 않습니다. 신체는 공에 대하여 세워야 하며 또 겨냥선을 올바로 하여 타격점을 정해야 합니다.

마세는 얇게치기로서는 잡히지 않고, 밀어치기로도 어려운 경우 얇게치기로 잡는 것과 같은 겨냥으로 그 방향 그대로 큐를 세워, 위에서 본 당점을 그것에 따라 이동하여 타격하면 좋습니다.

마세의 타격 방법

쿠션에 닿았을 경우의 공. 수구의 우측을 당점으로 하여 적구(的球)의 정면 보다 약간 우측에 수구의 중심을 댑니다. 빠른 스트로크로 타격하면 우측의 비틀기가 살아 있으므로 그림과 같이 한번 쿠션에 들어간 뒤 2,3회 쿠션에 전해져 선구(先球)에 맞습니다.

쿠션으로부터 어느 정도 떨어져 있는데 앞의 그림과 반대로 당점은 좌측입니다. 큐를 빨리 쳐 넣으면 같은 커브가 생겨 맞게 됩니다.

커브를 내려 할 경우에는 가늘게 쥐어 훑듯이 빨리 타격하면 좋습니다.
마세는 대체적으로 200점 이상의 플레이어가 아니면 타구하는 게 무리인 것으로 평가 됩니다.

적구(的球)에 수구를 얇게 대고 가는 스트로크로 타격합니다. 크게 공을 때리면 수구가 앞으로 나와 버립니다. 그러므로 힘을 넣지 말고 가늘게 훑듯 타격하면 마세로서는 용이하게 콘트롤할 수 있는 공입니다.

당점은 수구와 적구(的球)의 직선을 향한 선의 중심 약간 좌측을 타격하여 적구의 우측에 대고 가는 스트로크로 가볍게 때리는 기분으로 타격합니다.

페이지의 첫번째 그림보다 약간 스트로크를 크게 합니다. 당점이나 겨냥하는 점도 앞의 그림의 경우와 같습니다.

여러가지 브리지

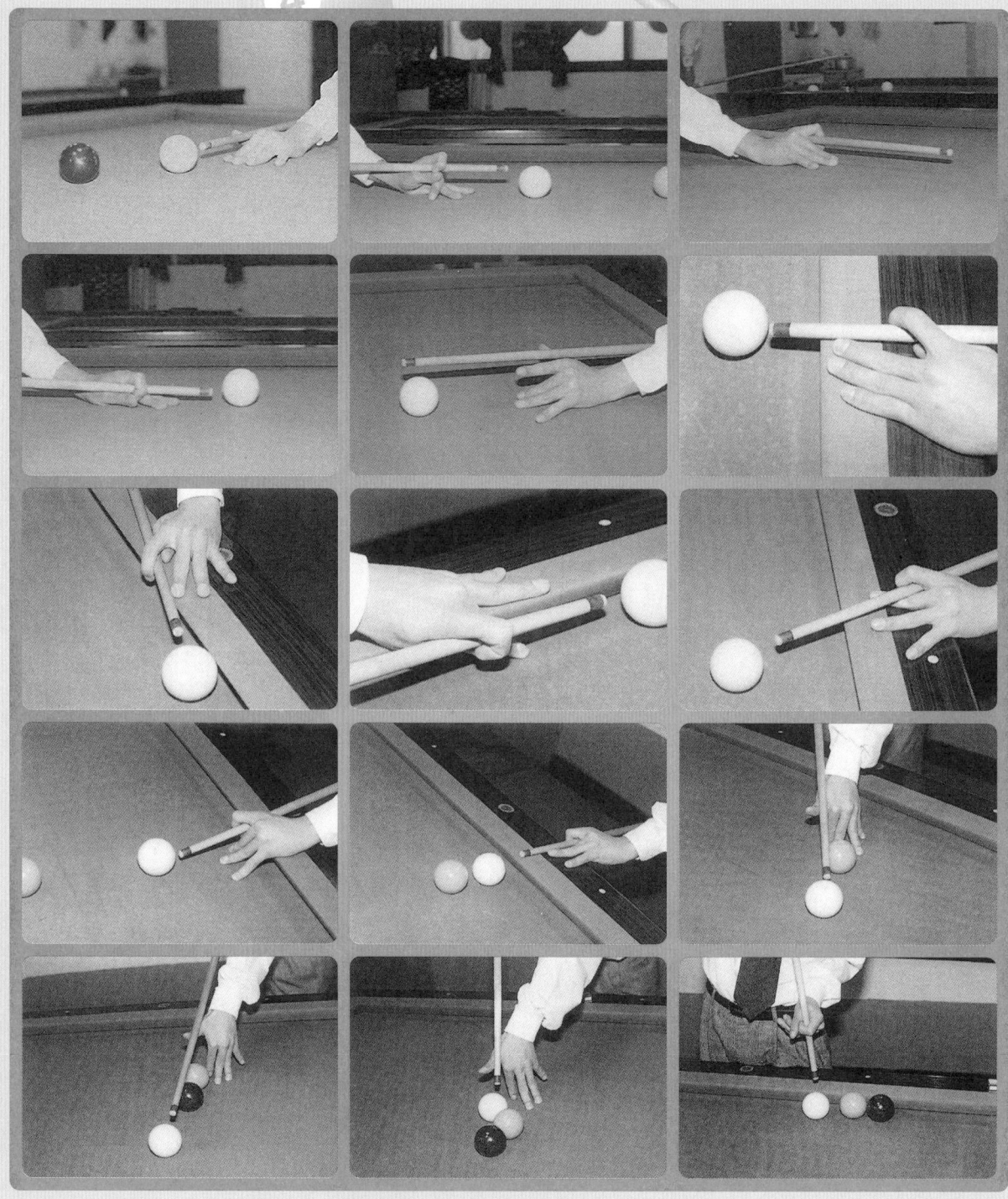

B. 상급편

B-2 연구해야 할 공

적구(的球)를 선정하는 방법

공의 위치가 그림과 같이 배치되었을 경우, 어디서부터 잡는 것이 보다 유리한가 하면 쿠션에 밀착되어 있는 쪽을 적구(的球)로 하는 것이 확률이 높습니다.

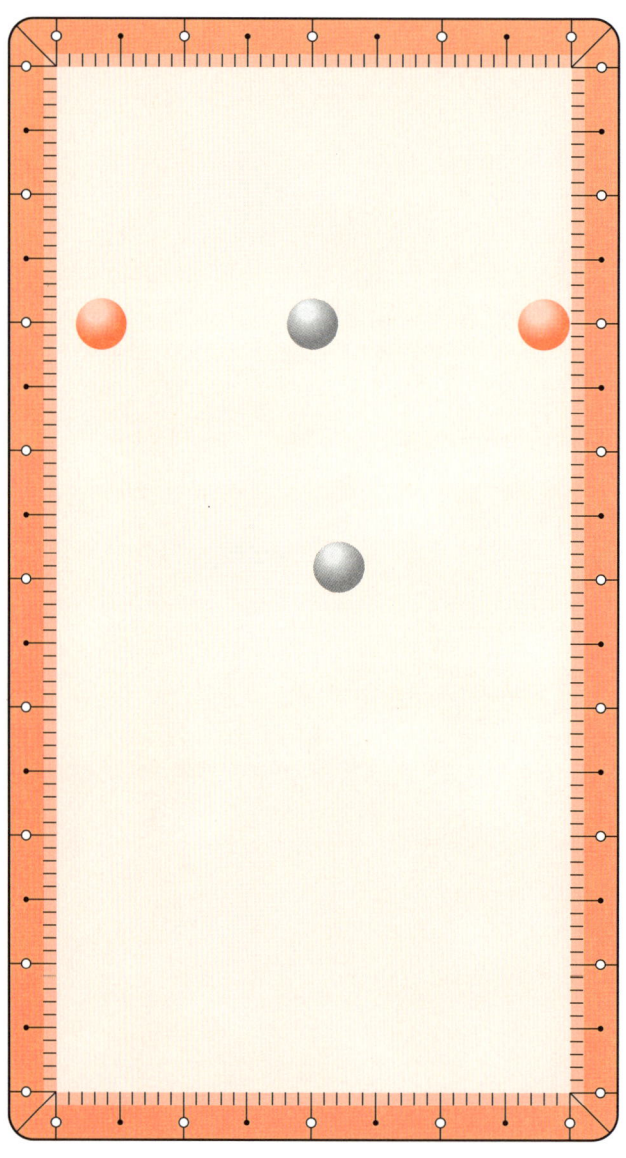

얇게 옆으로 끌기

수구의 중심보다 약간 우측의 바로 밑을 당점으로 하여 적구(的球)의 우측에 얇게 댑니다. 큐의 앞 끝을 짧게 하여 스트로크를 빨리 합니다. 이런 때 적구에 두껍게 대면 그 타격 당점이 마땅치 않습니다.

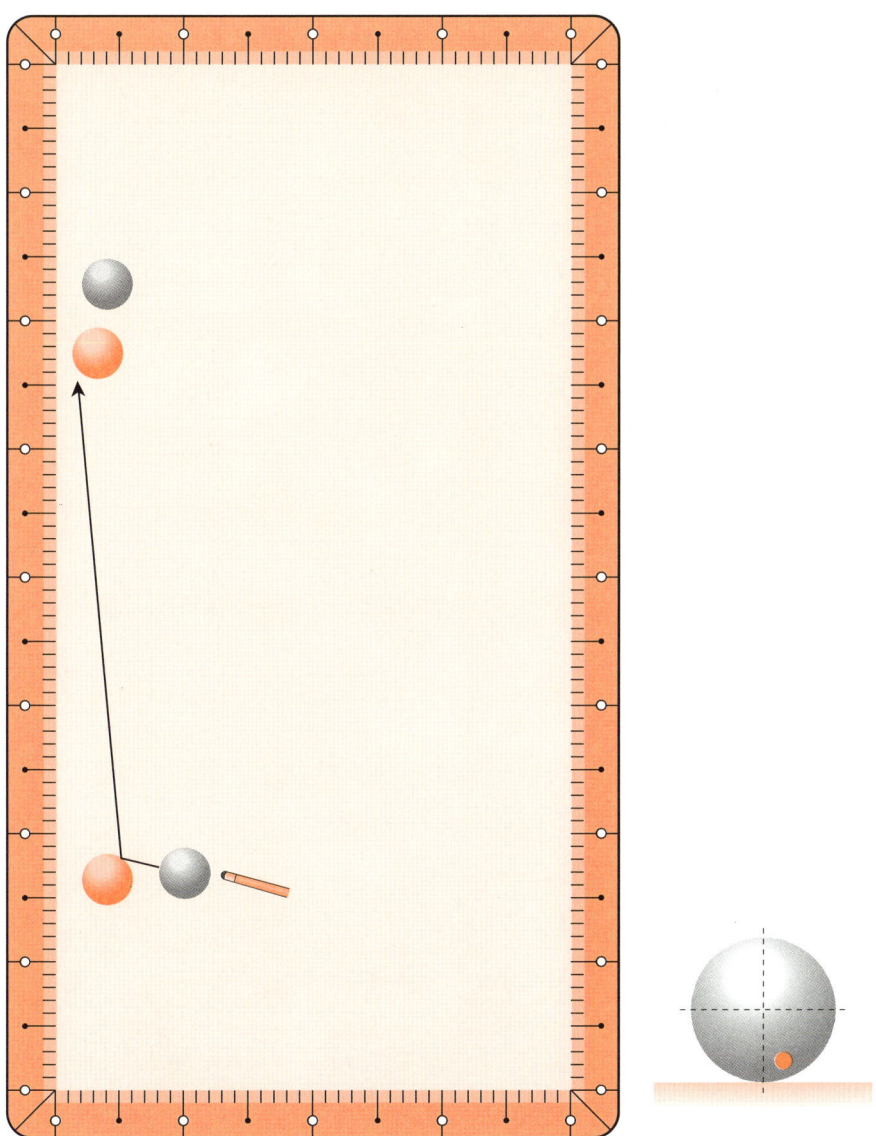

역(逆) 타격의 원쿠션 잡기

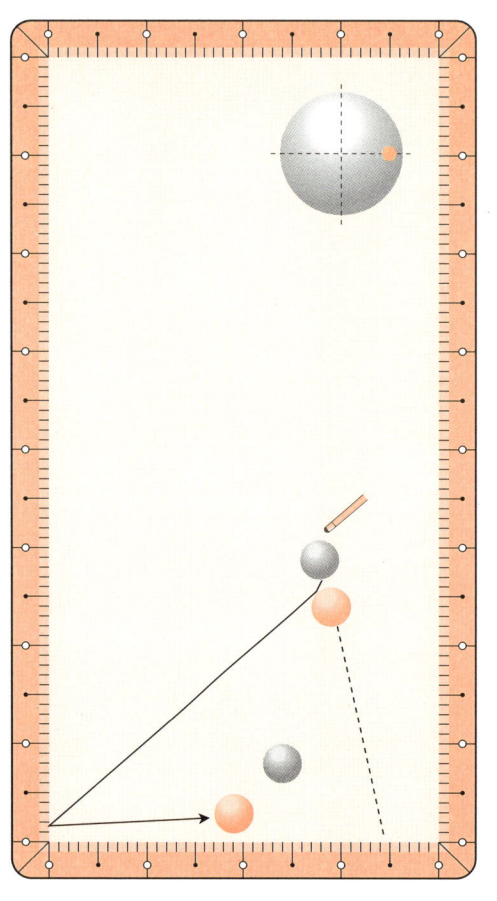 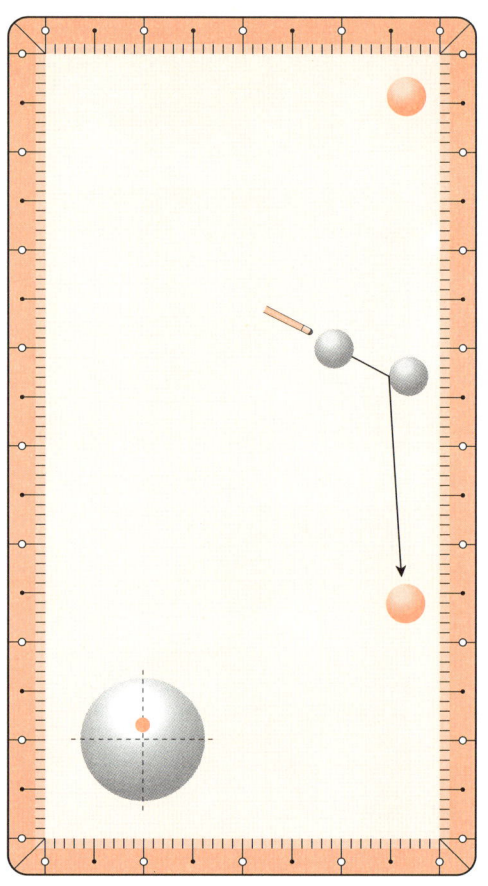

이런 공은 마세 타격으로도 용이하게 잡을 수 있는 공입니다. 그러나 수구의 우측을 최대한으로 타격하여 적구(的球)의 우측에 얇게 대고 원쿠션으로 잡으면 뒤의 공이 좋아집니다. 적구에 두껍게 대어도 잘 맞으나 힘의 가감을 조절하기 어려운 점이 있습니다.

이 공은 일반적으로 볼 때, 선구(先球)에 강하게 맞도록 타격하여 한꺼번에 접근토록 하려는 사람이 많은데 이렇게 하면 선구는 돌아와도 수구가 되돌아오지 않습니다. 그러므로 이런 경우에는 가볍게 닿게 한 채로 두고 그 다음에 대회전으로 접근토록 해야 합니다.

잡는 방법이 틀린 모아치기

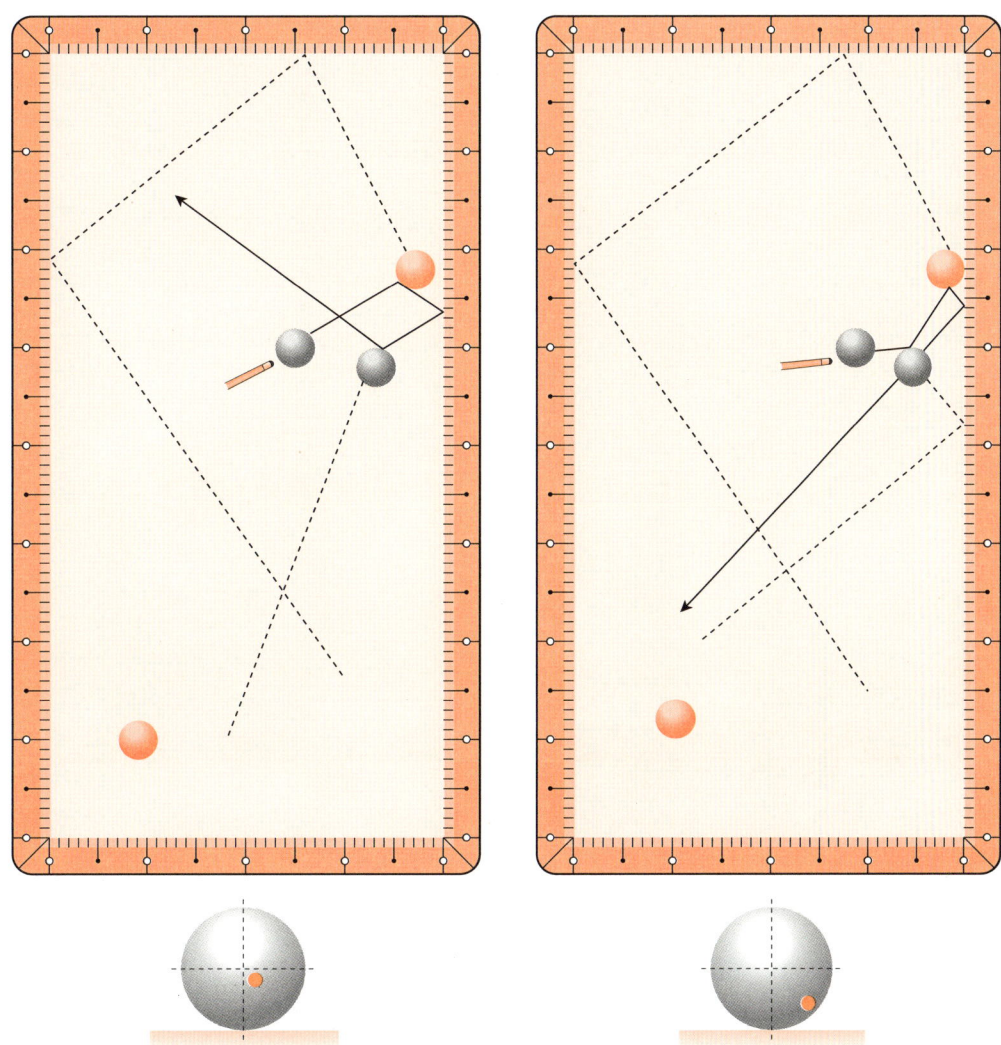

이 공은 보통 그림과 같이 적구(的球)로부터 원쿠션으로 잡는데, 수구가 선구(先球)의 우측에 맞았을 경우 적구는 접근하지만 수구는 반대 방향으로 가게 됩니다.

공은 앞의 그림과 같은 형인데, 백구(白球)로부터 선구의 우측에 맞도록 하면 수구도 접근해 오기 마련이며 이런 경우 당점은 수구의 우측 아래입니다.

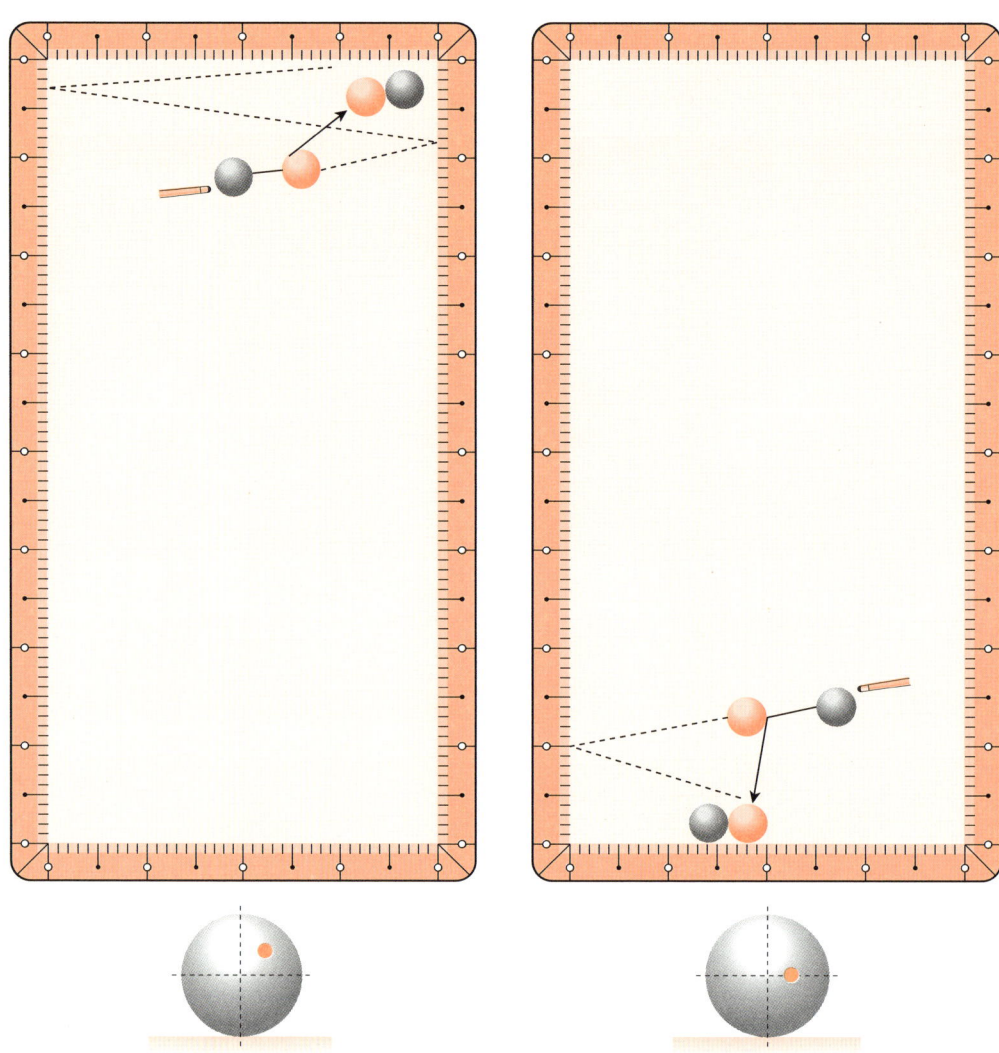

이와 같은 위치에 공이 있으면 흔히 삼각구의 잡는 방법을 활용하는데 이렇게 하면 공이 흩어질 확률이 크므로, 수구의 우측 중심보다 약간 위를 당점으로 하여 적구(的球)에 반쯤 미는 타격을 하여, 힘의 가감에 잘못이 없는 한 공은 모아치기로 됩니다.

수구의 중심 우측을 타격하여 적구(的球)에 두껍게 맞도록 댑니다. 이런 경우에도 힘의 가감이 보다 중요합니다.

스리쿠션 잡기

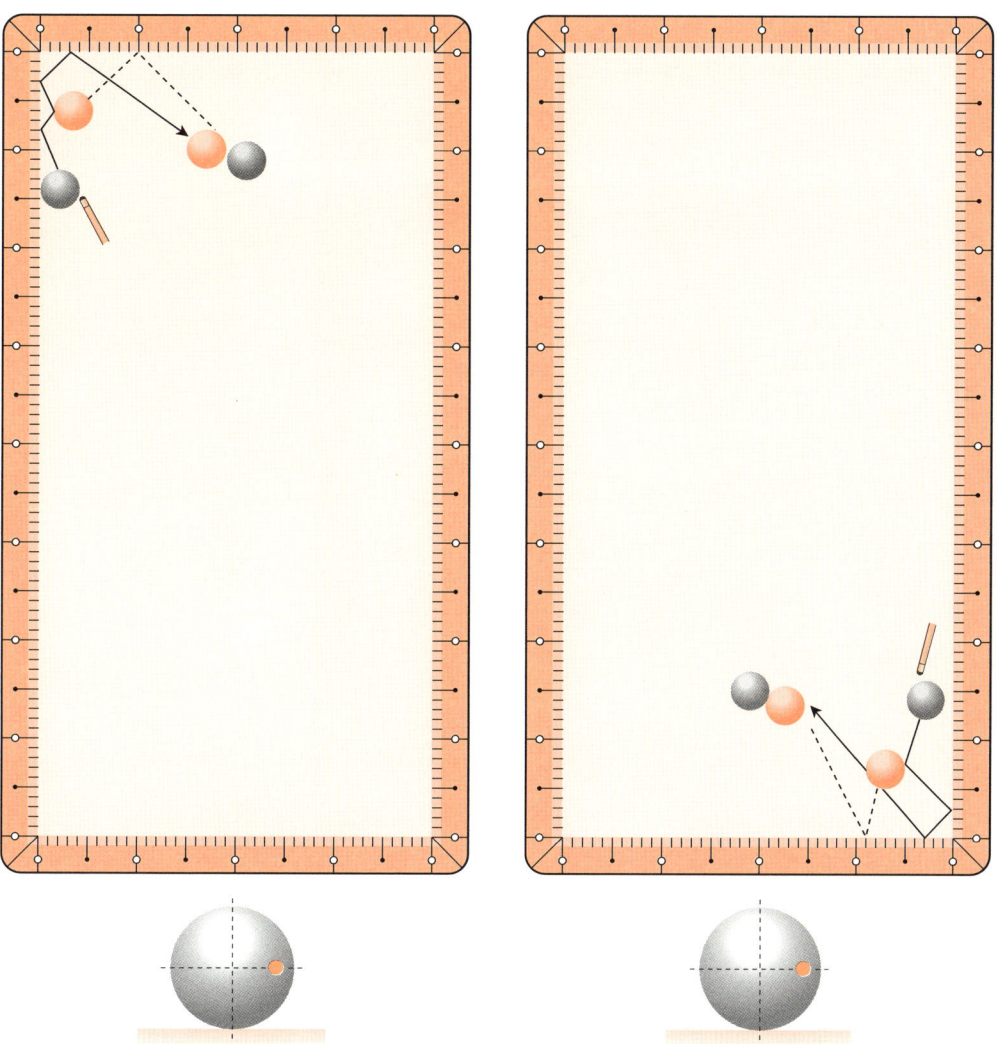

수구의 중심 우측 끝부분을 타격하여, 빈쿠션으로 적구(的球)에 대고 스리쿠션으로 잡습니다.

수구의 중심 우측을 타격하여 적구(的球)의 좌측에 두껍게 대고 투쿠션으로 잡습니다.

역(逆) 타격의 원쿠션 잡기

수구의 중심 우측을 타격하여 적구(的球)의 우측에 얇게 맞도록 하며, 수구는 원쿠션으로 적구와 함께 중앙으로 접근케 합니다.

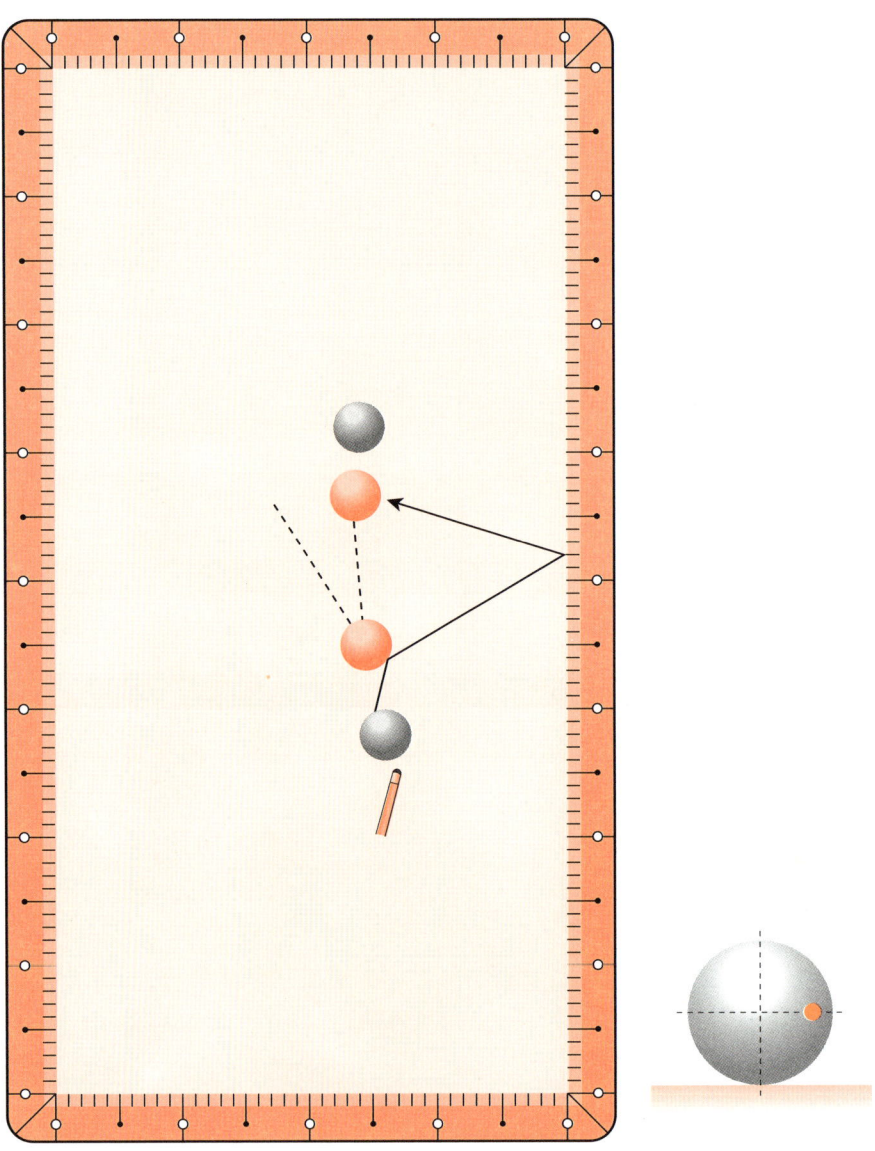

원쿠션 잡기

　수구의 중심 하위 부분을 타격하여 적구(的球)의 우측에 얇게 맞도록 하고 수구는 원쿠션으로 잡습니다. 큐는 아주 가늘고 가볍게 쳐 넣듯 해야 하며 이런 경우, 앞 그림과 공의 위치가 비슷하나 타격한 곳이 틀립니다.

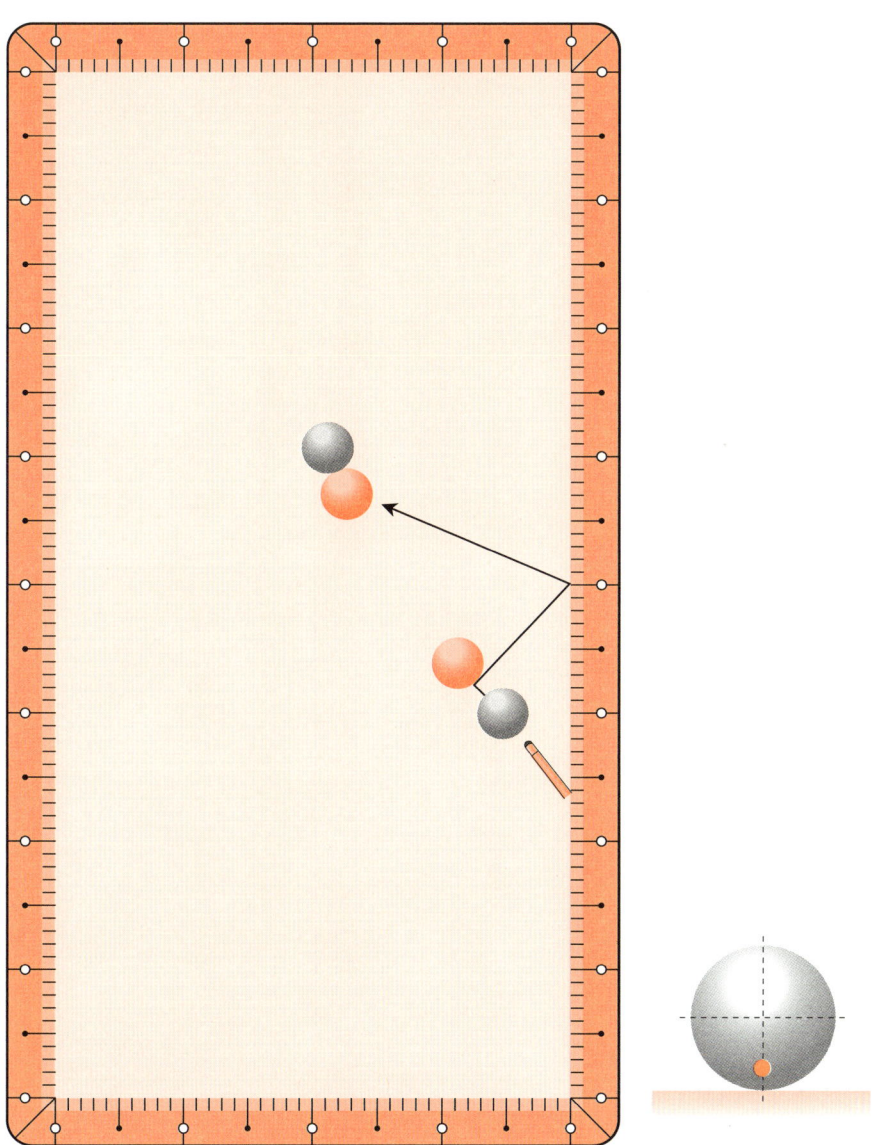

주의해야 할 끌어치기

그림과 같은 공의 경우, 적구로 부터 제1선구(第一先球)의 바깥쪽으로 나가게끔 힘을 가감하여 잡아 줍니다. 흔히 자기 앞쪽으로 가까이 공이 끌려오도록 하는 예가 있는데, 한 복판에 접근토록 해도 재차 끌어치기 해야 하기 때문에 바깥쪽으로 수구를 내 보내어 두면 모아치기의 형이 빨리 이루어집니다. 이런 때의 당점은 공의 우측 중심보다 하위 부분이어야 합니다.

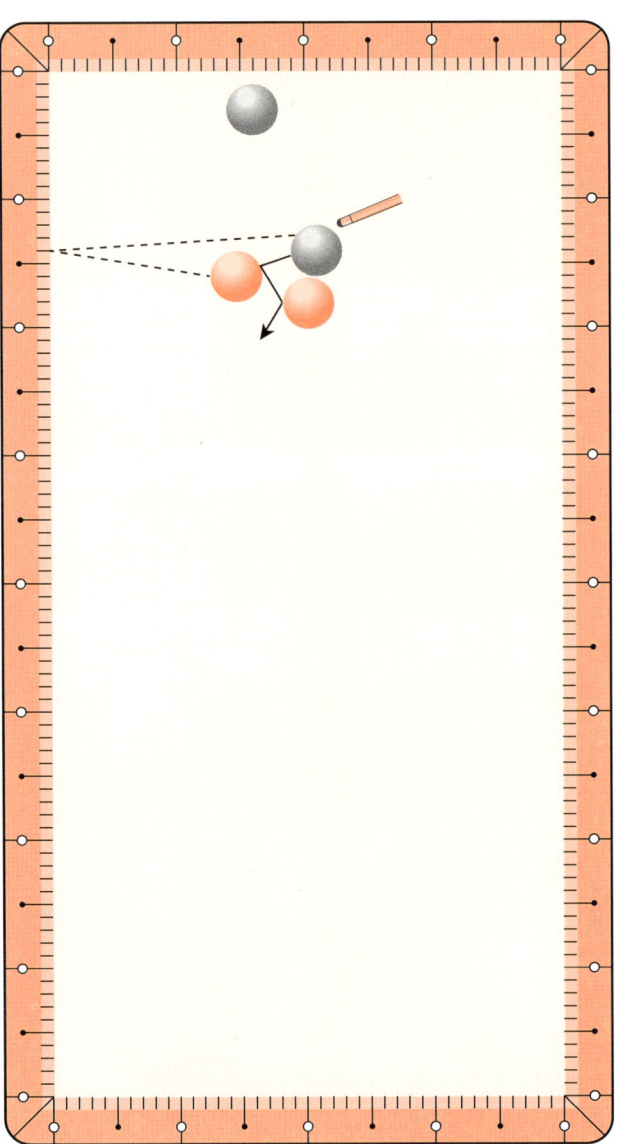

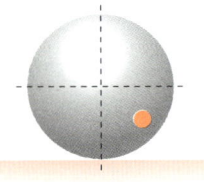

공이 이와 같은 각도로 위치했을 경우에는 역(逆)을 타격하여 한꺼번에 공을 접근토록 하려는 경향이 많은데, 이렇게 하면 적구(的球)가 되돌아와 키스하는 확률이 많으므로, 키스하지 않도록 끌어야 합니다.

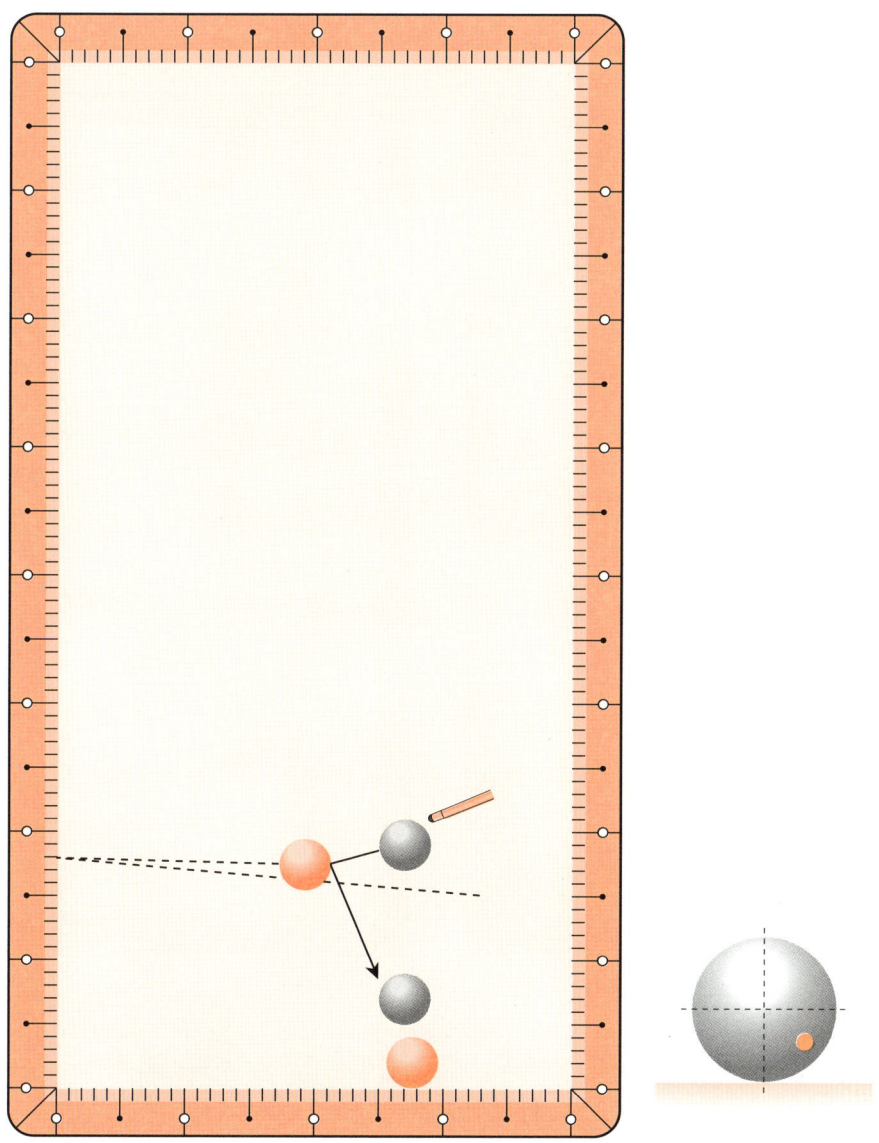

이러한 위치의 공은 비록 가볍게 타격한다 해도 수구가 한 복판으로 들어가 다음 공을 타격하기 어렵게 됩니다. 이런 경우에는 우선 수구의 중심보다 약간 우측 하단을 타격하며 적구(的球)의 우측에 힘의 가감을 조절하여 두껍게 맞도록 함으로써 제 2의 선구(先球)의 방향에 접근토록 합니다. 그런 다음 끌어치기와 같은 형태가 되었으면 제 1의 선구로부터 끌어 가까이 접근토록 합니다. 만약 그 형태가 적당치 않으면 잡아 끌지 말고 접근된 공으로 잡아 연결합니다.

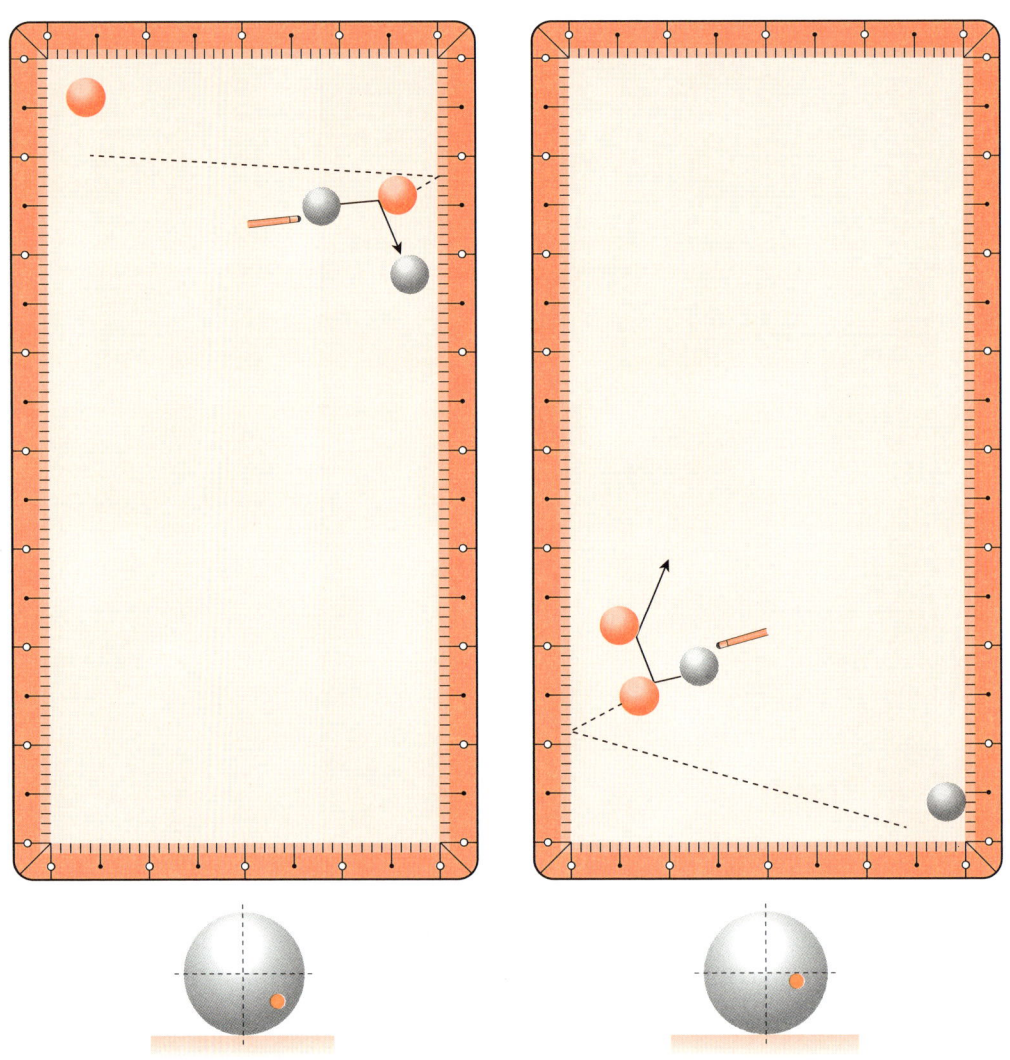

아래 그림과 같은 형태로 공이 위치했을 경우, 보통 빈쿠션으로 용이하게 잡을 수 있으나 이런 경우에는 수구의 좌측 끝부분에 최대한의 비틀기를 걸어 적구(的球)에 반 정도 미는 작용을 걸어 타격하면 적구는 선구의 좌측에 얇게 맞아 선구(先球)는 쿠션으로부터 약간 나아갑니다. 타격된 수구는 비틀기가 걸려 있으므로 원쿠션으로 추격하여 그것에 맞게 됩니다.

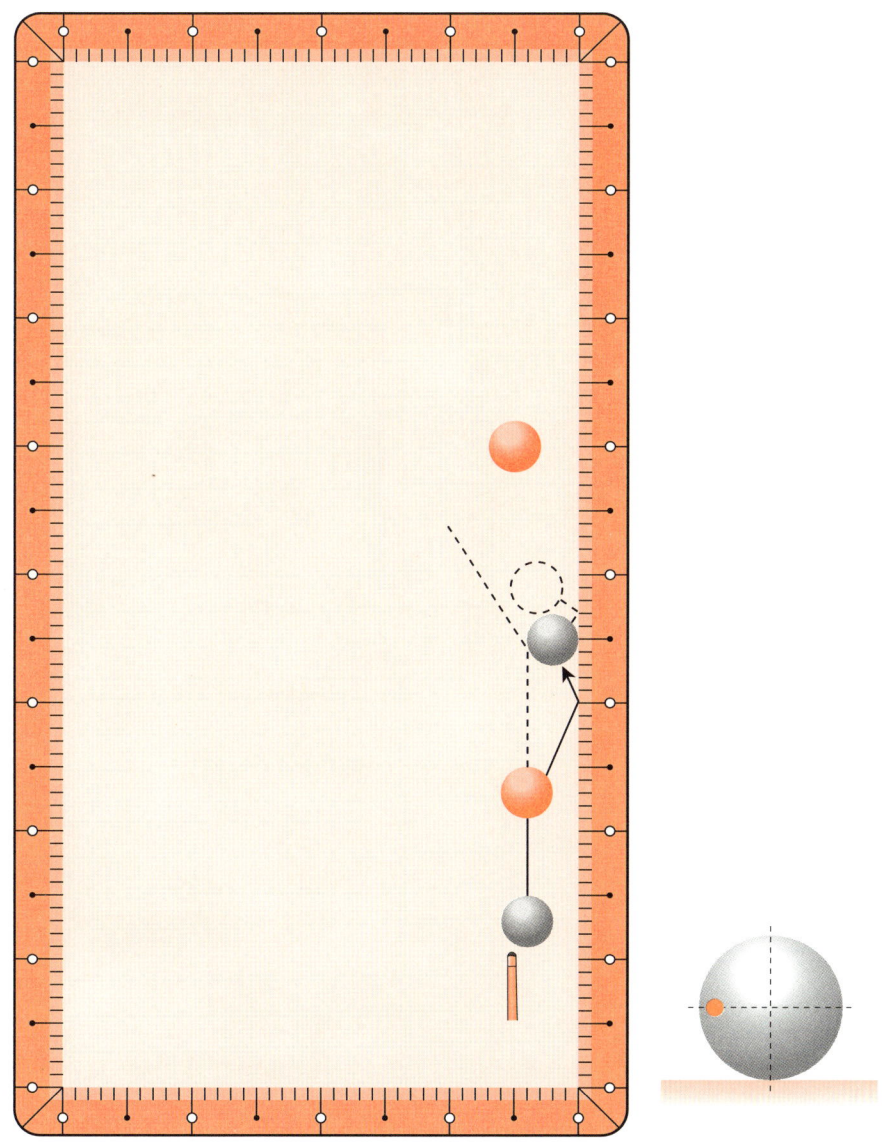

밀어치기로도 원쿠션으로도 잡을 수 없는 공

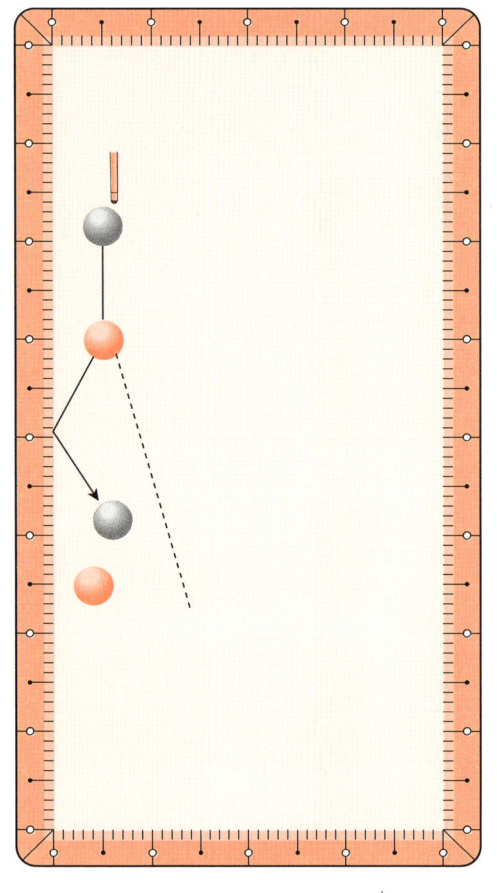

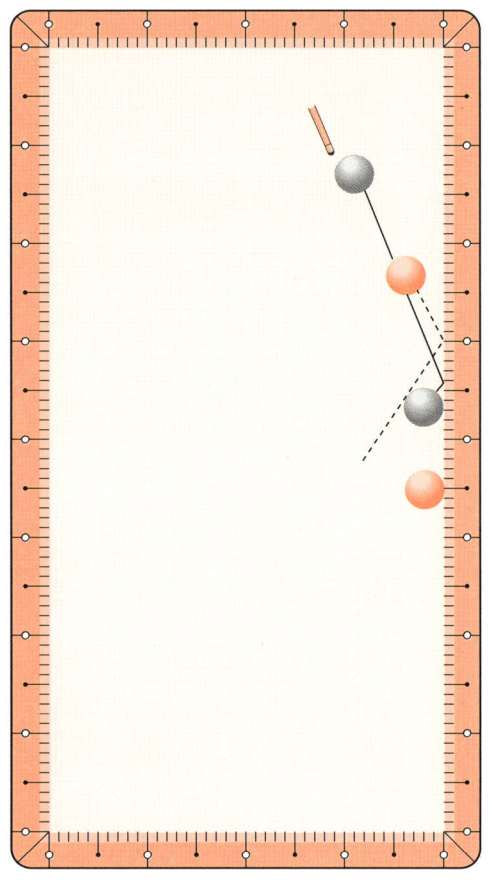

수구의 좌측 중심 약간 위를 타격하여 반 정도 미는 작용으로 타격, 원쿠션으로 잡습니다.

빈쿠션으로 잡을 수 없는 공, 이런 경우에는 수구의 약간 우측 위를 타격하여, 적구(的球)의 중심에 대고 밀도록 합니다. 이런 때, 적구와 선구의 키스가 있었다 해도 수구의 우측 비틀기가 있으므로 추격하여 맞습니다.

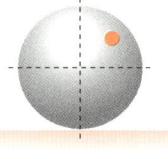

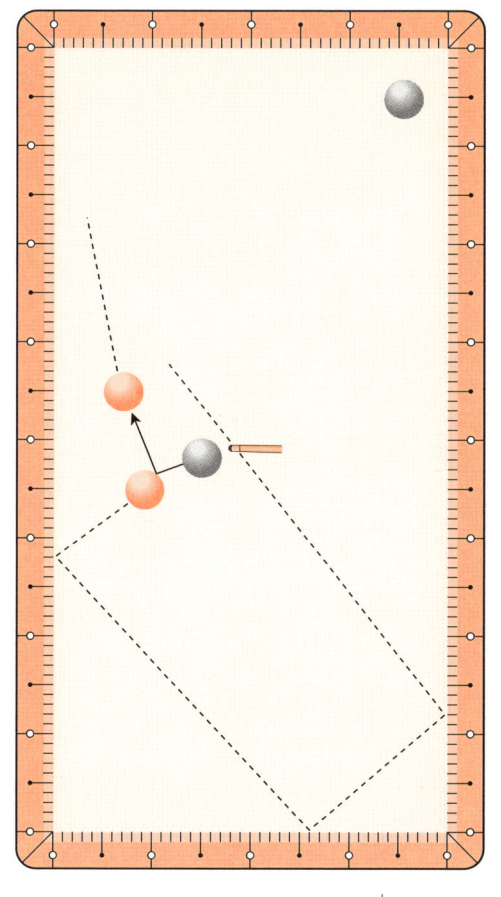 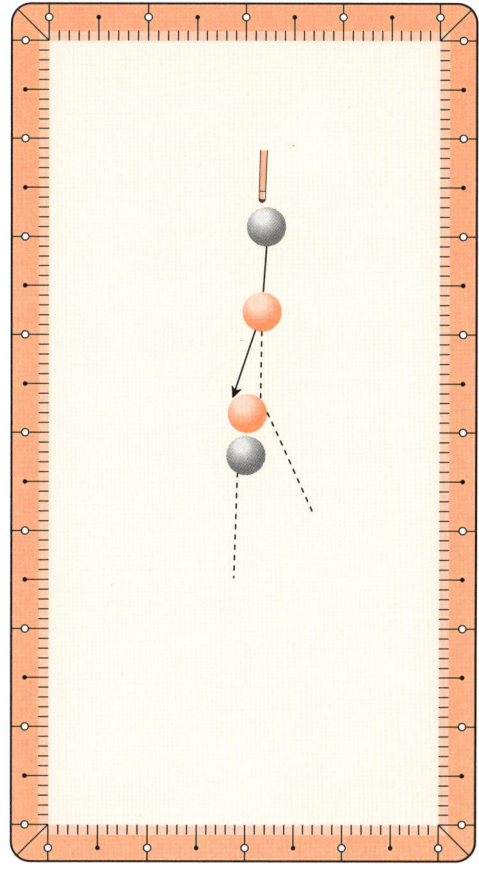

　수구에서 보았을 때 가까이 있는 2개의 공이 같은 위치에 있을 경우, 어느 공을 적구(的球)로 선정하느냐는 멀리 있는 제 2의 선구(先球)의 위치에 따라 틀리겠으나 그림과 같은 위치일 경우에는 좌측 공을 적구로 합니다. 적구는 스리쿠션, 제 1선구(先球)와 거의 같은 장소로 접근됩니다.

　선구 2개가 밀착해 있을 경우 수구의 우측 위를 밀어치기의 겨냥으로 타격하면, 제 1선구의 힘이 제 2선구에 옮겨져 제 1의 선구가 정지하기 때문에 수구가 맞게 됩니다.

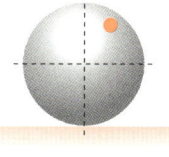

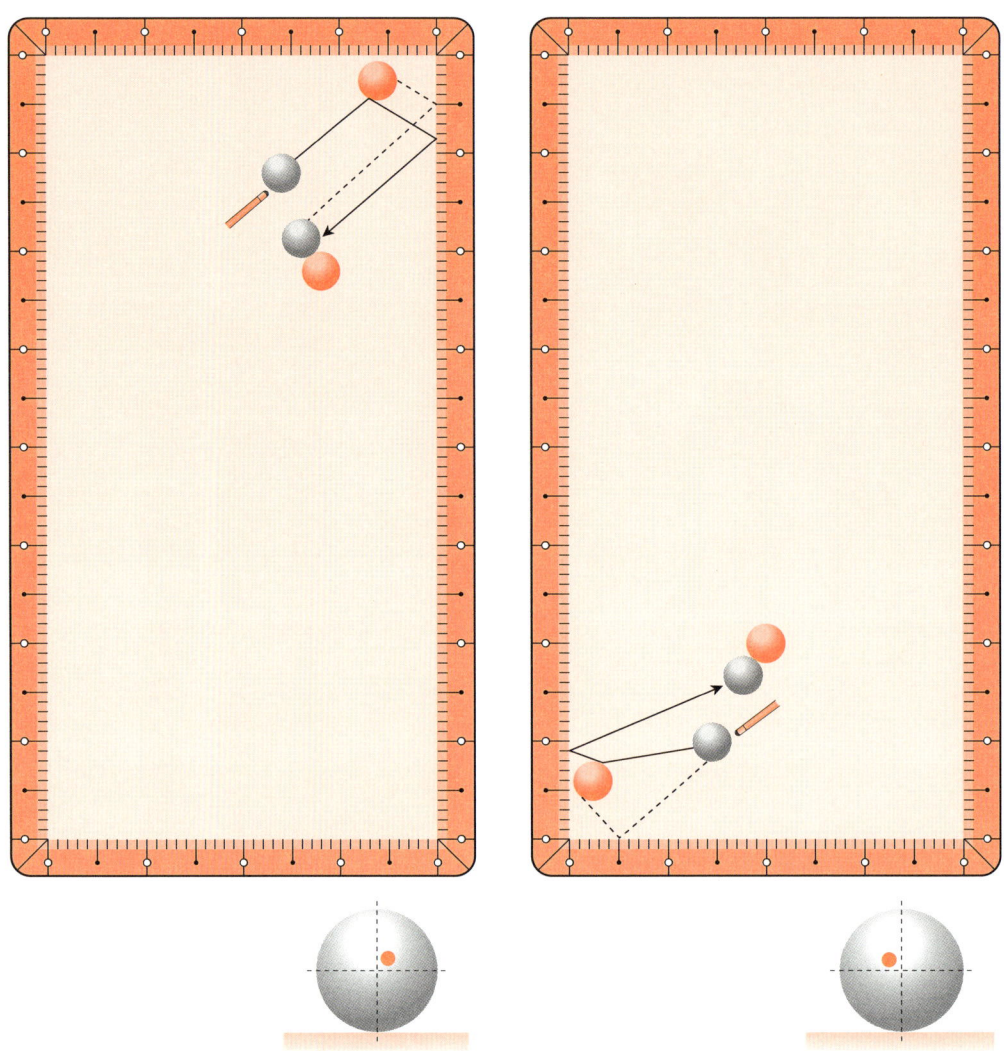

수구의 우측 위를 당점으로 하여 적구(的球)로부터 공쿠션의 원쿠션으로 잡습니다.

수구의 약간 좌측을 타격하여 적구에 두껍게 대고 적구를 가능한한 선구 가까이에 이르도록 힘의 가감을 조절합니다.

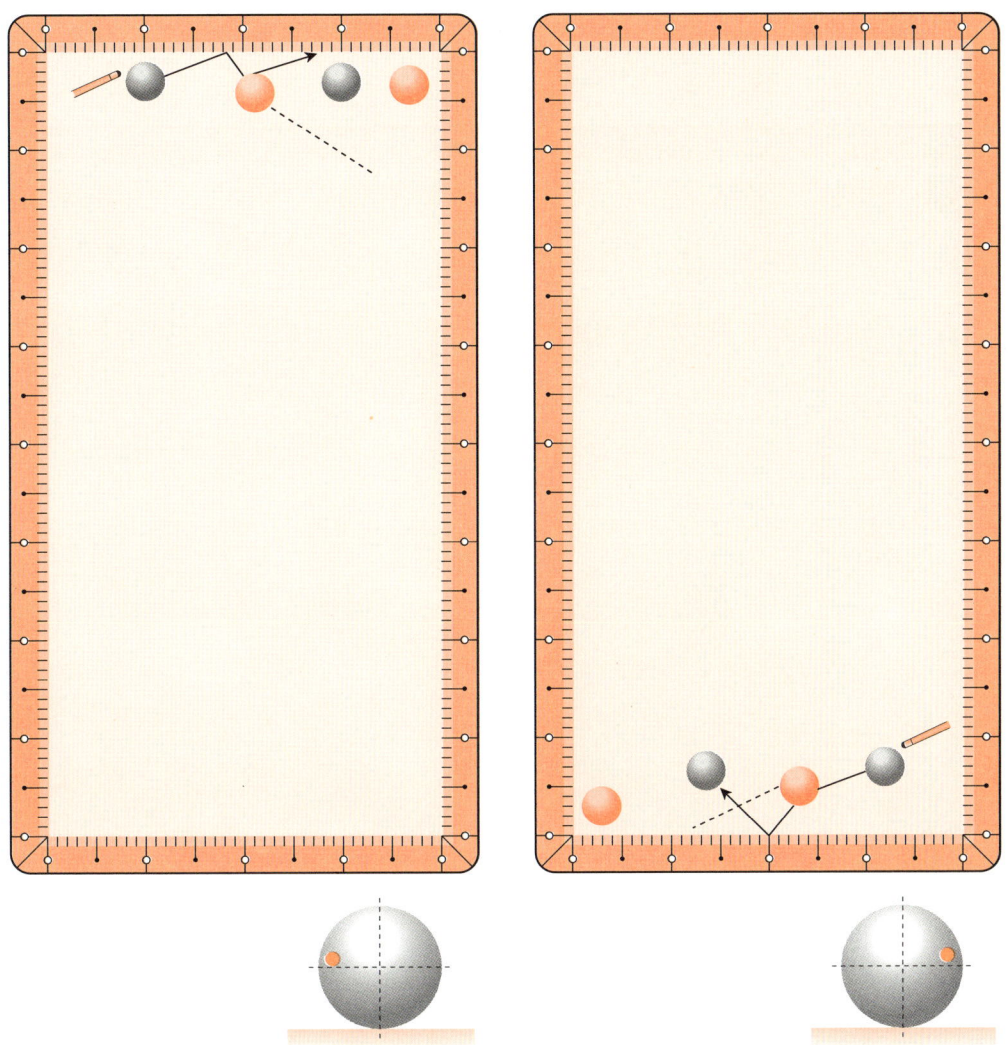

수구, 적구(的球), 선구(先球)가 일렬로 위치하여 잡기 어려울 경우에는 수구의 좌측 바로 옆을 타격하여 빈쿠션의 밀어치기로 잡습니다.

수구의 우측 상위 부분을 당점으로 하여 적구에 반 정도 미는 작용을 가하여 원쿠션으로 잡습니다.

큰 커브 공

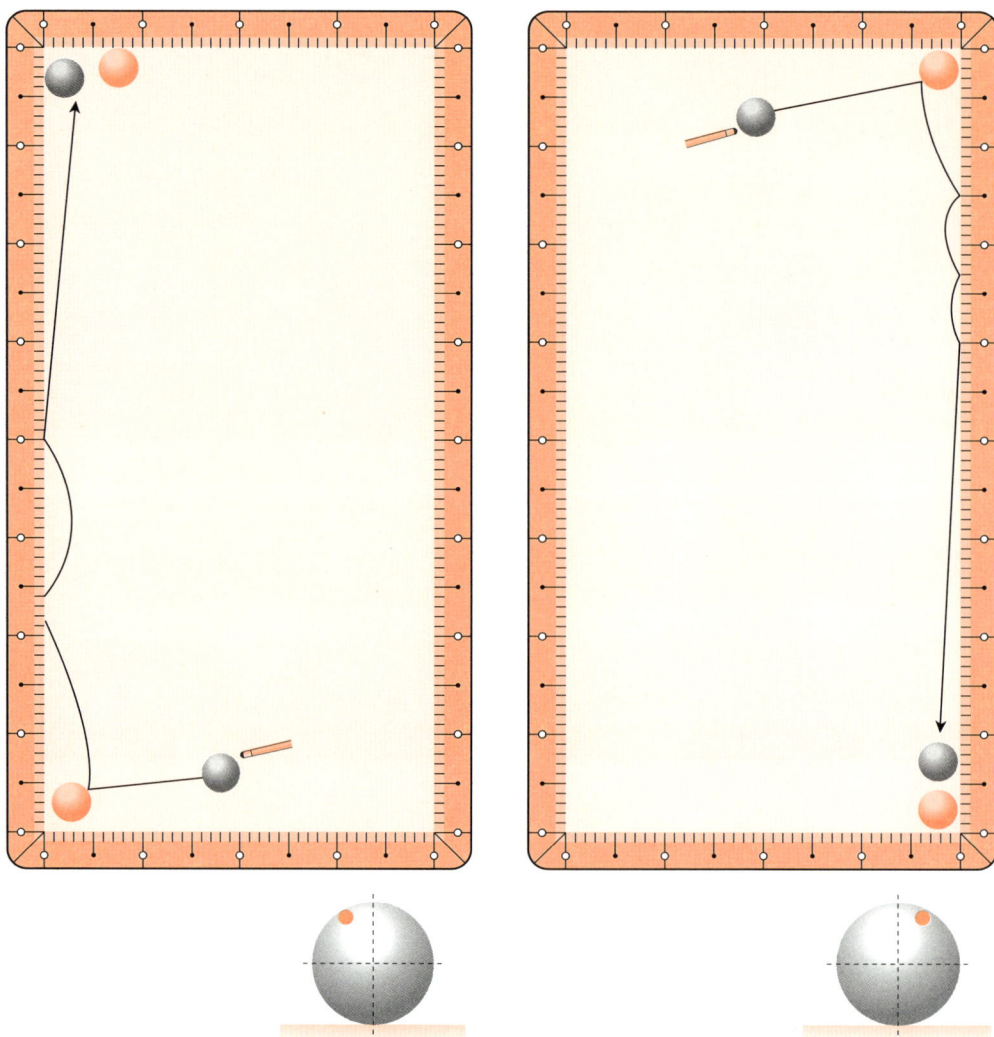

수구의 좌측 상위 부분을 당점으로 하여 적구(的球)의 중심보다 약간 우측을 겨냥, 큐를 크게 스트로크하면서 찌르듯 타격합니다. 수구는 쿠션에 전해져 맞습니다.

수구의 우측 상위 부분을 타격하여 적구의 중심 보다 약간 우측에 맞도록 합니다. 큐를 내 보내는 방법은 A와 같습니다.

근접 끌어치기에 대한 4가지 문제

수구의 우측 하위 부분을 타격하여 보통 끌어치기의 겨냥 보다는 얇게 적구(的球)에 맞도록 합니다. 이런 경우 큐를 가볍게 잡고 찔러 넣듯 하는 기분으로 타격합니다. 특히 수구의 끝부분을 타격하지 않으면 잡히지 않는 공이므로 브리지에 다소 힘을 넣어 보통의 끌어치기 보다 큐의 앞부분을 길게 잡고 큰 스트로크로 가볍게 타격해야 합니다. 그림과 같은 위치의 공이라면 자기가 지닌 실력이 50 정도라도 용이하게 타격할 수 있을 것입니다.

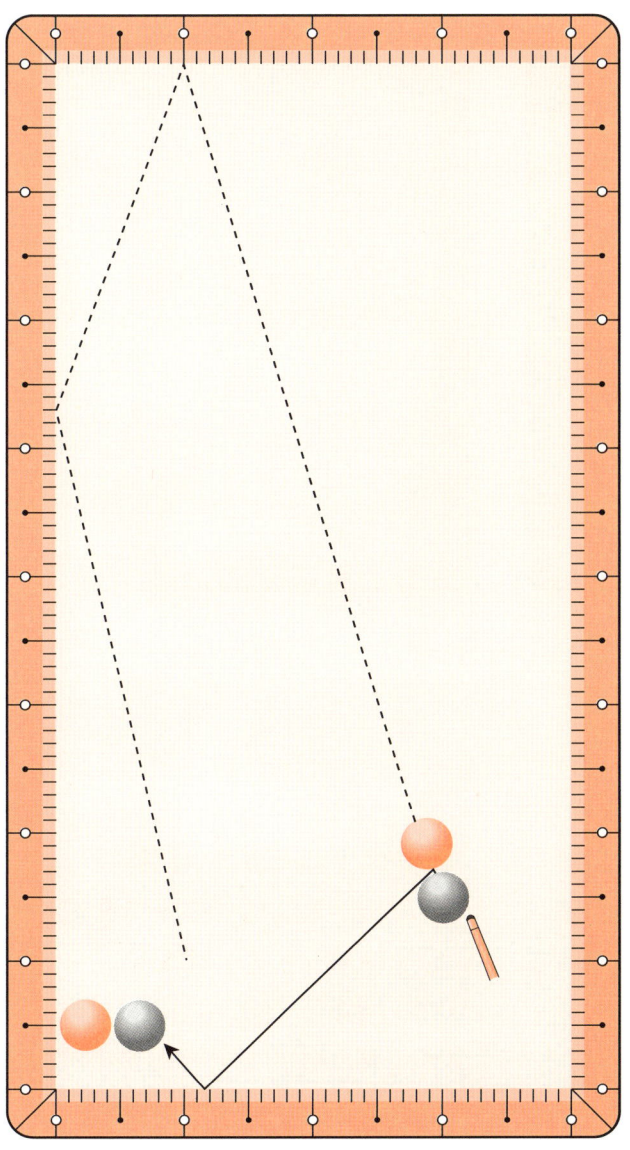

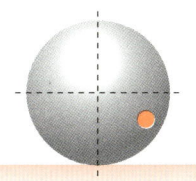

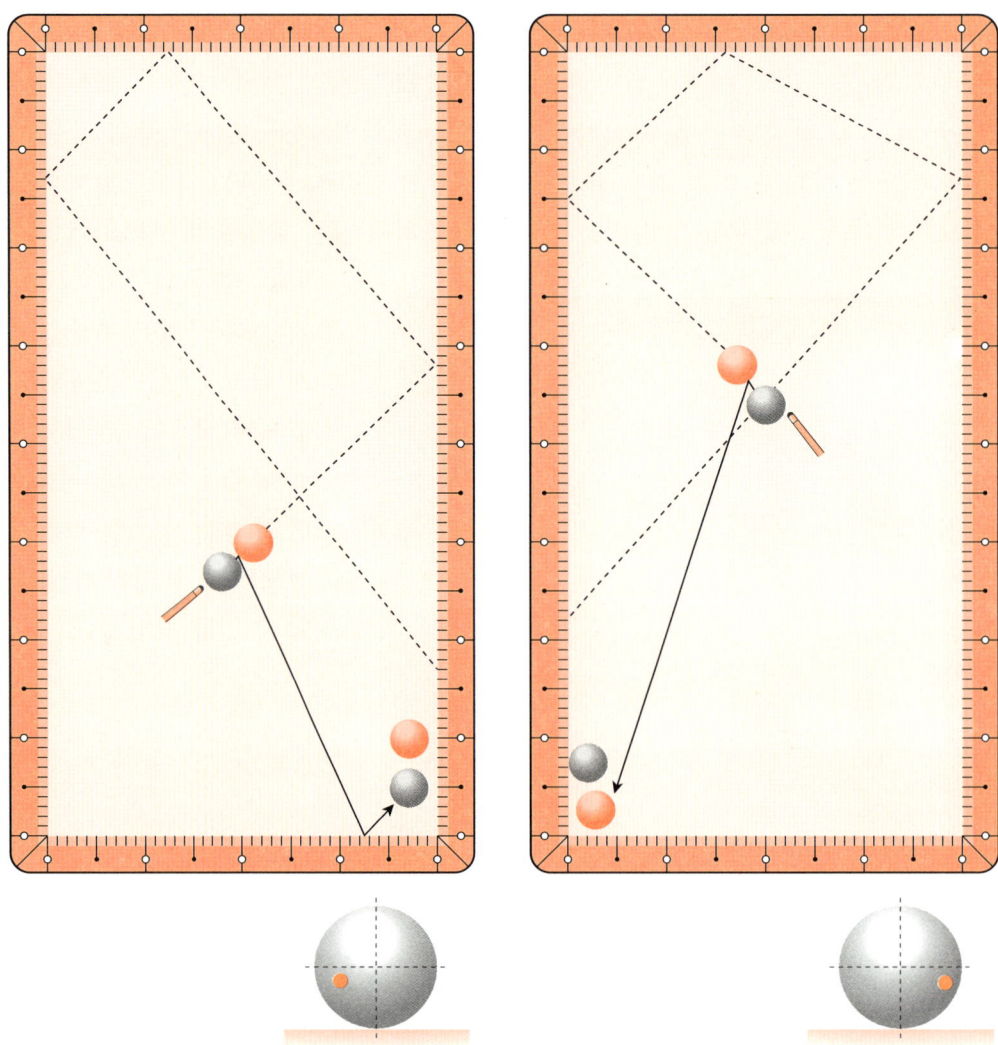

당점은 수구의 좌측 끝부분 아래. 타격 요령은 앞의 그림과 같이 큐를 크게 하여 큰 스트로크로 찔러 넣듯 타격합니다.

수구의 우측 끝부분 아래를 타격하여 적구(的球)에 얇게 맞도록 해야 합니다. 선구(先球)가 떨어져 있으므로 타격하기가 어려울 것으로 생각되기 쉬우나 실제로 해보면 비교적 콘트롤하기가 쉬운 공입니다.

끌어치기로는 가장 어려운 위치의 공입니다.「테스트」를 높게 하여 큐의 앞부분을 길게 잡고 큰 스트로크로 타격해야 하는데, 이런 경우 지나치게 아래 부분을 타격하지 말고 수구의 좌측 끝 부분 중심보다 약간 아래를 당점으로 하여 큐의 뒷부분을 조금만 올려 돌진하듯이 타격하는게 좋을 것입니다.

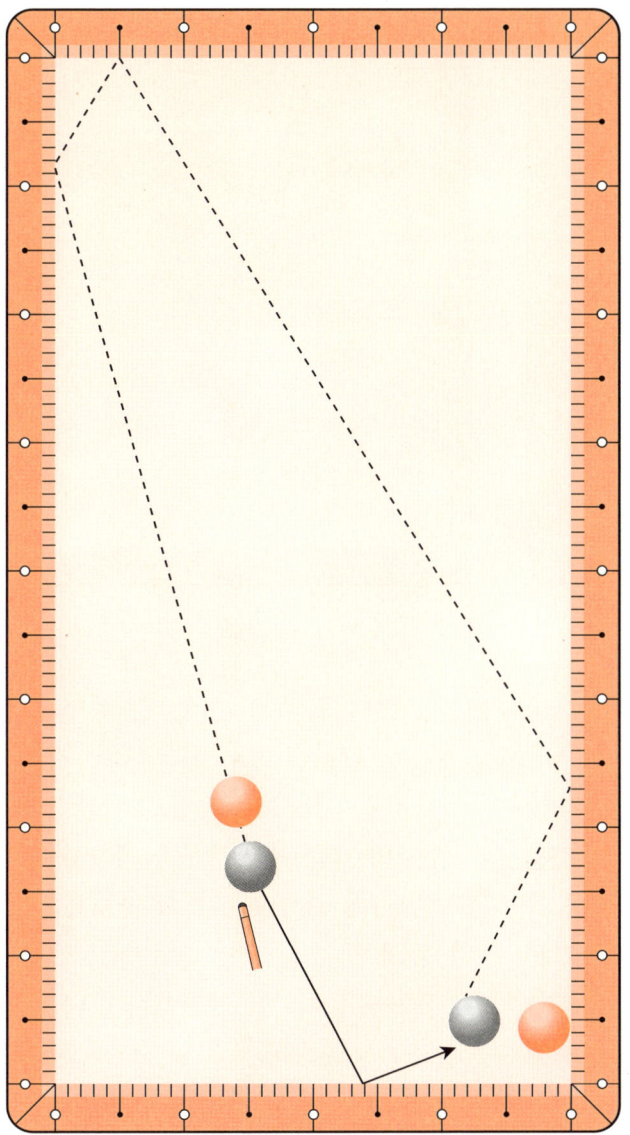

4구로 보통 행해지는 것은 대체적으로 그 기술 문제를 설명했습니다마는 이 외에 그림을 일일이 열거하여 설명한다면 한이 없을 것 같습니다. 근접(近接=세리)의 경우만 해도 3백여종 이나 되며, 5제리는 5백종 이상이나 되기 때문에 제한된 지면으로는 모두 설명할 수가 없을 정도입니다. 그러므로 4구에 대해서는 이정도로 끝내고 다음에는 스리쿠션의 잡는 방법을 20가지 정도 소개해 보겠습니다.

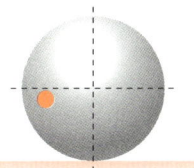

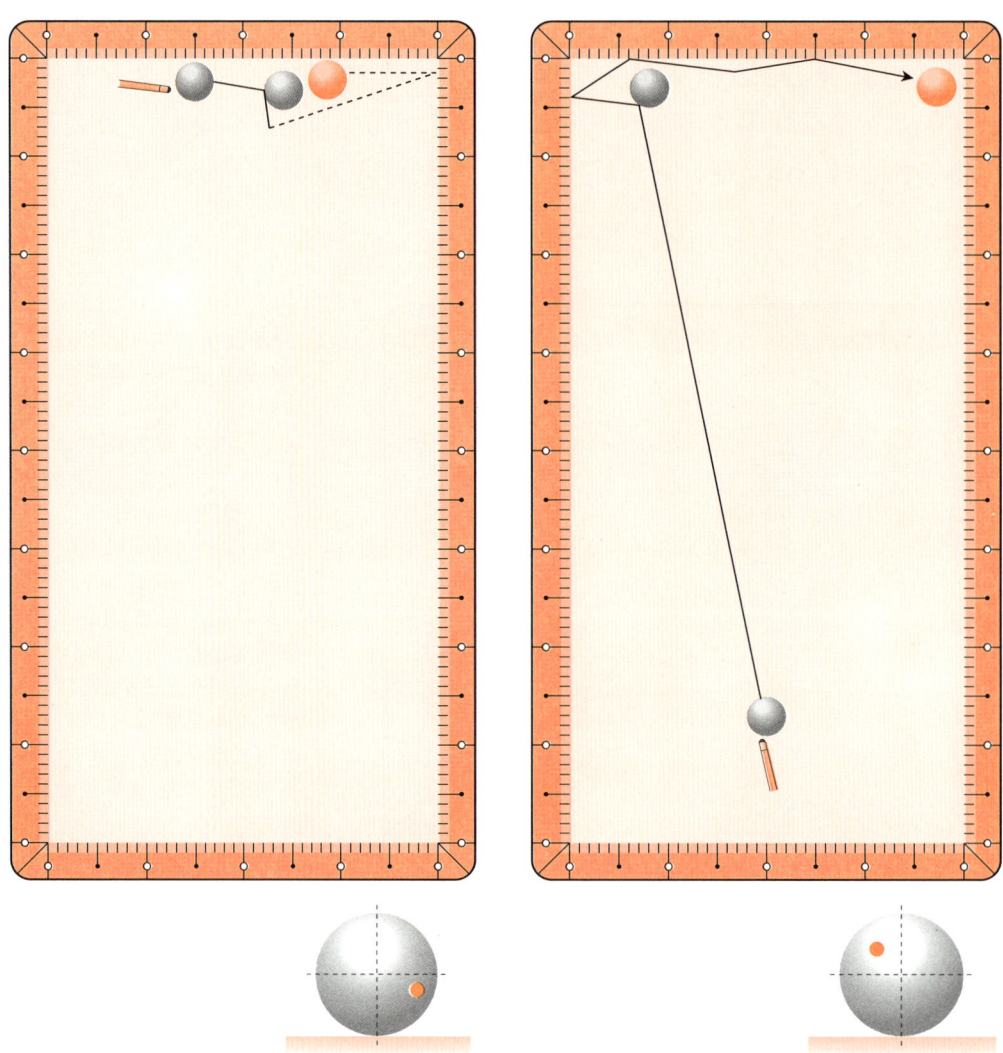

이런 경우에는 수구의 우측 아래 부분을 타격하며 적구(的球)의 중심보다 약간 우측에 대고 가볍게 끌어치기의 기분으로 타격하는 게 좋습니다. 선구(先球)는 투쿠션으로 되어 마주치게 될 것입니다. 참으로 재미있는 공입니다.

수구의 좌측 상위 부분을 타격하여 적구(的球)의 좌측에 두껍게 맞도록 합니다. 큐의 앞 끝을 길게 하여 큰 스트로크로 돌진해 들어가듯 타격해야 합니다.

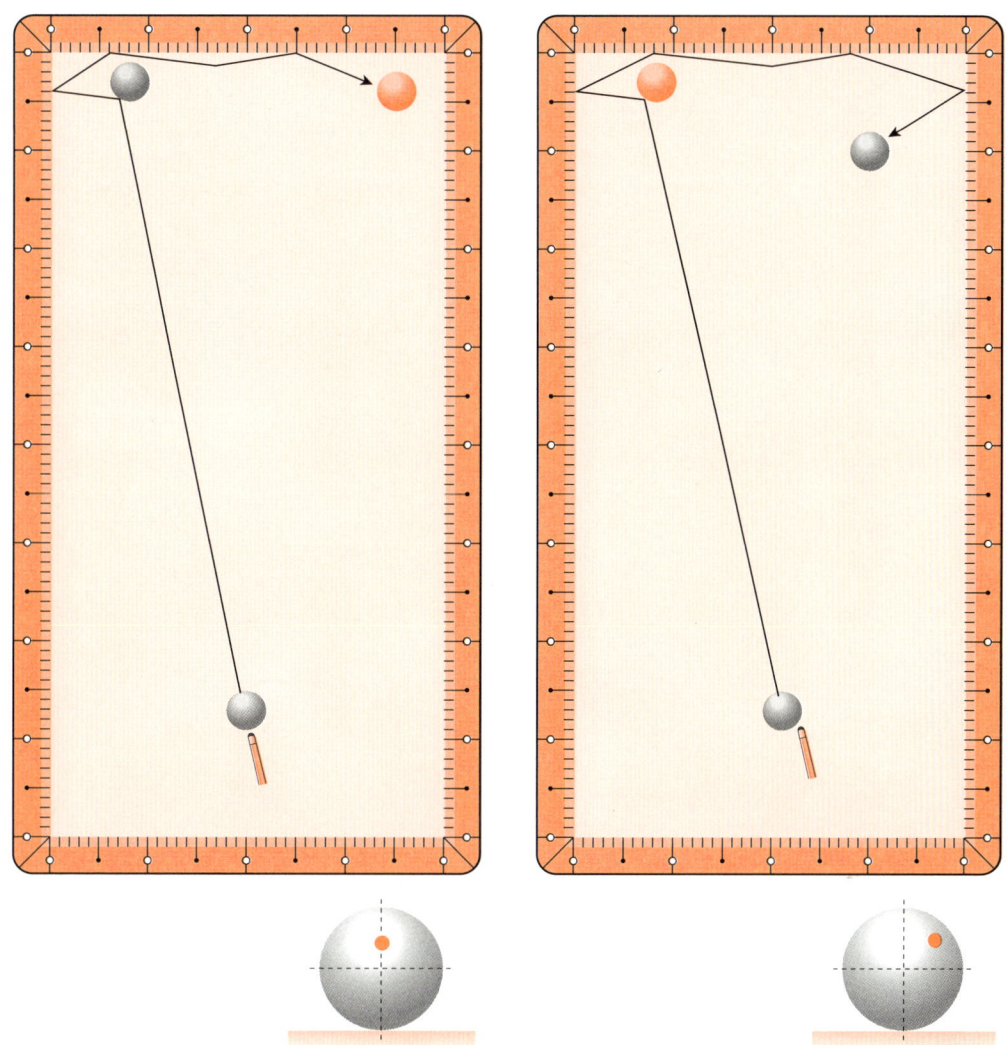

앞의 그림보다 선구(先球)가 쿠션에서 어느 정도 떨어져 있습니다. 이런 경우 당점은 수구의 중심에서 보다 상위 부분이어야 합니다.

선구가 쿠션으로부터 상당히 떨어져 있으므로 이런 경우의 당점은 우측 상단입니다.

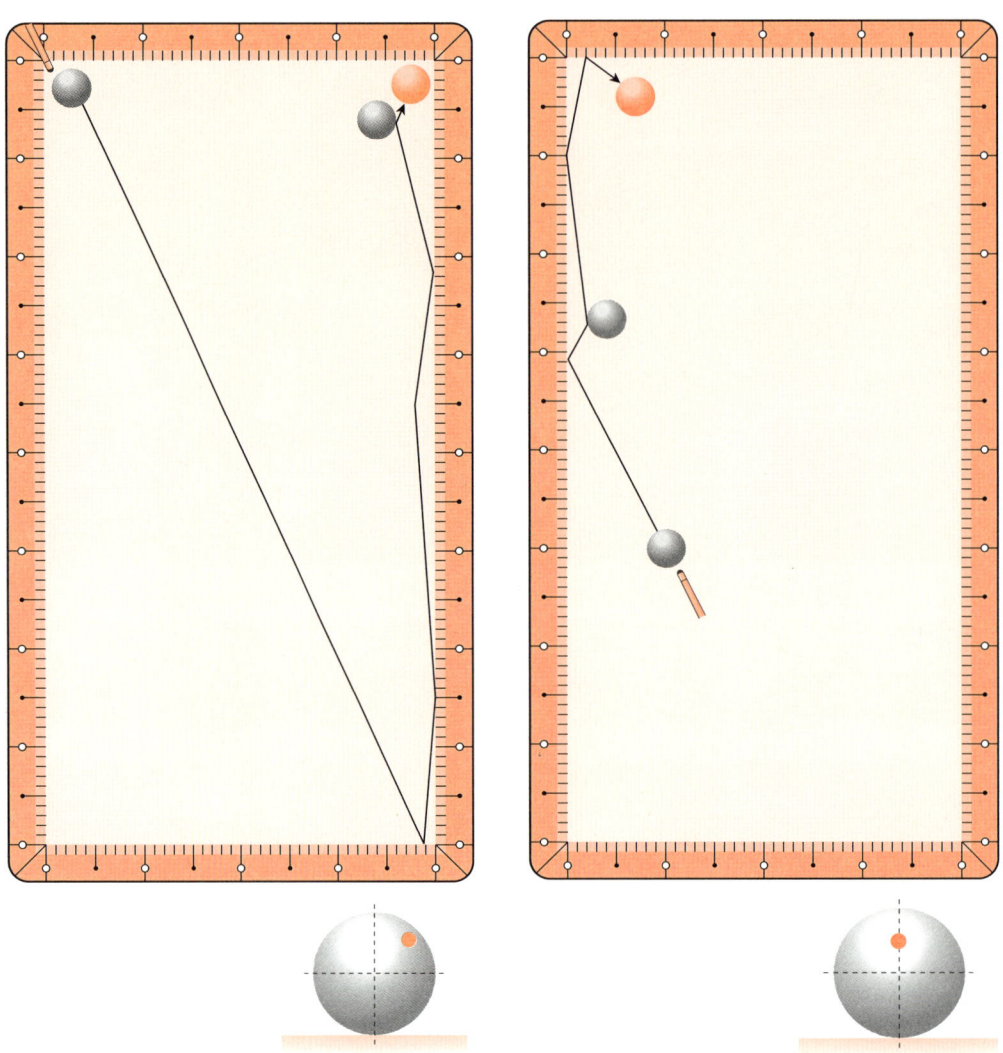

수구의 우측 상단을 빠른 스트로크로 타격하여 수구의 짧은 쿠션에 넣어 커브하게 하면 긴 쿠션에 두 번 들어갔다가 맞게 됩니다.

중심 위를 타격하여 빈쿠션으로 적구(的球)의 중심 약간 좌측에 맞도록 하면 밀어치기로 되어 쿠션에 연결됩니다.

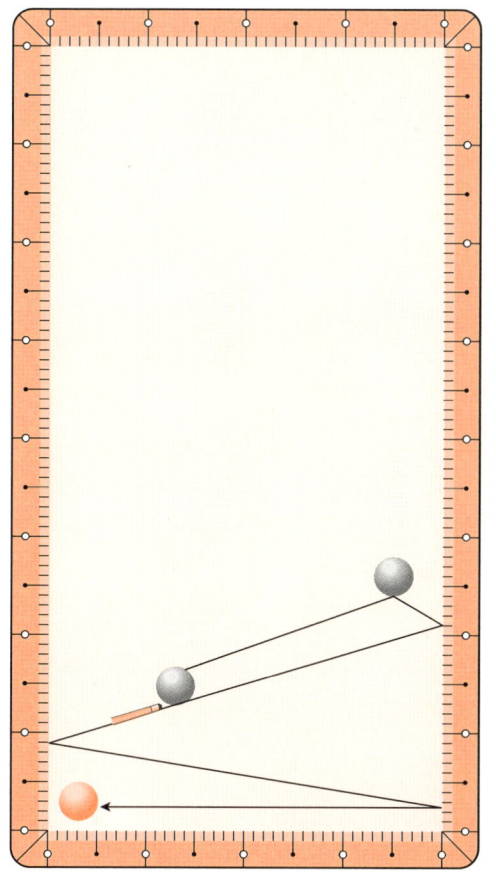
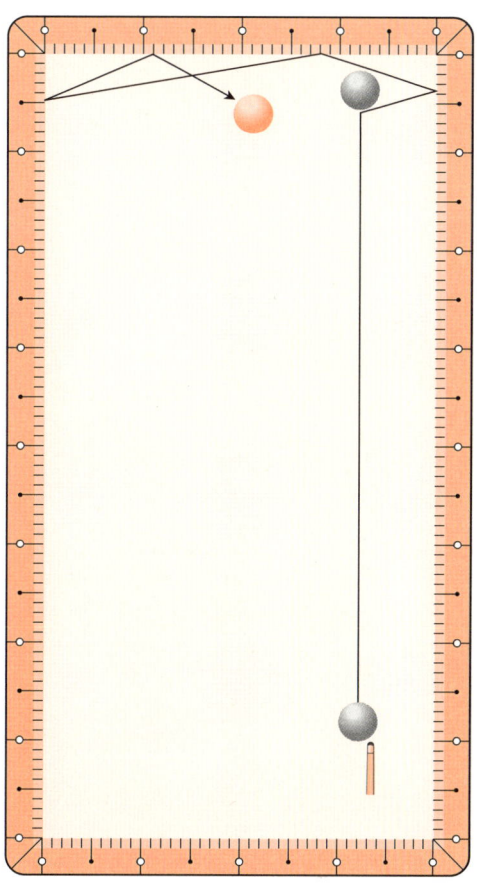

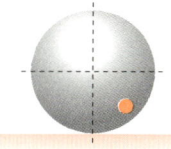
이러한 각도는 흔히 있는 예인데 보통 빈쿠션으로 콘트롤하거나 또는 백구(白球)의 좌측에 두껍게 대어 우측 상위 부분을 타격하여 잡는 게 좋습니다. 그러나 힘의 가감이 어려우므로 잘 맞지 않습니다.

수구의 우측 아래를 타격하여 적구의 우측에 얇게 대고 지그재그와 같은 동작으로 타격하면 맞는 확률이 많습니다.

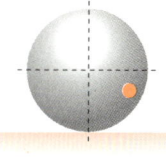
이 공은 특히 큐를 제대로 활용하지 않고서는 잡기가 어렵습니다. 수구의 우측 하위 부분을 타격하여 적구(的球)의 우측에 두껍게 대고 빠른 스트로크로 타격하는 게 이상적 입니다.

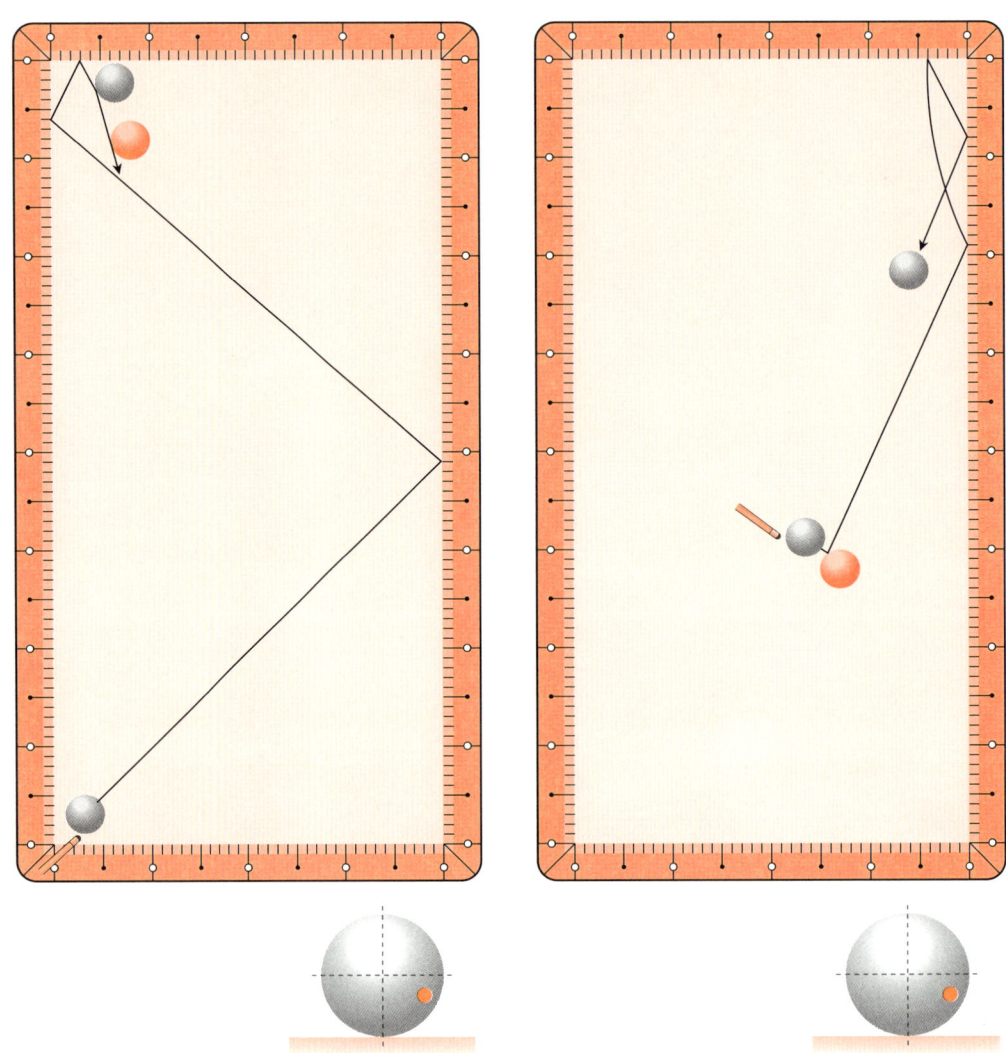

　이런 경우는 비틀기만 제대로 하면 콘트롤하기 쉬운 공입니다. 우측 하단을 타격하여 한 복판의 다이아몬드를 겨냥하여 가볍게 잘라 타격합니다.

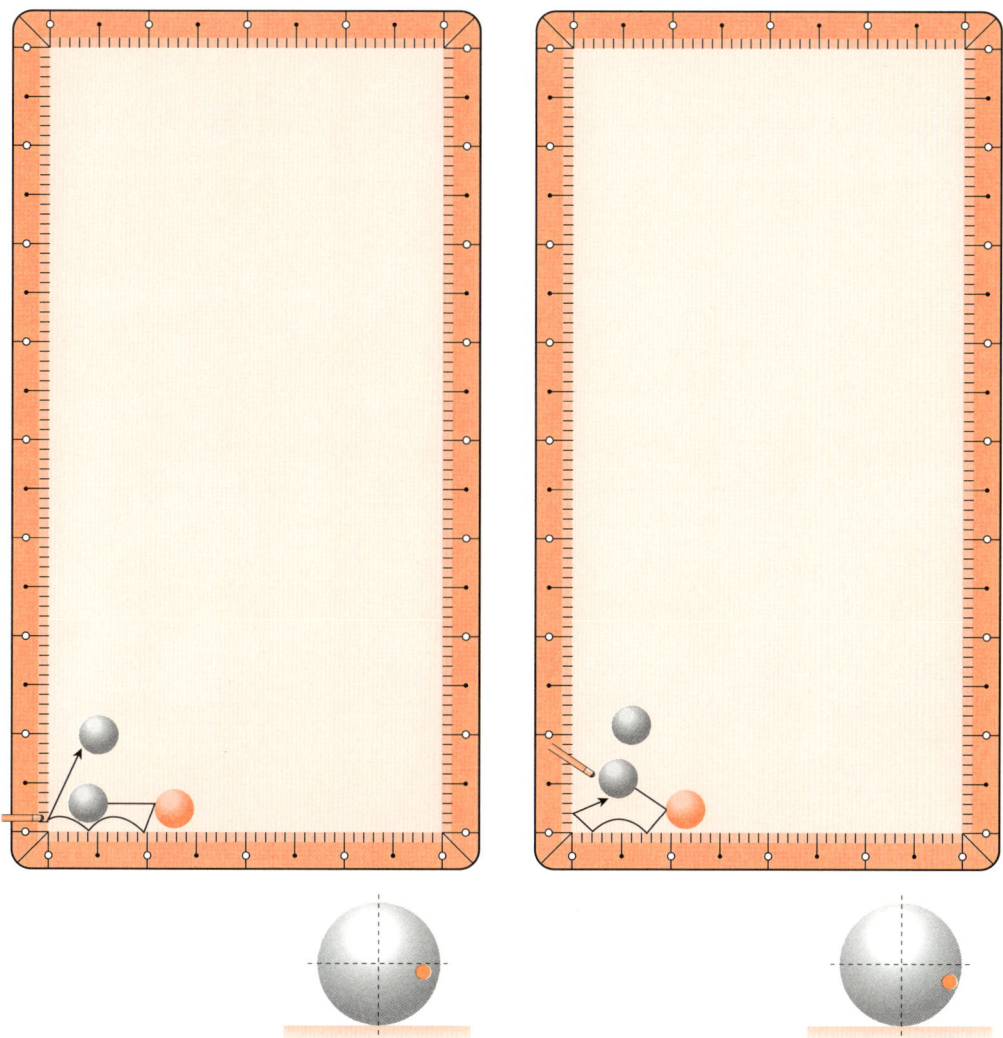

수구의 우측 끝 부분을 타격하여 적구(的球)의 중심보다 약간 우측에 대고 짧은 스트로크로 빨리 타격합니다.

큐를 30도 정도 세워 수구의 약간 우측을 타격하여 적구(的球)의 중심보다 우측에 대고 큰 스트로크로 미는듯 한 기분으로 타격합니다.

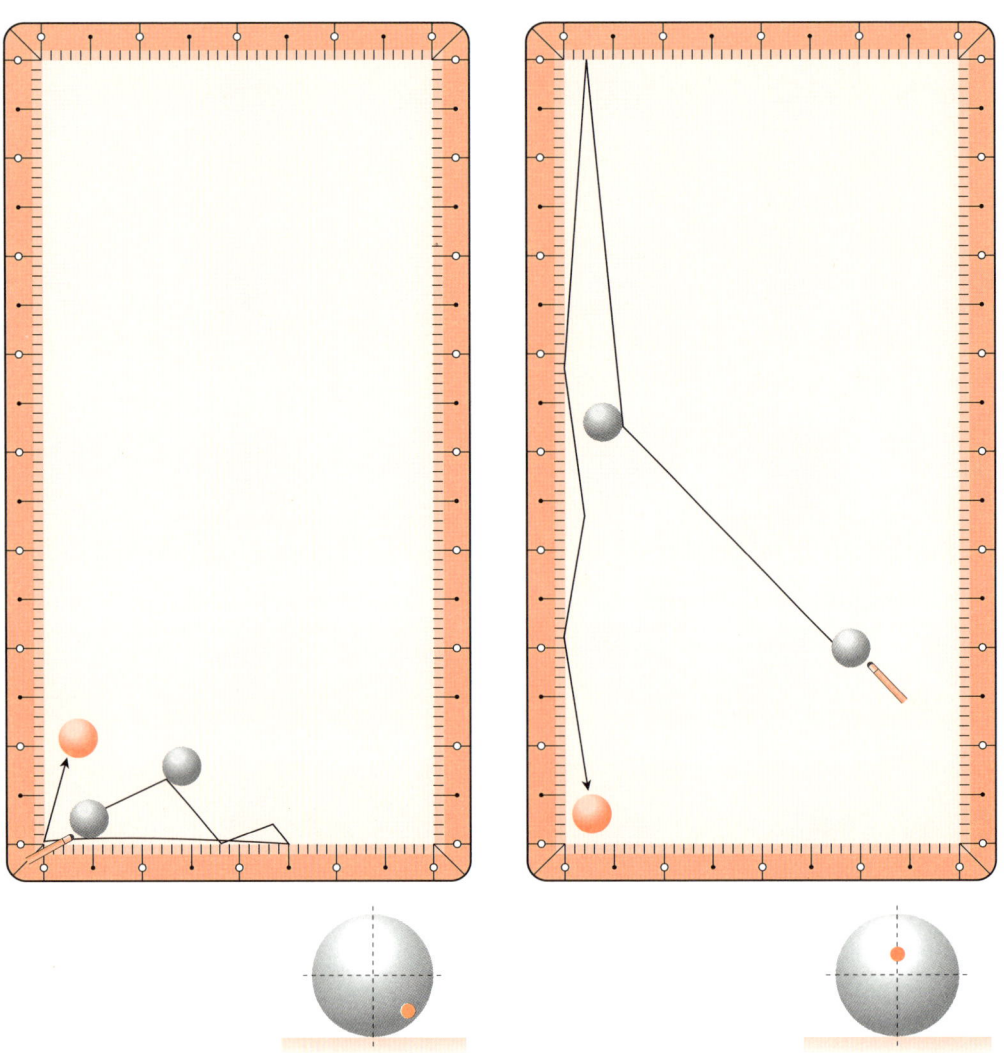

큐를 세워 수구의 우측 아래를 타격하여 적구의 중심보다 약간 우측에 대고 날카롭게 찌르듯 타격합니다.

중심 상위 부분을 타격하는데 적구(的球)의 우측에 두껍게 대고 큰 스트로크로 빨리 타격합니다.

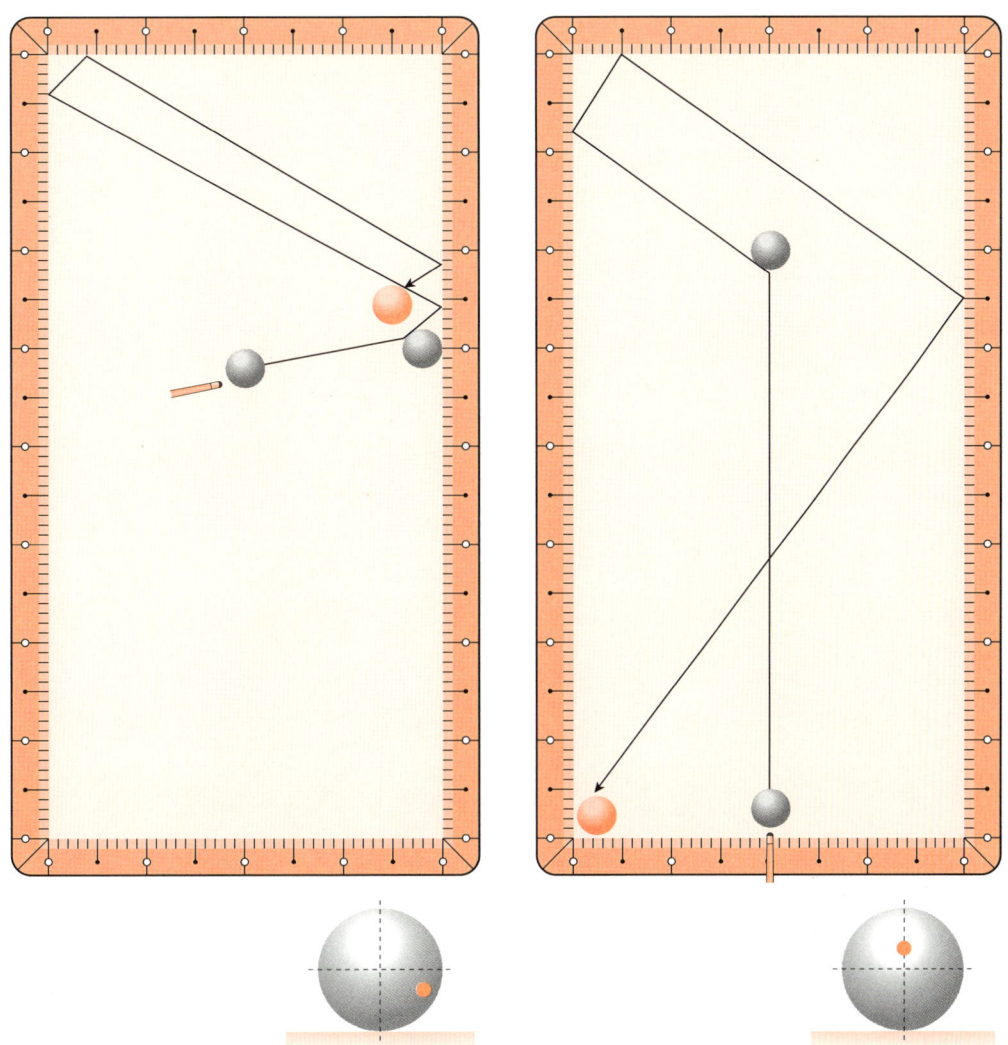

우측 하위 부분을 최대한으로 타격하여 적구(的球)의 좌측에 두껍게 대고 짧은 스트로크로 큐를 대담하게 찔러넣듯 타격합니다.

중심 상위 부분을 타격하여 적구(的球)의 좌측에 두껍게 대고 큰 스트로크로 큐를 집어 던지듯 하는 기분으로 타격합니다.

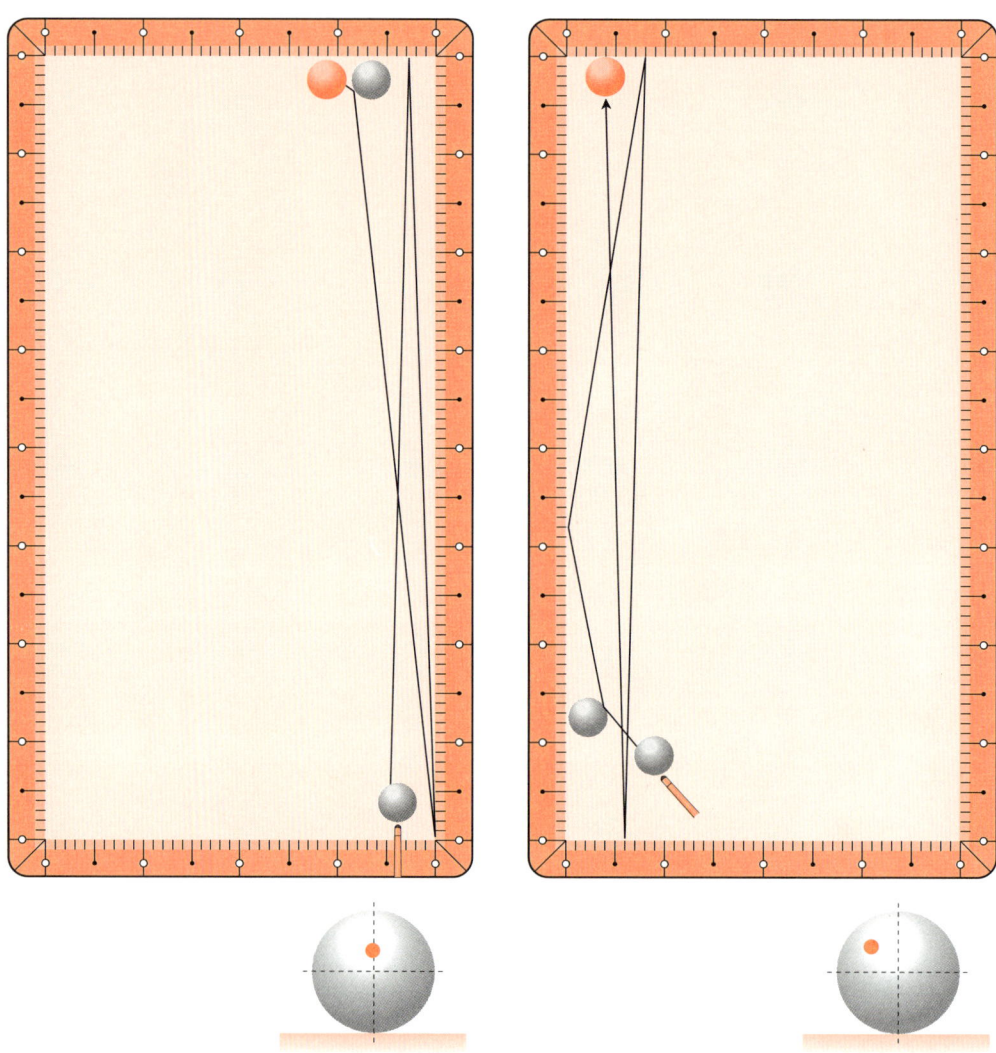

중심의 위를 타격합니다.

좌측 위를 타격하여 적구(的球)의 우측에 얇게 맞도록 큰 스트로크로 타격합니다. 그런데, 이런 경우에는 찌르듯 큐를 내 보내는 것은 좋지 않습니다.

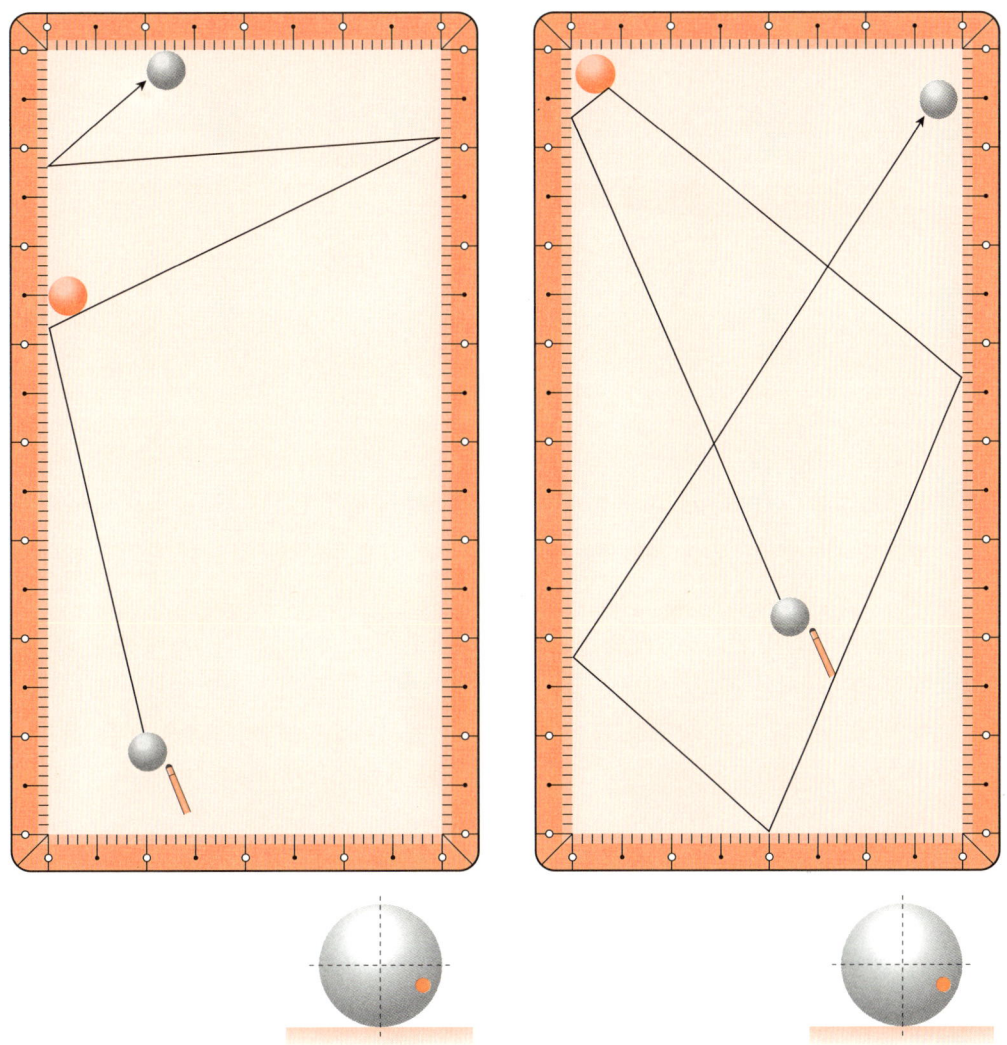

　우측 하위 부분을 최대한으로 잡아 끌어내듯 하는 기분으로 가늘고 빨리 타격하는 게 유리합니다.

　우측 하위 부분을 빈쿠션으로 적구(的球)의 중심보다 우측에 대고 짧은 스트로크로 빨리 타격합니다.

부록 용어해설

걸쳐치기 수구를 먼저 쿠션에 맞히고 튕겨져 나온 수구에 맞고 다시 그 반동으로 제2적구에 맞도록 치는 방법. 일본 용어로는 '히까께 다마'라고 하는데 '걸쳐치기'라고 해야 한다.

공(Ball) 공은 경질의 플라스틱제와 상아제로 된 두 종류의 것이 있는데, 세계 모든 나라의 공식 경기에서는 플라스틱제의 공을 지정하고 있다. 캐롬계의 경기에서는 빨간 공과 하얀 공으로 된 것만 사용하고, 포켓계의 경기에서는 1~15까지의 숫자가 든 것과 하얀 공이 사용된다. 일본말로는 '다마'라고 부르는데 어디까지나 '공'이라고 불러야 한다.

공 착오 샷을 할 때, 자신의 지정 볼인 수구를 상대편의 공과 착각하여 샷을 하게 되면 '공 착오'라 하여 반칙이 된다.

공 쿠션 쿠션에 접촉해 있는 적구를 쿠션과 마찬가지로 사용하여 수구를 맞히고, 되 튕겨 나온 수구가 제2적구에 맞도록 치는 방법.

그라운드 마세(Ground masse) 마세를 할 때 브리지(bridge)를 테이블에서 떨어지게 해서 치는 것.

그립(Grip) 샷 할 때 큐의 배트를 잡는 방법.

끊어 끌어치기 공과 공이 매우 접근해 있을 때, 짧게 끊듯이 하여 끌어치는 것

끊어 밀어치기 공과 공이 매우 접근해 있을 때, 짧게 끊어서 밀어치는 것

끌어치기 밀어치기와는 반대로 수구의 중심 아랫부분을 친 공을 말한다. 역회전하면서 굴러간다. 적구에 맞았을 때 수구 자체의 회전에 의해 본래의 위치로 되돌아오려는 작용이 있기 때문에 이렇게 불리고 있다. 이 때는 드로 샷(draw shot)이 된다. 이것을 일본말로는 '히끼 다마'라고 하는데 '끌어치기'라고 해야 한다.

나인 볼 경기(Nine ball game)   1~9까지의 번호가 들어간 공을 수가 적은 순으로 포켓에 넣는 세트 매치 경기(set match game)로서 9번 공을 포켓한 사람에게 세트 획득의 포인트가 주어지는 포켓 경기의 하나. 우리나라에서는 캐롬계의 당구대에서 하는 나인 볼 게임도 있다.

노 잉글리시 시스템(No english system)   스리 쿠션 계산 방법의 하나. 이 시스템은 비틀기를 전혀 걸지 않는 중심치기에 의해서 스리 쿠션을 시키는 시스템이다. 이 시스템의 응용은 그리 많지 않으므로 우선, 입사각과 반사각이 같다는 원리에 따라서 스리 쿠션 치기가 될 수 있는가의 여부를 판단하면서 공이 들어갈 스리 쿠션 포지션을 재빨리 읽어 샷 하지 않으면 안 된다.

다이아몬드(Diamond)   '포인트' 라고도 한다. 테이블의 바깥 테에 끼워져 있는 표적으로 긴 쿠션에 7개, 짧은 쿠션에 3개가 있다.

당구대(撞球臺, Billiard table)   당구대는 캐롬 게임용과 포켓 게임용이 있다. 캐롬용은 대·중·소의 크기로 세 종류가 있으며, 일반적으로 작은 대 라고 하는 것을 많이 사용하는데, 이것은 주로 4구 경기나 3구 경기에 사용된다. 반면에 큰 대는 스리 쿠션 경기가 주목적이다. 포켓용의 당구대는 크기에 있어서 거의 통일되어 있다. 당구대는 일반적으로 장방형 모양인데 4면을 구획짓고 있는 테두리는 고무 쿠션이 있고, 이를 고정시키는 틀이 있다. 틀 위에는 포인트가 새겨져 있고 쿠션과 스페이스의 표면에는 클로스(cloth)가 입혀져 있다.

당점(撞點)   큐를 수구로 칠 때의 팁(tip)과 수구의 접촉점. 수구의 겨냥 포인트.

더블 레일 시스템(Double rail system)   스리 쿠션을 내기 위한 계산법의 하나. 여기에서 레일은 쿠션을 뜻한다. 수구의 비틀기를 결정할 때 쿠션의 내부(수구의 숫자. P로 표기)와 외부(도착점의 숫자, A로 표기)에 각각 0~4, 1~5의 번호를 부여하여, 'P+A=수구 비틀기' 라는 식으로 수구의 비틀기를 결정하는 방식.

되받아치기 샷을 할 때, 수구를 제1적구에 맞히고 난 다음 쿠션을 이용하여 제2적구에 맞히는 타구 법.

두꺼운 공 수구의 중심이 적구의 중심 가까이에 맞았을 때 '두꺼운 공' 이 라고 말한다. 수구로 적구를 맞힐 때 적구 중심부 가까이를 맞히면 '두껍게 맞힌다' 라고 말한다.

두께 수구를 적구에 맞힐 때 정면에서 보아서 그 수구와 적구가 겹치는 정도를 나타내는 말이다. 겹치는 정도가 크고 많을수록 '두껍다' 라고 하며 겹치는 정도가 작고 적을수록 '얇다' 라고 한다.

뒷공(後球) 때린 뒤의 공의 배치. 큐에 맞은 수구가 제1적구, 제2적구 등에 맞은 뒤, 2개 또는 3개의 적구와 함께 다음에 때리기 쉬운 모양이 되는 것을 '뒷공이 좋다' 라고 말한다.

라운드 테이블(Round table) '크게 돌려치기' 라고도 하는데, 쿠션을 이용하여 제1적구를 크게 돌려 제2적구 가까이에 보내는 샷. 즉, 수구를 주위의 쿠션에 맞히고 크게 돌려서 적구에 맞히는 방법이다.

랙(Rack) 포켓 경기에서 경기 개시 때 공을 삼각형으로 세트하는 것.

런(Run) 경기 때마다 플레이어가 올린 점수. 또는 포켓에 넣은 공의 수.

런 아웃(Run out) 어떤 이닝에서 자신의 지점을 다 쳐낸 뒤에 게임이 종료 되는 것.

레스트(Rest) 공을 칠 때 큐를 받치기 위해 쓰이는 단풍잎 모양의 기구.

로스트(Lost) 공식 경기에서 게임에 지는 것을 말하며 L이라고 표기한다.

로테이션 경기(Rotation game) 이 게임은 포켓 경기의 일종으로, 구대에 있는 공 중 에서 가장 수가 적은 번호의 공부터 차례로 포켓에 떨어뜨리는 경기로 나인 볼 경기(아메리칸 룰에 의한 것)와 비슷하다.

리버스 시스템(Reverse system) 역비틀기를 걸어 스리 쿠션을 성공시키는 기법. 이 시스템은 역비틀기 시스템이니만큼 공 잡는 범위에도 어느 정도 한정되어 있다. '리보이스 시스템' 이라고도 한다.

리쿠 두 번 연이어 치는 것을 말한다. 옛날 리쿠군(육군의 일본어 발음) 군인이 열심히 당구를 치면서 두 번씩 연이어 치기를 예사로이 한 데서 온 말인데, 이것은 파울이다.

마세(Masse) 큐를 거의 수직으로 세우고 수구를 치는 방법이다.

마중 나오기 치기 제1적구가 수구에 맞은 반동으로 전진하여 제2적구에 맞고, 제2적구가 쿠션에 맞은 뒤 튕겨 나와 수구와 부딪쳐서 득점하도록 치는 방법.

맥시멈 잉글리시 시스템(Maximum english system) 맥시멈 시스템(maximum system)이라고도 한다. 스리 쿠션 기법 중의 하나로 파이브 앤드 하프 시스템을 보완하여 수구에 최대한의 비틀기를 가해 어긋남을 시정하려는 시스템이다.

모아치기 당구대 위에 흩어져 있는 공을 쳐서 득점하면서 한 곳에 모으는 것을 '공을 모은다'라고 한다. 모아진 공을 치는 것을 모아치기라고 한다.

미스 점프(Miss jump) 수구의 너무 아래를 침으로 해서 수구가 점프하는 것을 말하는데, 이것은 반칙이 된다.

미스 큐(Miss que) 샷을 할 때 큐가 손끝에서 미끌어져 샷을 실패하는 것을 말한다.

밀어치기 수구의 중심 윗부분을 친 공을 말한다. 수구는 전진 회전을 하며 적구로 향한다. 이 때는 폴로 샷(follow shot)이 된다. 일본말로는 '오시다마'라고 하는데, '밀어치기'라고 불러야 옳은 말이다.

밀어 빼어치기 수구에 맞은 적구가 쿠션에 부딪치고, 같은 쿠션에 맞은 수구와는 다른 방향으로 흘러가고 수구만이 제2적구에 맞도록 치는 방법.

반사각(反射角) 공이 쿠션에 맞은 후 진행하는 각도. 반대는 입사각.

반사구(反射球) 수구가 제1적구에 맞은 다음 쿠션으로 들어가고 그 반사로 제2적구에 맞도록 치는 방법이다.

뱅크 샷(Bank shot) 포켓 경기에서 적구를 직접 맞혀 포켓에 떨어뜨리지 않고 한 번 이상 쿠션에 맞힌 뒤 적구를 포켓 시키는 샷.

보크라인 경기(Balkine game) 당구대 위에 초크로 9개나 6개의 제한선을 긋고, 또 선과 쿠션의 교점에 다시 제한 구역(앵커, anchor)을 만들어서, 각 구역 안에서는 1회나 2회밖에 치지 못하도록 하여 진행되는 경기.

브레이크 샷(Break shot) 포켓 경기에서 경기 개시 때 래크한 공을 쳐서 흩트려 놓는 샷.

브리지(Bridge) 보통 '큐걸이'라고도 하는데, 큐를 고정시키고 공을 칠 때 큐의 앞부분을 받쳐 주는 손의 형태를 말한다. 포켓 경기에서 수구가 멀리 있어서 손으로 브리지를 만들어도 불안정할 때 쓰는 단풍잎 모양의 기구를 메커니컬 브리지(mechanical bridge)라고 말한다.

비틀어치기 수구 중심의 오른쪽 또는 왼쪽을 치면 수구는 옆으로 회전하면서 원을 그리며 진행하려고 한다. 이러한 공을 '비틀기를 준 공'이라고 한다. 일본말로는 '히네리'라고 하는데 '비틀어치기' 또는 '비틀기'라고 해야 옳다.

빈 쿠션 볼의 배치에 따라 직접 적구에 맞히지 않고 바로 쿠션에 맞힌 뒤 제1적구, 제2적구를 차례로 맞히는 타법, 일본말로는 '가라 쿠션'이라고 하는데 '빈 쿠션'이라고 해야 한다.

4구 경기 가장 보편화된 경기로서 하얀 공 2개, 빨간 공 2개, 모두 4개로 2인 이상이 자기가 친 점수(1점씩)를 합산하여 자기의 핸디캡(handicap)에 먼저 도달하면 이기는 경기.

사이드 포켓(Side pocket) 포켓 당구대에서 긴 쿠션 중앙에 있는 포켓.

삼각구(三角球) 이것을 이지 볼(easy ball)이라고도 하는데, 수구, 제1적구, 제2적구가 삼각형과 같은 배치로 되어 있어서 가장 치기 쉬운 형태의 배치이다.

3구 경기 당구대의 네 귀에 구역을 설정하여 그 구역 안에서는 연속 2회 득점을 할 수 없게 한 경기로 하얀 공 2개와 빨간 공 1개로 행한다.

샷(Shot) 공을 큐로 치는 것을 말한다.

서브(Serve) 초구(初球)를 말하는데, 뱅킹에 따라 선공(先功)이냐, 후공(後功)이냐를 정한다. 포켓 경기에서는 브레이크 샷이라 한다.

세리(Series) 연속 득점을 위해 한 곳에 모인 공을 흩어지지 않게 쳐나가는 것을 말한다. 수구와 적구를 삼각형의 형태로 유지하면서 쿠션을 따라 쳐나가는 것을 '아메리칸 세리'라고 한다.

세이프티(Safety) 자기의 득점과는 상관없이 상대방의 득점에 불리하도록 수구를 이동시키는 것.

센터 스포트(Center spot) 포켓 당구대의 중앙에 마크가 있는 점을 말하며, 이 점은 반칙이 됐을 때 공을 처리하기 위해 사용된다.

수구(手球) 자기가 치는 공. 상대방의 수구와 똑같이 하얀 공이지만 어느 한쪽의 하얀 공에 검은 점이 박혀 있어서 상대방의 수구와 혼동되지 않게 하고 있다.

스리 쿠션 경기(Three cushion game) 하얀 공 2개와 빨간 공 1개로 하는 3구 경기의 한 가지로 수구를 제1적구에서 제2적구에 맞히는 사이에 적어도 세 번 이상 쿠션에 넣지 않으면 득점이 인정되지 않는 경기 방식.

스코어보드(Scoreboard) 경기중의 득점을 계산하기 위해 어린이가 숫자를 배울 때의 사용하는 완구 비슷한 모양으로 된 채점반을 말한다. 오른쪽에 50개의 알이 있고 5개째마다 색이 다른 알이 달려 있다. 왼쪽에는 같은 색깔의 알이 5개 달려 있는데 오른쪽의 50개를 전부 헤아렸을 때 왼쪽의 알 1개를 움직인다. 그 때 오른쪽의 50개의 알은 제자리에 돌려놓는다.

스크래치(Scratch) 포켓 경기에서 수구가 적구에 맞지 않은 샷. 또는 수구가 포켓에 떨어진 경우.

스탠스(Stance) 샷 할 때와 다리와 신체의 위치 및 모양. 스탠스에는 스탠더스 스탠스(standard stance)와 오픈 스탠스(open stance)가 있다.

스톱 샷(stop shot) 중심치기를 말하며, 이 경우 수구는 적구에 맞은 다음 그 자리에 정지한다.

스트로크(Stroke) 수구를 치는 준비 운동에서부터 치고 난 후까지의 일련의 동작. 수구를 타격하는 동작.

스포트(Spot) 경기 시작 전에 볼을 놓는 장소. 구대의 제1, 제2의 다이아몬드를 잇는 선의 교점 또는 그 위에 볼을 놓는 것을 '스포트한다' 라고 한다.

얇은 공 적구의 가장자리에 수구를 맞힐 때 스칠 정도로 맞히는 것을 '얇게 맞힌다' 라고 한다. '두꺼운 공'의 반대. 얇은 공을 '패자 볼' 이라고도 하는데 어디까지나 얇은 공이라 불러야 옳다.

에이트 볼 경기(Eight ball game) 1~15까지의 번호가 든 공과 수구로 게임을 하는 포켓 경기의 하나. 적구는 1~7을 로우 넘버 볼(low number ball. L로 표기)과 9~15를 하이 넘버 볼(high number ball, H로 표기)로 그룹을 짓고, 브레이크 샷 할 때 만약 H그룹 중의 하나를 포켓 했으면 H그룹의 것만을 적구로 삼아 포켓 해 나가는 경기. 브레이크 샷에서 8번 공을 포켓하면 서비스 에이스(service ace)로 이기게 되지만 그렇지 않을 경우는 지는 것이 된다.

원 쿠션 잡기 수구를 득점할 때까지 한 번 쿠션에 맞도록 치는 방법.

이닝(Inning) 플레이어가 샷 하는 횟수와는 별도로 시간제한 없이 실패하거나 경기가 끝날 때까지를 말한다.

이미지너리 포인트(Imagenary point) 수구로 적구를 겨냥하여 수구가 적구에 맞았을 때의 수구 중심을 상상한 점을 말한다.

이지 볼(Easy ball) 삼각구 참조.

임팩트(Impact) 수구를 큐로 치는 순간. 즉, 수구와 큐가 맞부딪히는 순간.

입사각(入射角) 공이 쿠션을 향해 진행하는 각도. 반대는 반사각.

잉글리시(English) 수구를 우측이나 좌측으로 회전하게 하여 적구나 쿠션에 맞았다가 방향이 변하게 되는 타격 법.

적구(的球) 수구로부터 최초로 겨냥하는 공. 즉, 친 수구가 최초에 맞는 공.

점프(Jump) 큐 끝을 세우거나, 브리지를 낮추어서 쳤을 때 공이 튀겨 오르는 것. 이 때 수구가 테이블 밖으로 나가면 파울이다.

제2적구 수구가 제1적구를 맞힌 뒤 다음에 맞히는 공.

죽여치기 수구의 중심을 때려서 수구에 회전을 주지 않도록 치는 방법을 말한다. 적구에 맞은 수구는 그 자리에 정지하고 적구만이 앞으로 굴러가는 성질의 공이 된다. 이 타구법은 샷을 할 때 수구의 힘을 약하게 하여 제1적구, 제2적구에 맞더라도 공을 흩어지지 않게 잡는 방법일 때 쓰인다.

줄판 팁 끝을 고쳐서 공을 치기 쉽도록 만들기도 하고, 초크가 팁에 잘 묻도록 하기 위해서 사용하기도 한다. 쇠판으로 된 것, 천 또는 종이로 된 것 등이 사용된다.

찬스(Chance) 겨냥했던 공 이외의 적구에 맞힐 수 있는 경우. 4구 경기 등의 경우, 처음 자기가 겨냥한 공 이외에 운 좋게 맞는 경우가 있는데 이것을 미리 예측하고 있었을 경우 '찬스'라고 말한다.

초크(Chalk) 공을 쳤을 때 미끄러지지 않도록 하기 위해 팁에 발라서 사용하는 것. 팁이 닿는 부분이 우묵하게 패어 있다. 초크를 사용하면 미스 샷을 방지할 수 있다.

캐논 샷(Cannon shot) 포켓 경기에서 수구를 제1적구에 맞히고 동시에 제2적구, 제3적구를 맞혀서 1회 치기로 두 개 이상을 포켓에 떨어뜨리는 샷.

캐롬 경기(Carom game) 수구를 2개의 적구에 연속해서 맞혀야 득점이 인정되는 경기로, 4구 경기, 3구 경기, 스리 쿠션 경기 등이 있다.

코너 포켓(Corner pocket) 포켓 당구대의 네 모서리에 위치하고 있는 포켓.

콜 샷(Call shot) 포켓 경기 중의 하나인 14-1 래크 경기에서 플레이어가 득점하려고 하는 공과 포켓을 지정하여 행하는 샷.

콤비네이션 샷(Combination shot) 포켓 경기에서 적구가 겹쳐 있어서 직접 그 적구를 포켓 할 수 없을 때 그 적구로 다른 적구를 겨누어서 공을 포켓 하는 것. 이 때 처음에 맞은 적구는 반드시 최소 번호의 공이어야 한다.

쿠션(Cushion) 당구대의 안쪽에 둘러쳐 있는 삼각형의 고무로 높이는 36mm~38mm(포켓용은 약간 낮다). 긴 쪽을 긴 쿠션, 짧은 쪽은 짧은 쿠션이라고 한다.

큐(cue) 큐 스틱(cue stick)이라고도 한다. 공을 치는 당구채. 일반적으로 길이는 138cm~147cm이고, 무게는 450g~650g인데 4구용, 스리 쿠션용, 포켓용 등 몇 가지 종류가 있다.

큰 돌리기 샷을 할 때 수구를 쿠션을 이용하여 크게 돌려서 적구에 맞히는 것을 말한다.

클로스(Cloth) 당구대의 스페이스(면)와 쿠션을 덮은 나사(螺絲). 클로스는 녹색으로 공의 회전 운동을 스무드하게 유지해 주는 역할을 한다.

키 볼(Key ball) 포켓 경기에서 2개 이상의 적구가 접촉해 있을 때, 포켓 하는 공에서 반대로 세어서 세 번째의 공을 말한다. 콤비네이션 샷에서 사용하는 용어이다.

키스(Kiss) 공과 공이 겨냥과는 달리 맞부딪히는 것을 말한다. 즉, 수구가 적구에 맞은 뒤에 다시 맞거나, 적구끼리 충돌하는 것. 수구가 키스를 했을 때는 예정하지 않았던 방향으로 수구가 흐르기 때문에 득점을 하지 못하는 수가 많다.

키스 샷(Kiss shot) 포켓 경기의 한 기술로, 수구를 적구에 맞힌 다음 그 반사를 이용해서 포켓 하는것.

테이크 백(Take back) 샷 할 때 큐를 뒤로 빼는 동작.

투 쿠션 잡기 샷을 할 때 수구를 2번 쿠션에 맞힌 다음 적구에 맞히는 타구 법.

트라이앵글 래크(Triangle rack) 포켓 경기에서 공을 래크할 때 쓰이는 삼각형 모양의 기구.

팁(Tip) 큐 끝에 달린 부분으로 소가죽으로 되어 있다.

파울(Foul) 부정(不正)한 샷. 예를 들면 동일 스트로크로 수구를 두 번 치거나 수구가 당구대로부터 벗어나 떨어졌을 때와 같은 경우이다.

파이브 앤드 하프 시스템(Five and half system) 스리 쿠션을 어떻게 넣을 것인가를 정하기 위한 한 방법으로, 이 시스템은 구대의 포인트와 코너에 수구와 적구의 숫자를 적용시켜서 이를 바탕으로 하여, 수구로 제1적구를 맞히려고 할 때 수구를 어느 숫자에 넣으면 스리 쿠션을 시키면서 맞힐 수 있는가를 계산하는 방식이다.

포인트(Point) 다이아몬드 참조

포인트 경기(Point game) 포켓 경기 참조

포켓 경기(Pocket game) 당구대의 네 귀와 긴 쿠션의 중앙에 2개의 포켓이 달린 포켓용 당구대에서 구대 위의 래크(공의 집단)한 적구(1~15까지의 숫자가 든 15개의 공)를 수구로 흩어지게 하면서 적구를 포켓에 넣는 방식의 경기. '포인트 경기'라고도 한다.

포틴 원 래크 경기(Fourteen one rack game) 14-1 스트레이트 플레이(fourteen one straight play)라고도 하는데, 샷 하기 전에 노리는 적구와 그것을 넣을 포켓을 지정(콜, call)하여, 지정한 적구를 지정 포켓에 넣어야만 득점이 인정되는 경기.

폴로 스루(Follow through) 수구를 타격한 후에도 큐를 정지시키지 않고 계속 내미는 동작.

풋 스포트(Foot spot) 포켓 경기용 당구대에 표시되어 있는 스포트의 하나로 볼을 래크할 때의 기준이 되는 점.

프로즌(Frozen) 수구와 적구가 밀착된 상태로 터치 볼(touch ball)이라고도 한다. 즉, 공과 공이 접촉하여 전혀 틈이 없는 경우를 말한다.

프리 경기(Free game) 보크라인 경기처럼 이 경기도 구대에 제한 코너를 설정하고 3구(빨간 공 1개, 하얀 공 2개)로 득점을 겨루는 게임이다. 구대의 네 개 코너를 긴 쿠션은 2포인트, 짧은 쿠션은 1포인트 지점에서 직선을 긋고 매개의 코너를 제한 존(zone)으로 하고 있다. 이 경기는 네 개의 제한 존을 제외하고는 연속 득점이 인정된다. 그러나 제한 구역 안에서는 연속 득점이 인정되지 않는다.

플러스 토우 시스템(Plus tow system) 스리 쿠션 계산 방식의 하나로 파이브 앤드 하프 시스템으로는 계산이 성립되지 않는, 수구 포지션보다 적구 포지션이 클 때 이용되는 방식. 우선, 제1쿠션과 제2쿠션의 코너 쪽에 같은 간격으로 1~5의 숫자를 적용시켜 적구 포지션을 정하여 수구 포지션과의 관계를 계산해 내는 방식이다.

플럭(Fluck) 목적하지 않았던 공으로 득점하는 것. 즉, 자신이 겨냥했던 공이 맞지 않고 수구가 굴러가면서 우연히 다른 공에 맞아서 득점한 경우.

헤드라인(Headline) 긴 쿠션의 바로 앞에서 2번째의 포인트를 연결한 선.

헤드 스포트(Head spot) 포켓 경기용 당구대의 헤드라인 중앙에 표시된 점.

흰 가루 큐를 매끄럽게 하기 위한 가루로서 큐 걸이의 훑는 부분에 칠한다. 지나치게 많이 바르면 에티켓에 어긋난다. 파우더(powder)라고도 한다.

완벽한 기술 테크닉을 위한

- **편저자** 스포츠서적편집실
- **발행자** 남   용
- **발행소** 일신서적출판사

주 소 : 121-855 서울시 마포구 신수동 177-3
등 록 : 1969. 9. 12.(No. 10-70)
전 화 : 02-703-3001~5(영업부)
　　　　02-703-3006~7(편집부)
FAX : 02-703-3009

ⓒ ILSIN PUBLISHING Co.
ISBN 978-89-366-0986-3

값 14,000원